ALFONS AUER

Geglücktes Altern

Eine theologisch-ethische Ermutigung

Herder

Freiburg · Basel · Wien

Die Deutsche Bibliothek – CIP-Einheitsaufnahme

Auer, Alfons :
Geglücktes Altern : eine theologisch-ethische
Ermutigung / Alfons Auer. – 4. Aufl. – Freiburg
im Breisgau ; Basel ; Wien : Herder, 1995
ISBN 3-451-23641-9

Vierte Auflage

Umschlagmotiv: Blumengarten. Ausschnitt aus einem Gemälde
von Claude Monet

Alle Rechte vorbehalten – Printed in Germany
© Verlag Herder Freiburg im Breisgau 1995
Lektorat: Dr. Michael Lauble
Herstellung: F. X. Stückle, Ettenheim 1996
Gedruckt auf umweltfreundlichem, chlorfrei gebleichtem Papier
ISBN 3-451-23641-9

Vorwort

Alte Menschen hat es immer gegeben. Neu ist, daß sie heute in größerer Zahl ein höheres Alter erreichen als je zuvor. In soziologischen Untersuchungen wird ein „Zeitalter der Hochbetagten" prognostiziert. Was können und müssen wir tun, damit sich diese Entwicklung auf Dauer „diesseits von Freiheit und Würde" vollziehen wird?

Die Fortschritte der Wissenschaften, vor allem der Medizin, stellen die Menschheit vor eine der großen Herausforderungen ihrer Geschichte. Dabei ist heute schon sicher, daß diese Herausforderung mit technologischen und sozial-strukturellen Innovationen allein nicht zu bestehen ist. Es wird einer entschiedenen Mobilisierung aller mobilisierbaren – allzu viele sind es nun einmal nicht – moralischen Potenzen bedürfen, damit die Gesellschaft ihrer Alten nicht schon nach wenigen Jahrzehnten in bedrohlichem Ausmaß überdrüssig wird.

Dieses Buch versucht, Orientierungshilfen anzubieten und Impulse zu vermitteln. Es geht aus von den Erfahrungen, in denen das Ereignis des Alterns dem Menschen bewußt wird. Es fragt nach der Bedeutung, die dem Altern im Ganzen der lebensgeschichtlichen Entwicklung zukommt – nicht nur im allgemeinen, sondern angesichts der erhöhten durchschnittlichen Lebenserwartung. Schließlich sucht es Wege auszumachen, auf denen der alternde Mensch eine lebbare Sinngestalt seines Daseins entdecken und aufbauen kann.

Der Verfasser sieht seine Leser zunächst unter denen, die mit ihm altern, unter seinen „Konsenioren". Er will ihnen nicht Angst machen und ihnen nichts oktroyieren. Vor solchen Torheiten schützt ihn das eigene Alter. Obgleich und weil er aus der Sicht einer theologischen Ethik schreibt, will er sie auch nicht moralisch überfordern, er will ihnen nur ein Orientierungsangebot unterbreiten und sie ermuntern, sich darüber ihre eigenen Gedanken zu machen, sich vielleicht auch mit anderen zusammenzutun und das Angebot gemeinsam zu bedenken. Die Überwindung von Verdrängung und Sprachlosigkeit wäre ein großer Schritt in die Richtung geglückten Alterns.

Das Buch richtet sich natürlich auch an alle, die persönlich oder beruflich mit alten Menschen zu tun haben. Es bietet sich als Verstehenshilfe an. Immer mehr Menschen entscheiden sich dafür, Monate oder Jahre, ja sogar ihr ganzes Leben im Dienst an alten Menschen zu verbringen. Sie werden diesen Dienst um so leichter und fruchtbarer leisten können, je mehr sie sich mit den tiefsten Ängsten, Bedürfnissen und Hoffnungen derer vertraut machen, denen sie helfen wollen. Sie erfahren von vielen Seiten in Vorträgen und Schriften wertvolle Anregungen, die durch nichts ersetzt werden können. Auf den folgenden Seiten geht es um ergänzendes Verstehen, das die Tiefendimension des Alterns, d. h. die negativen und mit Nachdruck auch die positiven Perspektiven der späten Freiheitsgeschichte des Menschen, in Betracht zieht.

Schließlich wendet sich dieses Buch – und zwar nicht nur in seinen theologischen Partien – auch an die christlichen Kirchen und an alle, die in ihrem Auftrag alternden Menschen den Zugang zu menschlicher und christlicher Würde erleichtern wollen. Es will niemanden bedrängen. Es setzt entschieden Respekt voraus vor allen, die – aus welchen Gründen auch immer – der christlichen Botschaft fremd gegenüberstehen. Ihre Zahl ist im Wachsen, seitdem in unserer Gesellschaft der Gedanke an ein „Jenseits" immer blasser wird – man spricht schon von der „verlorenen Dimension" des Jenseitigen[1] – und das irdische Leben eine immer noch zuneh-

---

[1] A. E. Imhof, Unsere Lebensuhr. Phasenverschiebungen im Verlaufe der Neuzeit, in: Ehe, Liebe, Tod. Zum Wandel der Familie, der Geschlechts-

mende Aufwertung erfährt. Doch will der Verfasser bei aller Solidarisierung auch mit Nichtchristen und Nichtglaubenden die christliche Botschaft vom Sinn des Alterns zwar kritisch, aber doch entschieden und offensiv ins Spiel bringen. Man muß sich immer wieder sagen lassen, die Kirchen hätten nacheinander die Arbeiter, die Intellektuellen, die Jugend und die Frauen „verloren"; es sehe danach aus, daß sie bald auch noch die Alten verlieren. Wie immer es sich damit verhalten mag, mit der neuen Entwicklung auf eine „Gesellschaft von Betagten und Hochbetagten" hin kommt auf jeden Fall den Kirchen ein menschlicher und christlicher Auftrag von historischem Ausmaß zu: Sie müssen einen unvertretbaren Beitrag dazu leisten, daß das ständig wachsende Heer von Betagten in Würde altern und sterben lernt. Hier gilt gewiß, was der Soziologe F.-X. Kaufmann im Hinblick auf die Vermittlung moralischer Werte und Weisungen im allgemeinen sagt: Für die fehlende Effizienz kirchlicher Orientierungskraft gibt es kein „funktionales Äquivalent"[2]. Das heißt wohl: Wenn die Kirchen als Lebenssinn vermittelnde Institutionen ausfallen, gibt es in unserer Gesellschaft keine Instanz, die imstande wäre, den dadurch entstehenden Mangel auszugleichen. Dieses Buch will darum bewußt auch theologische Impulse vermitteln für alle, die sich als Christen für alte Menschen engagieren – vom Dienst der Pflege bis zu den Diensten der Verkündigung und der theologischen Reflexion.

Der Verfasser ist jahrelang mit seinem Thema umgegangen. Er hat in einem vielschichtigen Prozeß den wissenschaftlichen Diskurs verfolgt und die allmählich sich herausbildenden Einsichten immer wieder vor kleineren oder größeren Kreisen ins Gespräch gebracht, um sie aus der Erfahrung anderer heraus kritisieren, ergänzen oder anreichern zu lassen. In dem, was er hier vorlegt, soll auch der Leser ausdrücklich

---

und Generationsbeziehungen in der Neuzeit, hrsg. von P. Borscheid und H. J. Teuteberg, Münster 1983, 170–198, hier 195–198.
[2] Kirche begreifen. Analysen und Thesen zur gesellschaftlichen Verfassung des Christentums, Freiburg 1979, 156–159.

in diesen Prozeß einbezogen werden: Er soll nicht nur erfahren, was der Verfasser denkt, er soll auch darüber informiert werden, was andere Autoren richtiger und besser zu sagen vermögen. Wo dem Verfasser hinreichende eigene Kompetenz abgeht, hält er sich im Urteil zurück, und seine Darstellung kann dann schon einmal in die Form eines Literaturberichts übergehen, in dem seine eigene Meinung nur verhalten angedeutet wird; dem aufmerksamen Leser wird nicht entgehen, wo dies geschieht.

Ehe das Buch nun auf den Weg geht, sei allen herzlich gedankt, die zu seinem Entstehen beigetragen haben, besonders meiner Schwester Senzl, die um seinetwillen manche Wünsche wiederum auf lange Zeit zurückgestellt, meinem alten Freund Prälat Dr. Karl Knaupp, der mit lebenslang eingeübter Akribie sich geduldig über die Druckfahnen gebeugt, Herrn Joachim Haas, der sich auf der technologischen Zielgeraden zur End-Diskette meiner Unzulänglichkeit geduldig und kompetent angenommen, dem Herder-Verlag, der das Buch mit außergewöhnlichem Einsatz noch zu meinem Geburtstag herausgebracht hat, und schließlich dem Lektor Herrn Dr. Michael Lauble, dessen reicher Erfahrung und klugem Rat ich mich gerne noch einmal anvertraut habe.

Tübingen, im Advent 1994   *Alfons Auer*

Inhalt

ERSTER TEIL
HUMANWISSENSCHAFTLICHE HINWEISE
Der alternde Mensch in seiner konkreten Existenz

ZWEITER TEIL
ANTHROPOLOGISCHE GRUNDLEGUNG
Die Bedeutung des Alterns im Ganzen der
lebensgeschichtlichen Entwicklung

DRITTER TEIL
ETHISCHE PERSPEKTIVEN
Orientierung für die Praxis

Einleitung

Die wissenschaftlichen und technischen Fortschritte während der letzten drei Jahrhunderte haben das menschliche Dasein grundlegend verändert. Jedes Nachdenken über das Altern muß davon ausgehen, daß sich die durchschnittliche Lebenserwartung seitdem von knapp 30 auf etwa 75 Jahre erhöht hat. Weil die Zahl der Geburten zusehends abnimmt, wird trotz des erfreulichen Rückgangs der Kindersterblichkeit der Anteil der Bevölkerung unter 15 Jahren ebenso drastisch absinken, wie der Anteil der mehr als 60jährigen überproportional anwächst. Diese Entwicklung kommt in ihrer vollen Bedeutung erst in Sicht, wenn man bedenkt, daß 75 Prozent der über 60jährigen gesundheitlich durchaus imstande sind, für sich selbst zu sorgen und ein aktives Leben zu führen, 85 Prozent aber wegen des obligatorischen Pensionsalters nicht mehr erwerbstätig sind.[1]

Die Gerontologie versucht die Prozesse und Zustände des Alterns unter den neuen Verhältnissen mit enormer Energie wissenschaftlich zu erforschen.[2] In ihrer frühen Phase haben sich vor allem Medizin und Biologie der einschlägigen Probleme angenommen. Seit dem Anfang unseres Jahrhunderts wird im umfassenden Sinn systematisch geforscht. Mit dem Ende der dreißiger Jahre setzt unter dem Druck der Entwicklung die „Expansionsphase" der Gerontologie ein. Zu Biologie und Medizin stoßen nun im-

---

[1] Vgl. L. Rosenmayr, Die späte Freiheit. Das Alter – ein Stück bewußt gelebten Lebens, Berlin 1983, 106–145.

[2] Daß man sich über das Altern zu allen Zeiten ernste Gedanken gemacht hat, zeigt z.B. die Sammlung von Texten aus allen Jahrhunderten, die

mer neue Wissenschaften, vor allem Psychologie und Soziologie; die Gerontologie nimmt zunehmend interdisziplinären Charakter an. Kennzeichnend ist für sie außerdem, daß nicht nur das „Alter", sondern auch die ihm vorausliegenden Jahrzehnte in die Untersuchung einbezogen werden; es geht um den ganzen Prozeß des Älterwerdens, des Alterns. Statt von „Altersforschung" spricht man genauer von „Alternsforschung", statt von „Alterspsychologie" und „Alterssoziologie" genauer von „Psychologie des Alterns" und „Soziologie des Alterns".[3]

Aus dem Umkreis der biblischen, systematischen und praktischen Theologie gibt es zwar eine Reihe von einzelnen, in sich gewichtigen Untersuchungen. In den interdisziplinären Dialog mit den verschiedenen Zweigen der Gerontologie ausdrücklich eingestiegen ist bislang lediglich Martina Blasberg-Kuhnke mit ihrer Münsteraner Dissertation „Gerontologie und Praktische Theologie. Studien zu einer Neuorientierung der Altenpastoral".[4] Ehe sie den Beitrag der Theologie ins Spiel bringt, referiert sie zunächst in drei Kapiteln die wichtigsten Ergebnisse der gerontologischen Forschungen aus der Sicht der Biologie, der Psychologie und der Soziologie. Damit ist die Gewähr gegeben, daß ihre praktisch-theologischen Überlegungen nicht am alternden Menschen vorbeigehen, sondern ihn in seiner konkreten individuellen und sozialen Existenz treffen.

H. Bender, Das Insel-Buch vom Alter, Frankfurt 1976, 15.–16. Tausend 1984, zusammengestellt hat. – Nach Abschluß des Manuskripts stieß der Verfasser auf das Buch von M. Brauchbar – H. Heer, Zukunft Alter. Herausforderung und Wagnis, München 1993. Auf wissenschaftlicher Basis brillant geschrieben, vermittelt es jedem aufgeschlossenen Leser eine Menge konkreter Einsichten in die wichtigsten biologisch-medizinischen, psychologischen und soziologischen Probleme. Es begnügt sich nicht mit Analysen, sondern bietet zahlreiche Hinweise auf richtiges Handeln, die interessantesten wohl auf dem Gebiet der Sozialpolitik. Auf einzelnes wird hier wenigstens in Anmerkungen hingewiesen.

[3] Vgl. U. Lehr, Psychologie des Alterns (Uni-Taschenbücher 55), München u. a. 1972, 7. Aufl., bearbeitet von H. Thomae, 1991, 17–33.

[4] (Themen und Thesen der Theologie), Düsseldorf 1985.

Der vorliegende Beitrag kommt aus der Sicht der theologischen Ethik. Er hält sich in seinem methodischen Vorgehen an den hermeneutischen Dreischritt, der sich in dieser Disziplin als hilfreich erweist: human- und sozialwissenschaftliche Grundlegung, anthropologische Integrierung, ethische Orientierung.[5] In der Regel leben die Menschen in ihrem sittlichen Verhalten aus einem naiven „Vorverständnis" von Verbindlichkeiten, das ihnen im Prozeß ihrer Sozialisation vermittelt worden ist. Eine wissenschaftliche Rechenschaft über dieses Vorverständnis wird unumgänglich, wenn herkömmliche sittliche Weisungen aufgrund tiefgreifender Veränderungen der Lebenswirklichkeit ausgehöhlt und unrealistisch scheinen oder wenn für ein neu auftauchendes Problemfeld eine wissenschaftliche Diskussion seiner sittlichen Implikationen mit unabweisbarer Dringlichkeit eingefordert wird. Ein derart neues Problemfeld hat sich für unsere Zeit mit der immer noch ansteigenden durchschnittlichen Lebenserwartung der Menschen aufgetan.

Alte Menschen hat es immer gegeben. Neu ist, daß sie in größerer Zahl ein höheres Alter als je zuvor erreichen. In soziologischen Untersuchungen wird ein „Zeitalter der Hochbetagten" prognostiziert. Was muß geschehen, damit sich diese Entwicklung auf Dauer „diesseits von Freiheit und Würde" vollziehen wird? Jedenfalls kommt auf die Menschheit eine der größten Herausforderungen ihrer Geschichte zu. Und man kann heute schon sagen, daß diese Herausforderung mit technologischen und sozialstrukturellen Innovationen allein nicht zu bestehen ist. Es wird einer entschiedenen Mobilisierung aller mobilisierbaren moralischen Potenzen bedürfen, damit die Gesellschaft ihrer Alten nicht schon nach wenigen Jahrzehnten in bedrohlichem Ausmaß überdrüssig wird. Es müssen überzeugend begründete ethische Orientierungsmodelle erarbeitet und disku-

---

[5] Vgl. zum folgenden A. Auer, Autonome Moral und christlicher Glaube, Düsseldorf 1971, (3. Aufl.) 1989, 36–54.

tiert werden. Eine ernstzunehmende wissenschaftliche Ethik kann ihren Beitrag nur in anhaltender Zusammenarbeit einerseits mit den Human-und Sozialwissenschaften (vor allem, aber nicht nur mit Biologie, Psychologie und Soziologie) und andererseits mit philosophischen Bemühungen um ein umfassendes Sinnverständnis des Alterns leisten. Eine theologische Ethik wird aus dem christlichen Sinnhorizont heraus eine vertiefende Deutungsdimension ins Gespräch bringen.

Damit ist die Grundstruktur dieses Buches vorgegeben. Das Streben nach menschlicher Dasinserfüllung ereignet sich durch alle Lebensphasen hindurch innerhalb bestimmter physiologisch-biologischer, psychischer und sozialer Gegebenheiten. Darum tut heute die Ethik, auch die theologische, ihren ersten Schritt auf jene Wissenschaften zu, von denen sie möglichst verläßliche Auskünfte über Konstitution und Situation des Menschen, d. h. über das konkrete Bedingungsgefüge seines Handelns einholen kann; nur so können Chancen und Grenzen freiheitlicher Daseinsentfaltung angemessen abgeschätzt werden. Der *I. Teil* unserer Darlegungen über geglücktes Altern versucht darum die wichtigsten wissenschaftlichen Erkenntnisse über die spezielle Situation alternder Menschen in unserer Zeit vorzustellen. Es wird also gefragt: *Was geht im Menschen vor, wenn er altert?* Welche Veränderungen erfährt er im leiblichen, im seelischen und im sozialen Bereich seines Daseins? Was bewirken diese Veränderungen im naturalen Bedingungsgefüge konkreten Handelns und Erleidens? (1. bis 3. Kapitel.)

Nicht Sache der Human- und Sozialwissenschaften kann es sein, allein aus sich heraus auch die Richtung auszumachen, die bei der Verwirklichung guten und richtigen Menschseins eingeschlagen werden soll. Was den Menschen zum Menschen macht, wie die Sinnverhalte von Personalität, Sozialität und naturaler Eingebundenheit zu bestimmen sind, gehört anderen Kategorien an als biologische, psychische und soziale Strukturen und Mechanismen. Hier geht es um die Sache der anthropologischen Reflexion, d. h. philosophischen und theologischen Nachdenkens über das spezifisch und ganzheitlich Menschliche. Die von den Human- und Sozialwissenschaften erhobenen Daten müssen auf einen umgreifenden Sinnhorizont hin gedeutet werden. Auf der Basis des herkömmlichen, noch wenig reflektierten „Vorverständnisses" bildet sich im anhaltenden Wechselspiel zwischen diesem Vorverständnis, seiner philosophischen und theologischen Vertiefung und seiner dauernden Bestätigung bzw. Infragestellung durch human- und sozialwissenschaftliche Erkenntnisse nach und nach eine besser begründete und praktisch verläßlichere Vorstellung von gelingendem menschlichem Altern heraus. Der *II. Teil* dieses Buches versucht demgemäß eine anthropologische Grundlegung unserer Thematik. Nachdem deutlich geworden ist, worin der Vorgang des Alterns besteht und wie ihn der Mensch erfährt, ist nun zu fragen, *was Altern im Ganzen der lebensgeschichtlichen Entwicklung für das Gelingen von Menschsein bedeutet.* Gelten die herkömmlichen Formeln noch, mit denen man den Sinn des Alterns auszulegen versucht („prolixitas mortis", „Sein zum Tode")? Sind sie noch hilfreich? Sind sie überhaupt noch zumutbar, wenn der Mensch heute durchschnittlich nicht mehr 30, sondern 75 und mehr Jahre alt wird? Drängt die gesteigerte Lebenserwartung nicht auf eine Anreicherung unserer Vorstellungen vom Sinn des Alterns? Unser Reden vom Sinn des Daseins und im besonderen des Alterns wendet sich an alle und muß darum der allgemeinen Vernunft plausibel gemacht werden. Da dieses Buch aus der Sicht theologischer Ethik geschrieben ist, werden wir im Rahmen unserer anthropologischen Grundlegung auch Heilige Schrift und theologische Reflexion befragen, welchen Beitrag sie für eine Sinndeutung des Alterns erbringen können. (4. bis 8. Kapitel.)

Erst jetzt kann die Ethik mit ihrer speziellen Fragestellung ansetzen. Bei einer vernünftigen Zusammenschau human- und sozialwissenschaftlicher Erkenntnisse über die naturale Dimension des Alterns und philosophischer und theologischer Einsichten über seine menschlichen Sinnwerte treten unverkennbare Dringlichkeiten und Notwendigkeiten eines erfüllten Daseins zutage: Man stößt auf Chancen, die eingelöst, und auf Grenzen, die hingenommen werden müssen. Ethische Modelle sind Versuche, die Erkenntnis menschlicher Dringlichkeiten und Notwendigkeiten in die Sprache der sittlichen Verbindlichkeit zu übersetzen. So geht es im *III. Teil* dieser Untersuchung um eine Orientierungshilfe für das konkrete Handeln und Erleiden des alternden Menschen. Nun heißt die Frage: *Was müssen wir tun, damit unser Altern glückt?* Der einzelne muß sich entscheiden, ob er die Herausforderung annimmt, die mit dem Altern endgültig auf ihn zukommt, ob er der Begrenztheit seines Daseins in Freiheit zustimmt oder ob er diese Zustimmung verweigert. Das „Einvernehmen mit der Endlichkeit" (Peter Handke) ist das Fundament, auf dem allein der alternde Mensch seine spezifische Identität mit sich selbst aufbauen kann. Wenn er seiner Begrenztheit zustimmt, geht er auf gelassene Distanz zu der ihn tragenden und zugleich bedrängenden Lebenswirklichkeit. Aus dieser Distanz entsteht dann – im Rahmen des noch Möglichen – ein neuer verwandelter Impuls zu ebenso gelassenem Engagement für weiter anhaltende Dringlichkeiten. Die Deutung des Alterns als letzter eindringlicher Ermunterung zur Vollendung der unverwechselbaren persönlichen Freiheitsgeschichte ist das wichtigste Ziel aller Überlegungen, die in diesem Buch angestellt werden. (9. und 10. Kapitel.) Die sozialethische Perspektive „Altern als Herausforderung der Gesellschaft" wird im anschließenden 11. Kapitel lediglich skizziert. Eine Ausführung dieser Skizze würde weitere gründliche Befassung mit den konkreten Fragen erfordern und außerdem den vorgesehenen Rahmen dieses Buches sprengen. Das Schlußkapitel will ausdrücklich hinführen zu der Formel, in der die hier angebotene theologisch-ethische Ermunterung zu einem geglückten Altern programmatisch zusammengefaßt ist: die Chancen nutzen, die Zumutungen annehmen, die Erfüllungen auskosten.

20

Der alternde Mensch
in seiner konkreten Existenz

1. KAPITEL

Biologisches Altern

I. Erfahrungen und Entwicklungen

(1) Simone de Beauvoir hat recht: Für die Regressionsprozesse des Alterns gibt es keine spezifische „körperliche Empfindung" wie etwa für Krankheiten. Wenn sich die Anpassung an die Verhältnisse der neuen Lebensphase ohne besondere Schwierigkeiten lösen läßt, bemerkt der Betroffene den Übergang zunächst kaum, weil sich „ein neuer Zustand des biologischen Gleichgewichts" einstellt.[1] Allzulange können dem Alternden freilich *die Veränderungen im Bereich der körperlichen Funktionen* nicht verborgen bleiben. Seh-und Hörfähigkeit lassen nach. Die Minderungen in der Herztätigkeit erzwingen eine Einschränkung der gewohnten Leistungen, beeinflussen den Blutkreislauf und entwickeln eine Tendenz zur Verkalkung der Arterien. Degenerative Veränderungen der Knie-und Hüftgelenke sowie der Wirbelsäule schränken die Beweglichkeit ein. Das äußere Aussehen zeigt unverkennbare Anzeichen von Rückbildung: das Haar wird grau oder weiß und schütter, der Ausfall der Zähne kann trotz aufwendigen Ersatzes Verbildungen des Gesichts zur Folge haben, die Haut wird faltig und bringt allerhand Wucherungen hervor, Schäden im Bereich der Bandscheiben wie der Gelenke und Muskelschwund verändern das Skelett. Die deutliche Rückbildung der endokrinen Drüsen fällt mit einer Rückbildung

---

[1] S. de Beauvoir, Das Alter, Reinbek 1972, 240. Zum folgenden a.a.O. 240–308: Entdeckung und Bewältigung des Alters. Die körperlich erlebte Erfahrung.

der Geschlechtsorgane zusammen; auch dazu hat die Forschung hinreichende Tatsachen ermittelt. Solange die Rückbildung von Organen und ihrer Funktionsfähigkeit sporadisch bleibt und durch gezielte Gegenwirkung hintangehalten werden kann, wird der Prozeß des Alterns kaum wahrgenommen. „Erst wenn sie Bedeutung (erlangt) und irreparabel (ist), wird der Körper gebrechlich und mehr oder weniger hinfällig: dann kann man eindeutig sagen, daß er verfällt".[2]

(2) Altern ist keine Krankheit, sondern ein normaler, gesetzlich ausgelöster Prozeß. Aber der Mensch ist durch diesen Prozeß nicht nur degenerationsbedingten Funktionsstörungen ausgeliefert, es entwickelt sich vielmehr eine zunehmende Anfälligkeit für *spezifische Alterskrankheiten*: Arthritis, Rheumatismus, Herzkrankheiten, erhöhter Blutdruck, Nierenentzündung, Arteriosklerose, Erkrankungen der Atemwege, des Verdauungsapparats, der Nerven.[3] Neben den „alternden Krankheiten", die der Mensch aus früheren Lebensphasen mit sich bringt, unterscheidet man „primäre Alterskrankheiten", die im Alter am häufigsten erstmals auftreten, wenn auch ihre Anfänge – wie z. B. bei der Arteriosklerose – nicht selten in frühere Jahre zurückreichen, und „allgemeine Krankheiten, die im Alter einen spezifischen Verlauf nehmen", wie z. B. eine Appendizitis.[4] Nach U. Lehr ist es für die gesundheitliche Situation

---

[2] A.a.O. 13. vgl. auch A. Jores, Psychosomatische Probleme des Alters, in: W. Bitter (Hrsg.), Alter und Tod – annehmen oder verdrängen? Ein Tagungsbericht, Stuttgart 1974, 20–36, M. Blasberg-Kuhnke, Gerontologie und Praktische Theologie 18–20, und M. Brauchbar – H. Heer, Zukunft Alter 82–89.
[3] Vgl. die Auflistungen etwa bei S. de Beauvoir, Das Alter 26–30, oder bei M. Blasberg-Kuhnke, Gerontologie und Praktische Theologie 23–25; vgl. vor allem D. Patt, Biologie des Alterns (Uni-Taschenbücher 546), Heidelberg 1976, 139–157; a.a.O.139: „Altern ist ein *biologischer* Vorgang, der zwar mit zahlreichen Krankheiten mehr oder weniger intensive Wechselwirkungen zeigt – per se aber *keine Krankheit* ist". – Dazu auch M. Brauchbar – H. Heer, Zukunft Alter 90–116.
[4] U. Lehr, Psychologie des Alterns 309–311, auch zum Folgenden.

des alternden Menschen charakteristisch, daß oft mehrere Krankheiten gleichzeitig auftreten („Multimorbidität" oder „Polypathie"); als besonders häufig nennt sie Erkrankungen des Herz-Kreislauf- und Gefäßsystems, Diabetes mellitus, zerebrovasculäre Erkrankungen und Krebs. Das Verhältnis von objekivem Krankheitsbefund und subjektiver Krankheitserfahrung ist übrigens individuell sehr verschieden.

(3) Hinter den genannten Erfahrungen funktioneller Störungen und eindeutigen Erkrankungen im Prozeß des Alterns stehen natürlich bestimmte *biologische Entwicklungen*, die als solche nicht wahrgenommen werden, z. B. „pejorative Gewebeveränderungen" oder biochemische Veränderungen (Abnahme von Kalium, Magnesium u. a. und Zunahme von Natrium, Chlor u. a.).[5] Während die glatte sog. „nicht beeinflußbare Muskulatur" durch die Alterungseffekte wenig beeinflußt wird, unterliegt die sog. „willkürliche" oder quergestreifte Muskulatur deutlichen Veränderungen. Sie ist für die Bewegungsfähigkeit von besonderer Bedeutung. Bis zu einem Alter von 50 Jahren kann sie sich an Umfang und Dichte stabil halten oder sogar zunehmen. Dann aber nimmt „die Zahl der aktiven Muskelfasern ebenso ab wie deren Eiweißgehalt. Die Folgen sind Muskelerschlaffungen", deren Zunahme freilich durch Training verlangsamt werden kann. Nach L. Rosenmayr verringert sich mit dem Altern vor allem das „Ausmaß der Grundsubstanzen"; betroffen seien vor allem „Kollagen im Bindegewebe der Skelettmuskulatur, in Sehnen, Faszien, Knorpeln (und) Elastin in Bindegeweben, meist vergesellschaftet mit Kollagen. Gleichzeitig nimmt die Dichte der Fasern zu, der Transport von Nährstoffen und anderen Substanzen wird erschwert". Dies führt zum Anwachsen der lästigen Gelenkkrankheiten. Da Kollagen seinerseits Veränderungen ausgesetzt ist,

---

[5] S. de Beauvoir, Das Alter 24.

verringert sich die Flexibilität der Gelenke, und außerdem beginnen Wunden langsamer zu heilen.[6]

II. Ursachen des Alterns

(1) In den neueren Untersuchungen wird nun mit allem Nachdruck betont, daß der Vorgang des Alterns nicht vornehmlich als Ergebnis eines biologisch-endogenen Prozesses im Sinne einer automatisch verlaufenden Biomorphose verstanden werden darf. Altern – so sagt man mit wachsendem Konsens – ist ein vielschichtiger und ganzheitlicher Prozeß. Die sog. *„Biomorphose"*[7] ist eng in die Gesamtheit der geistig-seelischen und sozialen Veränderungen eingebunden. Sogar die materielle Versorgung und erst recht die innere Grundeinstellung zu den lebensgeschichtlichen Wandlungen und Schicksalen wirken fördernd oder hemmend auf den Prozeß ein. Das subjektive Erleben kann den biologischen Prozessen ebenso vorauseilen wie nachhängen. Altern ereignet sich also immer auf individuelle Weise, so viele Gemeinsamkeiten in den inneren und äußeren Dimensionen auch aufgewiesen werden mögen.

---

[6] Vgl. L. Rosenmayr, Die späte Freiheit 305–307. Vgl. dazu die Darstellung des Mediziners A. Jores, Psychosomatische Probleme des Alters 26: „Man kann die Alterungsgrenze allgemein dahin zusammenfassen, daß die Menge der stoffwechselaktiven Stoffe zurückgeht, die der stoffwechselpassiven, in erster Linie des Bindegewebes, zunimmt. Dies ist im wesentlichen die Folge von der durch die arteriosklerotischen Gefäßverengungen geminderten Durchblutung und einer eingeschränkten Diffusionsfähigkeit der Gewebe. Beide Prozesse zusammen bedingen auch die Veränderungen am Gelenknorpel, die dann die als Arthrose bezeichneten Gelenkerkrankungen zur Folge haben. Man spricht hier auch gerne von Verschleißkrankheiten, in der Meinung, daß es mit den Gelenken ähnlich bestellt sei wie mit den von Menschen gebauten Maschinen, die sich abnutzen und ausleiern. Der Vergleich liegt nahe, aber ich meine, daß er inadäquat ist . . ."
[7] Vgl. M. Bürger und R. Katzmann, Biomorphose. Methoden, Ergebnisse, Probleme, in: Altern. Probleme und Tatsachen, hrsg. von H. Thomae und U. Lehr (Akademische Reihe – Psychologie), Frankfurt 1968, 109–123, und M. Brauchbar – H. Heer, Zukunft Alter 63–79.

(2) Es ist zwar durch die ganze Geschichte hindurch immer wieder der Versuch gemacht worden, das Alter auf eine *einzige Ursache* zurückzuführen: etwa auf die Störung des Gleichgewichts der vier angenommenen Körpersäfte Blut, Schleim, Galle und schwarze Galle (Hippokrates) oder auf das Erkalten der inneren Lebenswärme als der Grundbedingung des Lebens (Aristoteles); Galen versuchte es mit einer Kombination der Theorie von den Körpersäften und der von der inneren Wärme. Später betrachtet Paracelsus den Menschen als „chemische Verbindung" und das Alter als eine Art Selbstvergiftung. Für die Iatrophysik des 18. Jahrhunderts wird der Mensch zur Maschine, zu einem „Komplex von Zylindern, Spindeln und Rädern"; hier kann Altern nur Abnützung der lange Zeit in Betrieb gewesenen Maschine sein. Ende des 19. Jahrhunderts führen etliche Gelehrte das Altern auf die Rückbildung der Geschlechtsdrüsen zurück.[8]

(3) L. Rosenmayr weist noch auf neuere Theorien hin. W. Auerswald sieht das Altern verursacht durch das Junktim von zwei Arten von Verlust- und Anhäufungsvorgängen; der eine betrifft den Arbeitsapparat der Zelle, der andere, bedeutendere beeinträchtigt das Informations-System. K. Lorenz schließlich führt – den Immunologen zustimmend – das Altern auf den Einfluß der Antikörperbildung zurück, die sich gegen unsere eigenen Gewebe richtet: „Es bestehen ernste Argumente für die Annahme, daß der Mensch sich allmählich selbst nicht mehr leiden kann und sich langsam selbst umbringt".[9]

---

[8] Vgl. den interessanten geschichtlichen Überblick bei S. de Beauvoir, Das Alter 17–26.

[9] K. Lorenz, Die Stellung des Alten bei sozialen Tieren, in: Der alternde Mensch, hrsg. vom Österreichischen Bundesinstitut für Gesundheitswesen, Wien 1977, 137–152, zitiert bei L. Rosenmayr, Die späte Freiheit 309f. Dieser bestreitet a.a.O. eine „einfache Abhängigkeit des Verhaltens von den biologischen Gesetzmäßigkeiten". Das Gegen- und Ineinander des mehrdimensionalen Prozesses des Alterns werde „erst auf der Ebene des menschlichen

L. Rosenmayr vertritt für seine Person die Mehrdimensionalität des Alterns und ihre allein aus dem personalen und sozialen Selbstverständnis des Menschen mögliche Interpretation. Man wird wohl sogar M. Bürger zustimmen, der betont, „daß der Alternsvorgang zu den *Urphänomenen* des Lebens gehört und daß hier letztlich ein metaphysisches Problem vorliegt. Ebensowenig wie wir über das Wesen des Lebens und des Todes Endgültiges aussagen können, werden wir auch über das Wesen des Alterns zu einer allgemein anerkannten Erklärung kommen können".[10]

III. Die höchstmögliche biologische Lebenserwartung

Aus verschiedenen Gegenden der Erde, aus Ecuador, aus dem Südkaukasus und dem Himalajagebiet, gibt es Meldungen, daß Menschen weit über 100 Jahre alt werden. H. Franke ist dem Phänomen der Langlebigkeit über viele Jahre hinweg nachgegangen und mahnt gegenüber diesbezüglichen Nachrichten zu äußerst kritischer Reserve. Das wirkliche Alter des angeblich 168jährigen Südrussen Sirali Mislimow konnte durch die von ihm befragte Gerontologische Sektion der Akademie der Medizinischen Wissenschaft der Sowjetunion nicht amtlich bestätigt werden. Nach allen kritischen Literaturstudien kommt er zu der Erkenntnis, daß mit 113 bis 115 Jahren „die oberste Grenze menschlicher Lebensdauer erreicht" ist. Seine Begründung: „Die biologische Uhr, mit deren Ablauf das menschliche Leben erlischt, wird ... von dem genetischen Bauplan der Desoxyribonukleinsäuremoleküle der Zellkerne gesteuert. Tatsächlich hat der Amerikaner Hayflick in

---

Selbst und seiner Interpretationsfähigkeit im sozialen Bezugsfeld der lebensgeschichtlichen und historischen Ereignisse integriert".
[10] M. Bürger, Altern und Krankheit als Problem der Biomorphose, Leipzig (4. Aufl.) 1960, 31, zit. bei M. Blasberg-Kuhnke, Gerontologie und Praktische Theologie 18.

Säugetierzellkulturen nachgewiesen, daß nach rund 50 Teilungserfolgen die Teilungspotenz der menschlichen Bindegewebszellen erlischt. Mit diesem Populationstod der alternden Zellen, der nach etwa 50 Zellteilungen auftritt, ist auch unter ungestörten Voraussetzungen die mögliche physiologische Lebensdauer eines Menschen bei etwa 110 Jahren erreicht".[11] Es ist zu erwarten, daß immer mehr Menschen an diese definitive Marke herankommen.

Unter den an der einschlägigen Forschung beteiligten Wissenschaftlern gibt es freilich Optimisten, die meinen, „daß es bei dem Einsatz von entsprechenden Ideen und Mitteln möglich sein wird, die molekularen Mechanismen des Alterns von Zellen, Organen und Organismen in 30 Jahren aufzuklären und daß daraus eine pharmakologisch bewirkte Verlängerung der Lebensspanne des Menschen abgeleitet werden könnte".[12] Auf die Probleme, die sich mit der zunehmenden Lebenserwartung für ein Ethos des Alterns ohnehin schon ergeben, wird im III. Teil ausführlich eingegangen werden.[13]

---

[11] H. Franke – A. Schramm, Auf den Spuren der Langlebigkeit, in: Geriatrie-Therapiewoche 32 (1982) 3993–3998, hier 3993f.

[12] Vgl. K. Beyreuther (Inst. für Genetik der Univ. Hohenheim), Der genetisch programmierte Tod. Menschliches Leben läßt sich jedoch beeinflussen", in: DFG-Mitteilungen (1978) H.2/S.20.

[13] Vgl. dazu allgemein A.E. Imhof, Die Lebenszeit. Vom aufgeschobenen Tod und von der Kunst des Lebens, München 1988; zur Frage der höchstmöglichen „physiologischen Lebenserwartung" vgl. A.E. Imhof, Reife des

2. KAPITEL

Psychisches Altern

I. Die Lebensphasen

Die psychische Dimension des Alterns wurde einer gründlichen wissenschaftlichen Forschung erst unterzogen, als die Entwicklungspsychologen ihr Interesse über Kindheit und Jugend hinaus dem mittleren und höheren Erwachsenenalter zuzuwenden begannen. Für diese Wende zwischen dem Anfang der 30er und dem Ende der 50er Jahre stehen vor allem die Namen Ch. Bühler, R. J. Havighurst und H. Thomae. Inzwischen ist die Literatur für den Laien längst unüberschaubar geworden.[1] Für das hier verfolgte Anliegen müssen knappe Hinweise vor allem auf die Lebensphasen, auf Veränderungen der Persönlichkeit und der geistigen Leistungsfähigkeit im Alter, auf die berufliche Situation und die Ausgliederung aus dem Beruf, auf die Kontakte im familiären und gesellschaftlichen Bereich genügen.

Wenn *Historiker und Soziologen* sich um die Lebensphasen und um ihre Einteilung kümmern, gehen sie von ihrer sozialen Bestimmtheit aus – von den jeweiligen sozialen

---

[1] Vgl. vor allem U. Lehr, Psychologie des Alterns; H. Thomae – U. Lehr (Hrsg.), Altern. Probleme und Tatsachen 109–249 (Veränderungen der Persönlichkeit), 253–377 (Psychologische Probleme des Berufs und der Berufsaufgabe), 381–457 (Alter und Familie) und 461–612 (Lebensziele und Lebensgestaltung); L. Rosenmayr, Die späte Freiheit; ausführliche Darstellung der Hauptprobleme bei M. Blasberg-Kuhnke, Gerontologie und Praktische Theologie 30–116: Altern als Aufgabe: Psychologische Alternsprozesse und die sozialpsychologische Situation der alten Menschen.

Lebens- und Arbeitsbedingungen, von der kulturellen Organisation der gesellschaftlichen Entwicklung, von der politischen Wirksamkeit sozialer Ideologien und Bewegungen. Sie stellen z.B. fest, daß zur Zeit Solons (7./6. Jh. v. Chr.) das menschliche Leben noch stark kosmologisch verstanden wurde und für die Erstellung einer Typologie der Lebensalter Anleihen bei der Astronomie gemacht wurden. Solon baute seine Lebensphasenlehre nach einem Sieben-Jahre-Zyklus auf; er hatte die Sieben als Zahl der Vollkommenheit etwa in den Mondphasen, in den Plejaden, im Orion gefunden. Er bemerkte auch schon – wie die Verfasser der hippokratischen Schriften – , daß zwischen den Siebenjahresphasen „Krisen" auftreten. Aristoteles, der vor allem die Beeinflussung der Menschen in den verschiedenen Lebensphasen im Auge hatte, ging von Jugend und Alter als den Grenzpunkten aus; die beide verbindende und alle Extreme erfüllende Mitte war für ihn das mittlere Alter; er sah darin die beste Zeit des Menschen, die Phase der Erfüllung. L. Rosenmayr hat zu dieser historisch-soziologischen Betrachtungsweise wichtige grundsätzliche und geschichtliche Anmerkungen gemacht.[2]

Neuere psychologische Forschung geht entschieden empirisch vor. Der Mensch entwickelt sich, solange er lebt; er muß sich in jeder Lebenssituation mit den je anstehenden Problemen auseinandersetzen. Unter diesem Leitgedanken wurde eine Reihe „stufentheoretischer Konzepte" ausgearbeitet. Besondere Bedeutung kommt offensichtlich dem Entwurf von E. H. Erikson zu.[3] Er teilt den Lauf des menschlichen Lebens nach den je zu vollziehenden Ausein-

---

[2] Die späte Freiheit 74–105: Lebensphasen und Altersstatus in Geschichte und Gegenwart.

[3] Identität und Lebenszyklus, Frankfurt (6.Aufl.) 1980. – R. Guardini, Die Lebensalter. Ihre ethische und pädagogische Bedeutung (Topos-Taschenbücher 160), Mainz (10. Aufl.) 1986, war zu ähnlichen Ergebnissen gekommen, ist aber mit seiner phänomenologischen Methode den zeitgenössischen wissensschaftlichen Bestrebungen schwer zuzuordnen. Im Vordergrund steht bei ihm jedenfalls die pädagogisch-ethische Reflexion.

andersetzungen in acht Stufen ein. In der Kindheit (Stufen 1–4) geht es um die allmähliche seelische Entwicklung, im Jugendalter (Stufe 5) um Identitätsfindung, im frühen und im mittleren Erwachsenenalter mit ihrer verantwortlich angenommenen Besorgtheit für Menschen und Dinge um „Generativität" (Stufen 6 und 7) und in der Endphase (Stufe 8) um die „Integrität", in der gegen den Andrang von Verzweiflung und Ekel der Gewinn aus den verschiedenen Phasen endgültig geerntet werden soll. Auf dieser Basis werden dann weitere „stufentheoretische Modelle" erarbeitet, wobei jeweils verschiedene thematische Aspekte im Vordergrund stehen: bei L. Kohlberg die Entwicklung des moralischen Bewußtseins, bei J.W. Fowler die Entfaltungsstufen des Glaubens und bei F. Oser die (sechs) Stufen der religiösen Urteilsbildung (mit deutlichem Altersabbau).[4] So wertvoll die Ergebnisse dieser entwicklungspsychologischen Untersuchungen auch sind, sie können bei den folgenden ethischen Überlegungen nicht im einzelnen berücksichtigt werden; ein solcher Versuch würde den Rahmen dieser Arbeit sprengen. Die sachlichen Probleme werden freilich im Rahmen des Möglichen berücksichtigt werden.

II. Veränderungen im Erleben und Verhalten alternder Menschen

(1) Zu Beginn dieses Jahrhunderts hat die psychologische und sozialpsychologische Forschung einen starken Impuls aus dem Bereich der technisch-wirtschaftlichen Entwicklung erhalten. Es schien, daß der alternde Mensch im Industriebetrieb den neuen Anforderungen nicht mehr gewachsen ist, ja daß *der Abbau der geistigen Leistungsfähigkeit*

---

[4] Die genannten Stufen-Modelle sind dargestellt und positiv wie kritisch sorgfältig gewürdigt von M. Blasberg-Kuhnke, Gerontologie und Praktische Theologie 30–79.

schon um die Mitte des 4. Lebensjahrzehnts einsetzt. Eine breite Welle von zunächst hauptsächlich in Amerika durchgeführten Untersuchungen meinte dies über ihren eigentlichen Ansatz hinaus in einem umfassenden Sinn bestätigen zu können: Zunehmendes Altern impliziere den progressiven Verfall der geistigen Potenz des Menschen. Das sog. „Defizit-Modell" übernahm rasch die Stimmführung in der öffentlichen Diskussion; die ihm entsprechende „Disengagement-Theorie" riet dem ganzen Heer der Alternden, sich einen glücklichen Lebensabend dadurch zu sichern, daß der Rückzug aus den Sozialkontakten zeitig eingeleitet und schließlich in der sozialen Distanzierung ein Winkel der Zufriedenheit eingerichtet werde. Es ist das große Verdienst der Bonner Psychologischen Schule um H. Thomae und U. Lehr, durch neue Forschungen die angeblich wissenschaftlich erhobenen Befunde entkräftet zu haben. Die Einwände, die U. Lehr gegen das Defizit-Modell zusammenstellt, können hier nicht im einzelnen vorgestellt werden. Die wichtigsten seien wenigstens genannt.

(a) Man kann nicht generell von einer Abnahme der Intelligenz reden. Was sich verändert, ist lediglich die Fähigkeit zu rascher Neuorientierung und Kombination.

(b) Durch intensives Training kann die geistige Beweglichkeit bis ins Alter hinein erhalten werden; Zerfallserscheinungen sind festzustellen, wo Fähigkeiten und Funktionen nicht geübt werden (vgl. die „Disuse"-Hypothese und die medizinische Rede von „Inaktivitätsatrophie").

(c) Von großer Bedeutung ist der „Stimulationsgrad" der Umgebung. Erzwungene oder selbstgewählte Zurückgezogenheit in einer kleinen Wohnung oder gar in einem Zimmer (nicht nur „Krankenzimmer") führt – jedenfalls in der Regel – zu rascherem geistigem Abbau als stetige sensorische Anregung. U. Lehr betont zu Recht die „ökologische Komponente" der Wohnsituation; in den Altersheimen sind freilich die Angebote (etwa in bezug auf den Wechsel im Wandschmuck oder in der Tischordnung, auf Ausflüge oder Vorträge u. a.) recht verschieden. Es verdient aber Beachtung, daß die Verfasserin der „Psychologie des Alterns" der Wohnsituation alternder Menschen einen eigenen Abschnitt widmet.[5]

(d) Natürlich spielt auch der Gesundheitszustand alternder Menschen eine wichtige Rolle für die Erhaltung ihrer geistigen Lebendigkeit. Man nimmt an, daß die erheblichen Altersveränderungen häufig mit Krankheiten zusammenhängen, die zwar im Alter häufiger auftreten, aber keineswegs mit dem Alter unvermeidlich zusammenhängen.[6] Auf die interessanten Ergebnisse aus der wissenschaftlichen Erforschung speziell der Lernfähigkeit des Alters kann nicht eingegangen werden. Lernen ist ein Prozeß, der sich durch das ganze Leben vollziehen muß. Er kann auch im Alter mit erstaunlicher Intensität in Gang bleiben, wobei gewisse Umstrukturierungen verschiedener Art naturgemäß unvermeidlich sind.[7]

(2) Auch die im „Defizit-Modell" behaupteten *Persönlichkeitsveränderungen im höheren Alter* wurden von der Bonner Psychologischen Schule kritisch untersucht. Die von ihr durchgeführten Längsschnittuntersuchungen kamen zu dem Ergebnis, daß vorgefundene Veränderungen (nachlassende Kommunikabilität, Reduzierung der Interessen oder regressive Aktivität) vorwiegend auf spezifische Lebensumstände, nicht aber auf das zunehmende Alter zurückzuführen sind. Geistige Aktivität, emotionale Aufgeschlossenheit, Angepaßtheit und Qualität der Stimmung weisen nach einer Längsschnittstudie von H. Thomae (1968 und

---

[5] U. Lehr, Psychologie des Alterns 294–309.
[6] Vgl. zum Ganzen U. Lehr, a.a.O. 57–103; ihre neun Einwände gegen das „Defizit-Modell" a.a.O. 78–103. Zur Gefahr des geistigen Abfalls hat sich neuerdings in ähnlicher Weise der bekannte Wiener Psychiater E. Ringel, Das Alter wagen. Wege zu einem erfüllten Lebensabend, Wien 1993, 67–81 (Psychosomatische Probleme des alten Menschen) und 175–208 (Die Altersdepression) geäußert.
[7] U. Lehr, a.a.O. 103–110. Vgl. auch M. Blasberg-Kuhnke, Gerontologie und Praktische Theologie 91–93.

1969) „über einen Zeitraum von 7 Jahren bei 60- bis 75jährigen eine weitgehende Konstanz" auf. Für die Determinierung solcher Persönlichkeitsmerkmale sind in der Regel viel eher Intelligenz, Sozialstatus, Schulbildung, Gesundheitszustand und andere exogene Bedingungen bedeutsam als das chronologische Alter. Ähnlich verhält es sich hinsichtlich des in letzter Zeit intensiver beobachteten „Selbstbildes", mit dem der Mensch sich innerhalb seines sozialen Bezugsfeldes wahrnimmt. Wo es hier Veränderungen gibt, sind auch sie zumeist nicht auf zunehmendes Alter, sondern vielmehr auf ungünstige Entwicklungen im Hinblick auf Gesundheit oder soziale Interaktion zurückzuführen. „Selbstbild" und „Fremdbild" stehen in einem Wechselverhältnis: „Begegnet die Gesellschaft dem älteren Menschen mit Hochachtung und begünstigt oder verstärkt damit dessen positive Selbsteinschätzung, dann begegnet der ältere Mensch aus einer inneren Selbstsicherheit heraus den Menschen seiner Umgebung auch eher mit Wohlwollen und Verständnis".[8]

(3) Der älter werdende Mensch wird aus lange eingelebten *sozialen Beziehungen* und damit gegebenen Rechten und Pflichten, Annehmlichkeiten und Beschwernissen allmählich oder auch manchmal plötzlich ausgegliedert. Die Probleme beginnen oft schon in der letzten Phase der beruflichen Tätigkeit.[9] Für sehr viele Menschen, vor allem für Männer, bringt freilich erst *das Ende der beruflichen Tätigkeit* einen so bedeutsamen Einschnitt, daß am Glücken oder Mißglücken der hier unweigerlich anstehenden inne-

---

[8] U. Lehr, Altern als soziales und ökologisches Schicksal, in: Arzt und Christ 20 (1974) 138; zum Ganzen vgl. Dies., Psychologie des Alterns 132–154, und H. Thomae – U. Lehr (Hrsg.), Altern. Probleme und Tatsachen 109–170, wo die Veränderungen der alternden Persönlichkeit in neun Beiträgen sehr konkret vorgestellt werden. Zum Ganzen vgl. M. Brauchbar – H. Heer, Zukunft Alter 117–145.
[9] Vgl. dazu U. Lehr, Psychologie des Alterns 184–203 (Probleme älterer Arbeitnehmer), 203–216 (spezielle Probleme der Frau im höheren Alter).

ren Auseinandersetzung offensichtlich über die künftige Lebensqualität insgesamt entschieden wird. Ärger mit Vorgesetzten, ständige Verdrießlichkeiten mit Kollegen/innen, schmerzlich empfundene Eintönigkeit der alltäglichen Verrichtungen und „des Dienstes ewig gleich gestellte Uhr" wecken zwar bei vielen oft lange vor der Pensionierung eine Sehnsucht nach Freiheit; doch kaum daß sie sich eingestellt hat, wird sie allzuoft verwünscht, weil das Leben ohne die gewohnten Kontakte und die Tage ohne ihre klare Strukturierung durch die Arbeitszeiten nach kurzer Zeit schon unerträglich scheinen. Es wird später deutlich werden, daß hier ohne ethische Bemühung letztlich nichts Menschliches gedeihen kann. Es wird freilich schon hilfreich sein, wenn ganz gezielt Kontakte zu Bekannten und Freunden auch aus dem Umkreis der früheren beruflichen Tätigkeit gepflegt werden.

Auch die Probleme der Familie stellen sich für den alternden Menschen neu. Es kommt immer häufiger vor, daß mit dem Ausscheiden der Kinder aus der familiären Gemeinschaft die Ehen zerbrechen bzw. daß innerlich längst zerbrochene Ehen nunmehr geschieden werden. Mit Kindern, die aus dem Hause gehen, läßt es sich hingegen bisweilen besser leben als zuvor. Psychologen und Soziologen weisen darauf hin, daß in vielen Fällen mit der äußeren Distanz sich eine neue innere Nähe zwischen Kindern und Eltern bildet. Aus den Statistiken wissen wir, daß nicht selten die Kinder in der gleichen Straße oder gar im gleichen Haus wohnen und damit recht anregende und befriedigende Formen von Interaktion besonders leicht möglich sind. Nicht jede Einsamkeit bedeutet also auch soziale Isolation. Mancher fühlt sich einsam oder auch isoliert, der viele Kontakte familiärer Art hat, und mancher hat bei geringem äußerem Kontakt durchaus das Gefühl einer tragenden Geborgenheit. Ohne bewußt gepflegte Kultur der ehelichen Partnerschaft und die ebenso bewußte Pflege anderer wirklicher Interessen – nicht bloßer Zerstreuungen, die freilich in bestimmten Krisenphasen auch sinnvoll sein können –

kann sich keine Zukunftsperspektive für alternde Menschen entwickeln. Sie werden einer unwürdigen und schwer zu ertragenden Langeweile anheimfallen.[10]

---

[10] Zur Auseinandersetzung mit den Veränderungen im Bereich der sozialen Kontakte vgl. U. Lehr, Psychologie des Alterns 239–309. Die Auseinandersetzung mit Krankheit, Sterben und Tod wird im ethischen Teil dieser Arbeit behandelt.

3. KAPITEL

Soziales Altern

I. Daten und Theorien

(1) In diesem Zusammenhang müssen keine detaillierten Statistiken wiedergegeben werden. Es genügt ein Hinweis auf die *demographischen Grunddaten.* Seit dem Beginn des 18. Jahrhunderts hat sich in unserem Raum die durchschnittliche Lebenserwartung nahezu verdreifacht: von 27 Jahren damals auf heute 74 Jahre bei Männern und auf 77 bei Frauen. Man rechnet für die nächsten Jahrzehnte noch einmal mit einer kräftigen Anhebung. Diese Entwicklung ist auf die Verbesserung der Lebensverhältnisse und der medizinischen Betreuung im allgemeinen, besonders aber auf die beträchtliche Senkung der Säuglings- und Kindersterblichkeit zurückzuführen. Die Phase des Alterns umfaßt also die Zeitspanne einer Generation. Das bedeutet, daß trotz aller alten und neuen Gefährdungen nicht nur die Ausdehnung, sondern auch die Sicherheit der Lebensdauer gewaltig angestiegen ist. Die Zahl der alten Menschen hat so stark zugenommen, daß ein Berufstätiger heute schon einen Rentner zu ernähren hat – wenn eine so undifferenzierte Sprechweise der Einfachheit halber gestattet ist. Dies ist vor allem auch dadurch mitbedingt, daß das durchschnittliche Invaliditätsalter bei 53 Jahren liegt. Hinter dieser Tatsache verbirgt sich eine Menge schwerer Probleme in unserer Arbeitswelt. Weithin sozial bedingt ist es auch, daß ein Viertel der Heimbewohner im ersten halben Jahr nach der Aufnahme stirbt, daß die Suizidquote bei den über 65jährigen doppelt so hoch ist wie bei den Jüngeren und daß die Hauptabnehmer von Medikamenten und neuerdings auch von Psy-

chopharmaka ältere und alte Menschen sind. Obwohl unter diesen (vor allem den Frauen) allzu viele an der Armutsgrenze leben, darf man nicht verkennen, daß das Durchschnittseinkommen (vor allem der Männer) noch nie in der bisherigen Geschichte so hoch war wie heute.[1]

(2) Mit Nachdruck weisen Soziologen auf die *Beziehung zwischen dem Altersbild in unserer Gesellschaft und dem Selbstbild der älteren Menschen* hin.[2] Während in alten Kulturen dem Alter Respekt und Anerkennung zuteil wurde, hat die moderne technologisch bestimmte, leistungs- und zukunftsorientierte Industriegesellschaft ein deutlich negativ geprägtes Stereotyp vom alten Menschen entwickkelt, das sich bis in die siebziger Jahre hinein immer mehr breitmachen konnte. Was sich aus Analysen von deutschen Lesebüchern und Schülerzeitschriften, aus Querschnittuntersuchungen über Verhaltenserwartungen in der westdeutschen Bevölkerung und aus den Praktiken der Werbungsindustrie ergibt, wird im Anzeigenteil der Wirtschaftszeitungen drastisch konkretisiert: Für viele Stellen erscheint man mit 40 (Frauen mit 30) gerade noch als bewerbungsfähig. Dem „wirklich" Alternden wird in immer neuen Formen der Abfall der Leistungsfähigkeit, der Beweglichkeit und der emotionalen Ansprechbarkeit suggeriert. Wo Vitalität und Jugendlichkeit zu Markenzeichen des lebenswerten Lebens hochstilisiert werden, kann das Alter nur noch als „Rand- und Residualexistenz unserer Gesellschaft", als „pathologische Variante der Norm menschlichen Verhaltens", als „Prozeß des Abstiegs, des Abbaus, des Verlusts

---

[1] Vgl. etwa L.A. Vascovics, Art. Alter III, in: Staatslexikon, Bd. III (1985), 114–119; G. Hartfield, Der alte Mensch als Provokation der Gesellschaft, in: Arzt und Christ 20 (1974) 165–174f; R. Schenda, Das Elend der alten Leute, Düsseldorf 1972; L. Rosenmayr, Die späte Freiheit 322–328.
[2] Vgl. z.B. U. Lehr, Altern als soziologisches und ökologisches Schicksal; Dies., Psychologie des Alterns 280–294; G. Hartfield, Der alte Mensch als Provokation der Gesellschaft; M. Blasberg-Kuhnke, Gerontologie und Praktische Theologie 95–116.

von Fähigkeiten, des Verlusts sozialer Kontakte" erscheinen.[3] Unsere sozialpsychologisch aufgeklärte Gesellschaft hat ebenso subtile wie effektive Mechanismen entwickelt, mit ihrem neu entdeckten „Greisenschema" das Aufkommen eines positiven „Selbstbildes" der Alternden zu verhindern. G. Hartfield versucht es auf den Punkt zu bringen: „Die Alten haben von der Gesellschaft die Rolle übertragen bekommen, eben keine Rolle mehr zu spielen. Alter ist zur Un-Rolle geworden. Das Alter wurde sozial ausgeklinkt ... Eine Gesellschaft mit hypertrophierter Leistungsorientierung verhindert ein positives Altersbild. Im Gegenteil: Sie macht das Alter – ähnlich wie die Behinderten – zu einer sozialen Randgruppe ... Randgruppen hilft man selbstverständlich, aber vorher vermittelt man ihnen – zum Teil durch karitatives Besorgtsein oder durch angeblich unumgängliche, weil eben therapeutisch-rationale Isolation und Gettoisierung – ein Gefühl der Minderwertigkeit und des Außenseitertums".[4] Es wird im folgenden deutlich werden, daß dieses Urteil einer gewissen Differenzierung bedarf, wenn nicht einfach ein Sterotyp durch ein anderes abgelöst werden soll.

(3) Jedenfalls war durch das „Ausklinken" des Alters aus den normalen gesellschaftlichen Lebenszusammenhängen – ob man es nun einfachhin als faktische Gegebenheit (vielleicht als factum „brutum") oder als Ergebnis gezielter Manipulation der Noch-nicht-Alten bewertet – der Boden bereitet für eine der beiden am meisten diskutierten *soziologischen „Alterstheorien"*[5]: *die Disengagement-Theorie*. Sie geht davon

---

[3] Vgl. G. Hartfield, a.a.O. 167, und U. Lehr, Altern als soziales und ökologisches Schicksal 129–132.

[4] A.a.O. 168f.

[5] Vgl. vor allem die ebenso prägnante wie präzise Darstellung bei U. Lehr, Psychologie des Alterns 241–250. Über „Weitere Konzepte zur Systematisierung soziologischer Altersbefunde" informiert M. Blasberg-Kuhnke, Gerontologie und Praktische Theologie 131–133.

aus, daß die Verminderung sozialer Kontakte einem tiefen Bedürfnis alternder Menschen entspricht und geradezu die Voraussetzung ihrer wirklichen Zufriedenheit darstellt: Angestrengte Bemühungen um eine expansive Selbstaktivierung pervertierten den letztlich doch nicht zu verdrängenden Lebensrhythmus, der unweigerlich auf das Ende zulaufe; außerdem verlängerten sie die Unterworfenheit unter die nun einmal zu respektierenden Normen des gesellschaftlichen Zusammenlebens und verhinderten den Anbruch der dem Alter wirklich angemessenen und zustehenden Freiheitsphase. Die Vertreter der Disengagement-Theorie (E. Cumming, W.E. Henry u. a.) stützten sich vor allem auf die Ergebnisse der Kansas-City-Studie aus dem Jahre 1955 und schienen auch bestätigt durch die schlechte wirtschaftliche Lage der alten Menschen und ihre gesellschaftliche Geringschätzung in den USA während der 50er Jahre.

U. Lehr weist freilich darauf hin, daß es schon vor 25 Jahren eine von R.J. Havighurst initiierte Vergleichsstudie gegeben hat, die im Gegensatz zur Disengagement-Theorie „den generellen Trend einer hohen Korrelation zwischen hoher Aktivität und einem großen Ausmaß an Zufriedenheit" ausweist. Der Initiator der Studie gehört zu den Vätern der *Aktivitätstheorie*. Er meint, der Mensch verbringe seine mittlere Lebenszeit in verschiedenen Formen aktiver sozialer Kontakte; er könne auch als Alternder seine Zufriedenheit nur finden, wenn er bereits bestehende aktive Kontakte bewußt weiterpflege, bisher zu kurz gekommene ausbaue und soweit möglich auch Ersatz suche für Kontakte, die durch Aufgabe der Berufsarbeit oder durch den Tod ihm besonders verbundener Menschen verlorengegangen sind.[6] Auch R. Tartler, der in Deutschland schon kurz zuvor für die Akivitätstheorie plädiert hatte, vertritt die Auffassung, daß der Mensch nur mit sich zufrieden ist, wenn er durch Tätigkeit etwas sein und etwas darstellen und eben

---

[6] R.J. Havighurst u. a., Disengagement and patterns of aging, in: Gerontologist 4 (1964) 24; vgl. U. Lehr, a.a.O. 241.

darum auch für andere etwas bedeuten kann oder von ihnen deswegen gar gebraucht wird.[7] Diese Auffassung hat sich weithin bestätigt. Doch haben genauere Untersuchungen gezeigt, daß „informelle" Kontakte (mit Freunden, Nachbarn u. a.), „formale" Aktivität (etwa in Vereinen) und „einsame Aktivität" (wie häusliche Hobbies) je nach Veranlagung und lebensgeschichtlichen Prägungen dem Bedürfnis nach Gesellung in verschiedener Weise entgegenkommen. In Arbeiten aus dem Bonner Psychologischen Institut wurde überdies deutlich, daß in vielen Fällen nach Beendigung längerer Belastungssituationen (vor allem nach der Pensionierung) zunächst ein zeitweiliges Disengagement als erstrebenswert erscheint, daß aber aus der erreichten und angemessen gesicherten Distanz heraus wieder neue Formen von Aktivtät gesucht werden. Beide Theorien enthalten zweifellos wichtige Einsichten, keine von beiden vermag – totalitär vertreten – der Kritik standzuhalten. Man kann darum mit guten Gründen von „alternativen Wegen zur Lebenszufriedenheit im Alter" sprechen.[8] Die Diskussion über die Alterstheorien erinnert, nebenbei gesagt, an den die ganze Geschichte von Theologie und Spiritualität durchziehenden Disput um die Spannung zwischen vita activa und vita contemplativa.[9] Die neuerliche theologische Aufwertung des tätigen Lebens stellt wie das scholastische Axiom „omne agens agendo perficitur (jedes handelnde Wesen wird durch das Handeln vollendet)" eher eine gezielte Korrektur der herkömmlichen überzogenen Praevalenz der vita contemplativa als einen Angriff auf die „Einheit zwischen vita activa und vita contemplativa" dar.

---

[7] Vgl. R. Tartler, Das Alter in der modernen Gesellschaft, Stuttgart 1961.

[8] U. Lehr, Psychologie des Alterns 247–248.

[9] Vgl. z.B. D. Mieth, Die Einheit von vita activa und vita contemplativa in den deutschen Predigten und Traktaten Meister Eckharts und bei Johannes Tauler, Regensburg 1969, und A. Auer, Christsein im Beruf. Grundsätzliches und Geschichtliches zum christlichen Berufsethos, Düsseldorf 1966, 117–121 und 230–250: Theologisches Verständnis welthaften Handelns im allgemeinen.

II. Die soziale Lage alter Menschen und ihre kontroverse Auslegung

(1) Da es sich um einen ethisch besonders bedeutsamen Sachverhalt handelt, sei auf die Deutung der sozialen Lage der alten Menschen noch ausführlicher eingegangen. Ihr *Ausscheiden aus dem gesellschaftlichen und familiären Integrationsprozeß* wird nach der gängigen Meinung vor allem durch zwei sehr einschneidende lebensgeschichtliche Zäsuren bestimmt, durch die räumliche Trennung von den Kindern und das Ende der beruflichen Tätigkeit. Indem die Kinder – wo es noch mehrere gibt – eines um das andere aus dem Hause gehen, reduzieren sich die familiären Beziehungen allmählich auf die „isolierte Kleinfamilie" (T. Parsons) und schließlich nur auf die Ehepartner; die Großeltern, falls sie noch leben, sind ja schon in einem früheren analogen Prozeß in die Isolation gedrängt worden. Nun sind die trauernden Hinterbliebenen – heißt es – ganz auf sich selbst zurückgeworfen. Von allem, was sie glauben noch bieten zu können, ist nichts mehr gefragt: nicht die in einem langen Leben angesammelte Erfahrung, nicht die bereitwillig angebotene Mithilfe bei der Erziehung der Enkel, nicht die für die Kontinuität humanen Zusammenlebens so wichtige Vermittlung von Traditionen; wenn sie es sich leisten können, weisen die Kinder sogar finanzielle Unterstützung zurück, um ja ihre Unabhängigkeit nicht zu gefährden. Alles, was die Eltern anzubieten haben, können sich die selbständig gewordenen Kinder auf andere Weise beschaffen. Die „alten Leute" – die Eltern also, die oft noch gar nicht alt sind, und erst recht die Großeltern – sind nun also nicht mehr „(Mit-)Träger des Sozialisationsprozesses, sondern dessen Objekte. Sie sind nach dieser Auffassung vollkommen zur abhängigen Variablen innerhalb jenes Interaktionsgefüges geworden, das man als den innerfamiliären Sozialisationsprozeß bezeichnet".[10]

---

[10] U. Lehr – H. Thomae, Die Stellung des älteren Menschen in der Familie,

Der nächste Schub in die Isolation, die Trennung von den Arbeitskollegen durch die Pensionierung, kann bei den familiär bereits Ausgegliederten seine volle Wirkung entfalten. Man sieht zwar ein, daß die Arbeitsplätze für die nachkommende Generation geräumt werden müssen und daß die Sozialpolitik der letzten 100 Jahre für die Ruheständler einigermaßen gesorgt hat. Je besser freilich die Sozialpolitik zuvor schon lebenslänglich die Erhaltung und ständige Erneuerung körperlicher und geistiger Kräfte betreibt, desto gesünder und frischer wird der heutige Mensch durch die unerbittliche Automatik der Pensionierungsgrenze getroffen: Wenn er seinen Lebenssinn ausschließlich im Bereich des beruflichen Engagements angesiedelt hatte, trifft sie ihn wie ein Fallbeil. Der Funktionsverlust wird zum generellen und definitiven Ereignis der Vereinsamung, in dem er immer mehr nicht nur in Distanz, sondern sogar in Gegensatz zu seiner Umgebung und zur ganzen Zeitgenossenschaft gerät. Distanz und Gegensatz werden vielleicht für den einen oder anderen dadurch noch einigermaßen erträglich, daß er an irgendeine subkulturelle Gruppierung anderer, ähnlich isolierter alter Menschen Anschluß findet.

(2) Nun gibt es freilich *heftigen Widerspruch gegen eine solche Darstellung und eine solche Bewertung der Situation der alten Menschen in unserer Gesellschaft.*[11] Er wirkt besonders überzeugend aus der historisch-soziologischen Perspektive (L. Rosenmayr und D. Schwab). Das heutige Herausfallen der Alten aus ihren familiären Bindungen

---

in: H. Thomae – U. Lehr, Altern 381–409, hier 385. Vgl. auch R. Tartler, Das Alter in der modernen Gesellschaft 44f.

[11] Vgl. zum folgenden vor allem L. Rosenmayr, Die späte Freiheit 103–147, und D. Schwab, Art. Familie, in: Geschichtliche Grundbegriffe. Historisches Lexikon zur politisch-sozialen Sprache in Deutschland, hrsg. von O. Brunner, W. Kunze, R. Koselleck, Bd. 2, Stuttgart 1975, 253–301; ferner F.X. Kaufmann, Art. Ehe und Familie, II. Sozialwissenschaftlich, in: Staatslexikon, Bd.II (1986), 96–118, hier 104–108.

wird zur Zeit immer noch vielfach damit begründet, daß die alte heile und harmonische Großfamilie mit ihrer tiefen Besorgtheit um Eltern und Großeltern im Zuge der industriellen Entwicklung durch die moderne Kleinfamilie (Eltern und Kinder) abgelöst worden sei und daß diese in der Sorge für die Alten weithin versage. Durch eine Fülle von Einzelstudien hat sich nun nach L. Rosenmayr eindeutig ergeben, daß „das Bild eines ausgedehnten zusammenwohnenden Verwandtschaftssystems mit mehreren Generationen" ein zwar weitverbreitetes, aber schwer zu bekämpfendes Stereotyp darstellt, das mehr idyllischem Wunschdenken als der Wirklichkeit entspricht. Die hohe Mitgliederzahl in den großen Haushalten von ehedem hat sich jedenfalls nicht primär aus eigentlichen Familienmitgliedern verschiedener Generationen zusammengesetzt. Vielmehr zählten dazu Gesinde und Dienstboten, Lehrlinge und Gesellen, dazu noch allerhand Inwohner, Kostgänger und Bettgeher. Das „Haus" im Sinne der aristotelischen Ökonomik, wie es sich bis ins 17. Jahrhundert in der Regel darstellte, war nicht nur ein personal-familiäres, sondern auch ein wirtschaftliches Beziehungsgefüge; der Familienbegriff erhielt denn auch erst seit dem 18. Jahrhundert gegenüber dem Hausbegriff das Übergewicht. Bis dorthin war das personal-familiäre Zusammenleben stark ökonomisch durchsetzt – und zwar nicht nur durch die aufwendige Hauswirtschaft, sondern auch durch Erwerb und Produktion, die sich ja vielfach im „Haus" abspielten. D. Schwab umschreibt den Sachverhalt folgendermaßen: Das Haus stellt „eine gegliederte Einheit dar, zusammengesetzt aus den Elementen Ehe, Elternschaft, Konsumgemeinschaft und des Wirtschaftsbetriebs, verbunden nicht zuletzt durch die Herrschaft des Hausherrn".[12] Was die Versorgung alter Menschen angeht, ist man offensichtlich noch nicht zu klaren Vorstellungen gekommen. Sie ist, wo sie sich angesichts

---

[12] D. Schwab, a.a.O. 260; vgl. L. Rosenmayr, a.a.O. 108–110.

des damaligen Bevölkerungsaufbaus – nur 4–5 Prozent der Menschen wurden über 65 Jahre alt – überhaupt stellte, zwar durch die Familie, aber in der Regel eben nicht in der Form der „Mehrgenerationenfamilie unter einem Dach" eingelöst worden. Nach den Ergebnissen von Untersuchungen in englischen Grafschaften haben vor 1800 jedenfalls 80 Prozent aller Personen über 60 Jahre in eigenen Haushalten gewohnt und damit eine deutliche Tendenz zur Unabhängigkeit bekundet.[13] Man wird kaum an der Erkenntnis vorbeikommen, daß die hochgejubelte „Großfamilie" der guten alten Zeit, insoweit sie wirklich „Familie" im heutigen Sinn war, im wesentlichen eben doch aus einem Kernhaushalt von zwei Generationen bestand.

Die Entwicklung zur bürgerlichen Familie und zur modernen Kleinfamilie begann sich durchzusetzen, je mehr die Arbeitsverhältnisse vor allem im gewerblichen Bereich „entfamiliarisiert" und die erwerbswirtschaftlichen Komponenten des herkömmlichen Familienbegriffs reduziert wurden.[14] Dieser Prozeß ist sehr differenziert verlaufen und kann hier nicht einmal andeutungsweise nachgezeichnet werden. Jedenfalls wird es erst im Zuge dieses durch die Industrialisierung vorangetriebenen Prozesses möglich, daß mit der Aufklärung eine entschiedene Autonomisierung und Individualisierung und mit der Romantik eine zunehmende Emotionalisierung der ehelichen und familiären Beziehungen stattfinden. Man kann mit ziemlicher Sicherheit sagen, daß diese Entwicklung gerade in unserer Zeit zum vollen Durchbruch kommt und neben deutlich positiven auch mancherlei problematische Elemente hervorbringt. Zu den positiven Elementen gehört ohne Zweifel auch, daß die moderne Kleinfamilie die ihr zukommende Altenversorgung keineswegs vernachlässigt, sondern trotz, vielleicht sogar gerade wegen der räumlichen Trennung

---

[13] Vgl. L. Rosenmayr, Die späte Freiheit 109.
[14] D. Schwab, Art. Familie 271–299; vgl. L. Rosenmayr, Die späte Freiheit 113–120.

von der älteren Generation intensive Formen der Zuwendung entwickelt. Dies wird nicht zuletzt dadurch erleichtert, daß wegen der getrennten alltäglichen Lebensräume die Toleranz im Hinblick auf unterschiedliche Wertsetzungen im Lebenstil und in der Kindererziehung störungsfreier geübt werden kann. Das Junktim von räumlicher Trennung und innerer Nähe scheint jedenfalls für die Entfaltung gegenseitiger Zuwendung eine besonders günstige Voraussetzung darzustellen. Emotionale Kommunikationsbereitschaft läßt sich zwar schwer messen, aber es ist ein deutliches Zeichen für ihre positive Entwicklung, daß in mehr als 80 Prozent der hier gemeinten Fälle täglicher oder doch wöchentlich mehrfacher (persönlicher oder telephonischer) Kontakt zwischen Eltern und Kindern statistisch ermittelt worden ist.[15] Die Erhebungen ergeben außerdem, daß nicht nur die Kommunikations-, sondern auch die Hilfsbereitschaft entschiedener praktiziert wird, als man leichthin annimmt. Wie sich diese Bereitschaft, die mit der Zunahme von Pflegebedürftigkeit vor allem von den Frauen eingelöst wird, auf die Dauer auswirken wird, kann noch nicht übersehen werden. Die Belastungen können unzumutbar werden, jedenfalls solange die Sozialpolitik noch keine entscheidenden Hilfen bereitstellt. Ein neuer Bund der Solidarität zwischen den Generationen der heutigen Kleinfamilien, der mit Formeln wie „Intimität auf Abstand" oder „innere Nähe durch äußere Distanz" angedeutet wird,[16] wird auf jeden Fall dem umfassenden wechselseitigen Austausch zwischen Alt und Jung förderlich sein. Daß eine solche Lebensform von den meisten Betroffenen bejaht und freiwillig übernommen wird, ist schon fast eine Garantie ihrer Beständigkeit. L. Rosenmayr spricht von einem Verhalten „aufgeklärter Solidarität" und definiert dieses als die Bereitschaft, Familienmitgliedern in Notfällen Hilfe und Pfege zukommen zu lassen. „Aufgeklärte Solidarität

---

[15] Vgl. U. Lehr, Psychologie des Alterns 253–255.
[16] L. Rosenmayr, Die späte Freiheit 137, und U. Lehr, a.a.O. 253–255.

akzeptiert die in den Personen für ihre Selbsterhaltung notwendigen Grenzen, innerhalb deren die Familienmitglieder Hilfe anbieten können. Aufgeklärte Solidarität bedeutet für Helfer auch die Bereitschaft, Hilfe von außen anzunehmen, zu organisieren, ja sogar aufzusuchen".[17] Daß mit dieser aufgeklärten Solidarität bei der „Betreuung und Pflege der Älteren durch die Familie in der Gegenwart"[18] Ernst gemacht wird, läßt sich belegen: In der (früheren) Bundesrepublik Deutschland etwa ist im Jahre 1979 aus der „Gruppe höchster Hilfsbedürftigkeit" ein Drittel, in absoluter Zahl: eine Million, der über 65jährigen Menschen zu Hause betreut worden.

(3) Nach allem, was in der Diskussion der letzten Jahrzehnte an berechtigten Einwänden gegen die Aktivitätstheorie und gegen die Disengagement-Theorie vorgebracht wurde, fällt es nicht schwer, der besonders von U. Lehr und H. Thomae vertretenen „Theorie der modifizierten Integration des Alters in den Sozialisationsprozeß" den Zuschlag zu geben. Diese Theorie wird durch deutsche und internationale Untersuchungen verschiedener Institutionen bestätigt, auch wenn das Zusammenleben von drei Generationen gegenüber dem *Modell „innere Nähe durch äußere Distanz"* eine deutlich rückläufige Tendenz aufweist. Dies bedeutet keine Aushöhlung, sondern eine zunehmende Differenzierung des familiären „Interaktionsgefüges". Es scheint nicht eindeutig zu sein, ob sich das Verhältnis der Gatten nach der Beendigung der beruflichen Tätigkeit und dem Ausscheiden der Kinder aus der bisherigen gemeinsamen Wohnung aufgrund der häuslichen Mithilfe des Mannes und stärkerer gemeinsamer Interessen verstärkt und vertieft oder ob die partnerschaftliche Beziehung eher zugun-

---

[17] A.a.O. 136.
[18] Vgl. den so überschriebenen Abschnitt bei L. Rosenmayr, a.a.O. 127–135.

sten intergenerationaler Bindungen zurücktritt.[19] Immerhin wird durch ein Leben, das alternden Ehepaaren hinsichtlich ihrer Familie die Möglichkeit von Bindung und Freiheit gleichermaßen anbietet, ein Raum eröffnet, in dem die menschliche und – wo es sich um Glaubende handelt – die religiöse Kultivierung ihrer partnerschaftlichen Beziehung als lebensgeschichtliche Herausforderung noch einmal aufgerufen wird und aus dem heraus auch andere soziale Aktivitäten (Nachbarschaft, Gesellschaft, Kirche), sei es im Sinne von Freizeitgestaltung oder von verbindlichem Engagement, leichter entfaltet werden, als die unmittelbare Einbindung in ein volles familiäres Beziehungsgefüge dies zuläßt. In den ethischen Überlegungen wird gerade diesem Raum besondere Beachtung zuteil werden müssen. Doch zuvor sollen einige grundlegende anthropologische Überlegungen angestellt werden.

---

[19] Vgl. U. Lehr – H. Thomae, Die Stellung des älteren Menschen in der Familie 397–399. – Zum Ganzen vgl. M. Brauchbar – H. Heer, Zukunft Alter 165–216. 322–325.

Die Bedeutung des Alterns im Ganzen der lebensgeschichtlichen Entwicklung

Man hat zu allen Zeiten den einzelnen Lebensaltern spezifische Sinnwerte zugesprochen. Das Kind übt im freien Spiel den Umgang mit der Wirklichkeit ein. Der heranwachsende Mensch erfährt sein Dasein als Angebot und Herausforderung und sucht seinen Ort in der Welt, um es dort optimal zu verwirklichen. Die Erwachsenen sind bestrebt, Ordnung in ihre Gefühle zu bringen und die ihnen aufgegebene Verantwortung zu übernehmen. Die den einzelnen Lebensaltern zugesprochenen spezifischen Sinnwerte weisen trotz unbestrittener Authentizität zugleich auf die je nächste lebensgeschichtliche Phase hin und bringen sich darin ein. So entsteht menschliches Leben als ganzheitliche Gestalt. Verweigert sich der Mensch der andrängenden nächsten Stufe, dann bleibt der Sinnwert der früheren nicht einfach weiter in Geltung, vielmehr verzerrt und verwuchert er sich derart, daß man z. B. von einem „infantilen Mann" oder einer „unwürdigen Greisin" sprechen kann.

Die Phase des Alterns gleicht den vorhergehenden, insofern auch ihr spezifische und authentische Werte eignen; sie unterscheidet sich von den vorhergehenden, insofern sie nicht mehr wie diese auf eine nachfolgende verweisen kann. Der alternde Mensch stößt an die unerbittliche Grenze des Sterbens. Der Ring der Verfügtheiten schließt sich. Die Verfügtheit des Anfangs, die sich in weithin passiv hingenommenen Sozialisationsprozessen fortsetzt, mündet nach einer Phase mehr oder weniger freier Verfügbarkeit in die Verfügtheit des Sterbens, das unaufhaltsam seine zunehmend sich verdunkelnden Schatten vorauswirft. Altern ist die erfahrbare Zuspitzung des für den Menschen konstitutiven „Seins zum Tode" (M. Heidegger), der „prolixitas mortis" (Gregor der Große); es enthüllt sich als zunehmende Häufung von Sterbens-Elementen. Die vielen das Leben durchziehenden Hinweise auf den Tod (Enttäuschungen, Krankheiten, Einsamkeit) verdichten sich zur unausweichlichen Grunderfahrung, sie enthüllen sich als Vorgänger des Todes, als „praeambulationes mortis" (Paracelsus). Das freundliche Sprechen vom Alter als dem „Herbst" des Lebens offenbart sich endgültig als Täuschung: Es gibt allenfalls noch einen Winter, doch folgt diesem mit Sicherheit kein Frühling mehr.

4. KAPITEL

Die herkömmliche Deutung des Alterns als „Sein zum Tode", als „prolixitas mortis"

I. Dimensionen der Erfahrung

Das Sterben ist dem Leben nicht einfach angehängt wie das Amen der Predigt. Es ist in ihm von Anfang an zuinnerst gegenwärtig, durchzieht es durch seine ganze Erstreckung. „Geburt ist Sterbens Anfang" (Werner Bergengruen), das Leben ist ein in die Länge gezogener Tod. R. Guardini sagt, man müsse den Tod in seiner Breite und Vielfältigkeit wahrnehmen, um seine „Mächtigkeit" ins Bewußtsein eindringen zu lassen. Was Guardini hier meint, bezeichnet M. Heidegger in philosophischer Manier mit seiner bekannten Formel als „Sein zum Tode", indes die Rede von „prolixitas mortis" (Gregor der Große, 540–604) eher den konkreten Vorgang der zunehmenden Häufung von Sterbenselementen in der menschlichen Lebensgeschichte im Auge hatte.[1]

---

[1] Vgl. zum folgenden R. Guardini, Die letzten Dinge, Würzburg 1940, 3–8. Die Formel „prolixitas mortis" ist wohl durch K. Rahner in Erinnerung gebracht worden. Sein erster Beitrag zum Thema „Das christliche Sterben" (in: Mysterium Salutis, Bd. V, 466–472) trägt die Überschrift „Prolixitas mortis"; in der Einleitung wird ohne Angabe von Belegen gesagt, daß die Formel von Gregor dem Großen stamme. Die „Cetedoc Library of Christian Texts (CLCLT)", Universitas Catholica Lovanensis, Lovanii Novi 1991, weist aus den Schriften Gregors des Großem (soweit sie hier gespeichert sind) nur eine einzige Stelle aus, nämlich aus Liber II, Homilia 37, cap. 1, linea 7 der „Homiliarum in euangelia libri duo" (hier zitiert nach Migne, Patrologia Latina 76, 1075–1312; vgl. ed. D. Hurst, CC 122 (1955), 1–378): „Ipse enim quotidianus defectus corruptionis quid est aliud quam quaedam prolixitas mortis – Gerade die alltägliche Schwächung aufgrund des Zerfalls, was ist sie anderes als eine gewisse Zunahme (ein Reichlicherwerden) der Sterbenselemente." Gregor d. Gr. sagt dies ohne spezifische Zuordnung

In einem gewissen Sinn kann man mit R. Guardini in der Tat schon von einem *„physikalischen" Tod* sprechen. Die materiellen Dinge sind ja nicht nur Eigenschafts- und Funktionshaufen, sie bestehen vielmehr in „Gestalten". Jede Gestalt aber zerfällt, mögen auch die Zerfallsprozesse sehr verschiedene Dauer haben. Die Gestalt einer Welle zerfällt rasch, sogar eine Düne können wir noch „wandern" sehen. Auch Kristalle, Berge und Weltkörper haben keine „bleibende" Gestalt, wenngleich sich ihr Zerfall mit menschlichen Sinnen nicht beobachten läßt.

Seinen vollen Sinn bekommt das Wort „Tod" erst vom Leben her, d. h. als *biologischer Tod*. Es bringt zum Ausdruck, daß die Kräfte des Lebens nicht mehr hinreichen, dem Zerfall zu wehren, ausgefallene Funktionen zu restituieren und zugrunde gehende Zellen zu ersetzen. Der biologische Tod schleicht freilich in der Regel nahezu unbemerkt auf einem langen Weg an den Menschen (wie an jedes andere Lebewesen) heran. Der allmähliche Prozeß, der ihn auf dieses Ende hin vorandrängt, verschärft und bündelt sich endgültig in dem, was als „biologisches Altern" bezeichnet wird. Als wesentliche Elemente dieses Verdichtungsprozesses wurden Veränderungen im Bereich der leiblichen Funktionen, spezifische Alterskrankheiten und pejorative Entwicklungen (vor allem im Gewebebereich und in den biochemischen Grundsubstanzen) aufgeführt. (Vgl. I. Teil, 1. Kapitel.)

---

auf die Phase des Alterns, wenngleich er gewiß nicht ausschließen will, daß in der Spätphase des Lebens diese Erfahrung an Konsistenz zunimmt. Aber K. Rahners Hinweis bedeutet nicht, daß „prolixitas mortis" auch nur bei Gregor d. Gr. eine gängige Formel ist; sie ist dies erst recht nicht bei den lateinischen Kirchenvätern insgesamt; bei ihnen finden sich zwar 102 weitere Belegstellen für „prolixitas", aber keine einzige für die Wortverbindung „prolixitas mortis". – Der hohe Stellenwert, der dieser Formel in den folgenden Überlegungen eingeräumt ist, läßt sich also nicht mit Würde und Gewicht einer großen Tradition begründen. Aber sie deckt sachlich genau ab, was hier mit der immer konkreter und intensiver werdenden Erfahrung der Begrenztheit menschlicher Existenz gemeint ist. Vgl. Teil III, 9. Kapitel.

Krankheit wird in der Regel als Signal gestörter Gesundheit erfahren; den Schmerz nennen die Mediziner den „bellenden Wachhund der Gesundheit". Die leiblichen Regressionsvorgänge, die das Altern konstituieren, werden als solche nicht unmittelbar empfunden – jedenfalls von denen nicht, die im Zustand normaler oder gar auffallend guter Gesundheit in den Altersprozeß eintreten. Simone de Beauvoir berichtet von Victor Hugo und André Gide, sie hätten sich im Alter noch so jung gefühlt, daß sie von sich meinten, sie hätten nur „das Kostüm" des Alters angelegt; nur „der Dekor" habe sich verändert. Mag sein, daß sie hier von ungewöhnlich erfolgreichen Verdrängungsvorgängen berichtet, aber jeder wird ihr zustimmen, wenn sie schreibt: „Man muß sich bereits des Alters bewußt sein, um die körperlichen Anzeichen deuten zu können". Noch schwieriger – meint sie – sei es mit dem Nachlassen der geistigen Kräfte: Wer davon betroffen ist, sei gar nicht mehr fähig, diese Minderung festzustellen, „wenn gleichzeitig mit seinen Fähigkeiten auch seine Ansprüche geringer geworden sind".[2]

Schon hier wird deutlich, welch große Bedeutung auch im Hinblick auf die leiblichen Erfahrungen *psychische Wahrnehmung und Reaktion* haben. (Einiges wurde bereits angedeutet; vgl. Teil I, 2. Kapitel) Es ist schwer auszumachen, ob im Bereich dieser Wahrnehmung und Reaktion dem Negativen ein so deutliches Übergewicht gegenüber dem Positiven zukommt, wie es etwa S. de Beauvoir dar-

---

[2] Vgl. S. de Beauvoir, Das Alter 240–252. A.a.O. 243f bietet sie dafür ein Beispiel: „La Fontaine wähnte sich mit 72 Jahren im vollen Besitz seiner physischen und geistigen Kräfte, als er am 26. 10. 1693 an Maucroix schrieb: ,Es geht mir nach wie vor sehr gut, und ich habe einen übermäßigen Appetit und ebensolche Kräfte. Vor fünf oder sechs Tagen bin ich, fast ohne etwas gegessen zu haben, zu Fuß nach Bois-le-Vicomte gegangen; dabei sind es gut fünf Wegstunden von hier.' Im Juni desselben Jahres jedoch schrieb Ninon de Lenclos an Saint-Évremond: ,Ich habe erfahren, daß Sie La Fontaine gern nach England holen würden. In Paris haben wir nicht mehr viel von ihm; er ist recht schwach im Kopf geworden'".

stellt und dokumentiert.[3] Ihr überwiegend düsteres Bild begründet sie mit dem Hinweis, daß sich angesichts der schlimmen materiellen und sozialen Lebensbedingungen der alten Menschen (Hunger, Kälte, Krankheit, Isolierung und schlechte Wohnverhältnisse) auch schwerlich eine psychische und moralische Entfaltung erwarten läßt. Nun hat sich in unserer modernen Gesellschaften während der zwei Jahrzehnte seit dem Erscheinen ihres großen Werkes „Das Alter" gerade in dieser Hinsicht einiges zum Besseren gewendet. Doch hat S. de Beauvoir mit einigem Recht immer wieder darauf hingewiesen, daß die Moralisten mit ihren – wie sie sagt –„spiritualistischen Albernheiten" über die seelischen Notzustände alter Menschen oft beschönigend hinwegreden. Es gibt in der Tat die ganze Palette negativer psychischer Reaktionen auf die Erfahrung des Alterns, die S. de Beauvoir mit vielfach erschütternden Zeugnissen belegt: Angst, Erschrecken, Selbsttäuschung, Verschweigen der seelischen Notstände, dann Dürre, Traurigkeit, Apathie, intellektueller Appetitmangel, Indolenz, Verdrossenheit, Ekel, Egozentrik, Feindseligkeit, Tyrannisierung u.s.w. Solche Formen der Reaktion auf die wahrgenommenen Alterserscheinungen sind gewiß Verdichtungen des „Seins zum Tode".

R. Guardini unterscheidet näherhin drei Formen, in denen der psychische Tod sich in das Leben vor allem des alternden Menschen hineinerstrecken kann. Der „psychologische Tod" tritt ein, wenn die Gegenwehr gegen das Sterben nicht mehr aus dem Innersten kommt und darum zusehends erlahmt. Dies hat seinen Grund zumeist darin, daß die Freude am Dasein erlischt, daß Menschen, Ideen oder Bücher allmählich oder plötzlich ihre Leuchtkraft verlieren und nichts mehr bedeuten. Vom „biographischen Tod" kann man sprechen, wenn die Motive, die ein Menschenleben aufgebaut und getragen haben, sich erschöpfen und nicht

---

[3] Vgl. Das Alter, bes. 240–308 und 384–433.

mehr durch andere ersetzt werden können. Eine Frau hat ihr Hauswesen aufgebaut und Kinder geboren und großgezogen. Wenn diese groß werden und eigene Familien gründen, kann es sein, daß dem späten Leben einer solchen Frau sich der tragende Sinn entzieht. Ähnlich kann es einem Mann und heute zunehmend auch einer Frau gehen, wenn sie ein ansehnliches Werk aufgebaut haben und plötzlich merken, daß diesem Werk am besten gedient wäre, wenn sie jüngeren Menschen mit neuer Kompetenz Platz machten; es drängt sich ihnen das Gefühl auf, ihre Biographie sei zu Ende. Die Formel vom „personalen Tod" schließlich meint, daß nach der festen Überzeugung eines Menschen die wesentlichen Entscheidungen, die den Sinn des Lebens bestimmt und seine spürbare Erfüllung ermöglicht haben, gefallen sind. Grundsätzlich ist es zwar für den Menschen nie zu spät, sein Leben als ganzes noch einmal aufzugreifen und ihm einen weiterführenden Sinn zu geben. Doch zeigt die Erfahrung, daß allzuoft die dahinschwindende Lebenskraft die Überzeugung aufkommen läßt, das Eigentliche sei geschehen und es lasse sich nichts Wesentliches mehr verändern.[4]

Die Zunahme von Sterbenselementen und „das Erleiden von Minderungen", die im Tod schließlich „wie in einem Meer zusammenfließen",[5] ereignen sich nicht nur in der biologischen und in der psychischen, sondern auch in der sozialen Dimension des menschlichen Daseins. Man spricht neuerdings vom *„sozialen Tod"*, der dem medizinischen Tod lange vorausgehen kann.[6] Es wurde bereits gezeigt, daß das Ausscheiden aus dem familiären und gesellschaftlichen Integrationsprozeß in der Regel vor allem durch den Auszug der Kinder aus dem Haus und den Eintritt in den Ruhestand ausgelöst wird. (Teil I, 3. Kapitel.)

---

[4] Vgl. R. Guardini, Die letzten Dinge 4f.
[5] P. Teilhard de Chardin, Der göttliche Bereich, Olten 1962, 78–82.
[6] Vgl. W. Fuchs, Todesbilder in der modernen Gesellschaft, Frankfurt 1969, 177–197.

Es ist alles andere als verwunderlich, daß gerade bei den Menschen, für die Familie und Beruf den eigentlichen Lebensinhalt ausgemacht haben, sich nun das Bewußtsein der Leere und der Nutzlosigkeit breitmacht und sie in die Isolation treibt, in der dann die eben aus S. de Beauvoirs Werk „Das Alter" zitierten psychischen Minderungen und egozentrischen Verengungen sich allzu oft fast widerstandslos durchzusetzen vermögen. Hier läßt sich schwer eine eigene neue authentische Identität aufbauen; eher wird noch das bisherige Identitätsbewußtsein dadurch ausgehöhlt, daß der alte Mensch durch seine Umgebung massiv und definitiv gerade daraufhin festgelegt und ihm keinerlei innovativer oder kreativer Impuls mehr zugetraut wird. Dies ist eine der grundlegenden Erfahrungen, die J. Améry in seinem Essay „Über das Altern" mit soviel Bitterkeit zum Ausdruck bringt: Vom alten Menschen erwartet man nichts mehr, er kann allenfalls früher Gemachtes monoton wiederholen. Man bewilligt ihm keinen „Kredit auf Zukunft" mehr. „Er findet sich – nicht aus eigenem Urteil, sondern als Spiegelbild des Blicks der Anderen, das aber alsbald von ihm interiorisiert wird – als Geschöpf ohne Potentialität".[7] Wenn die Gesellschaft den alten Menschen so behandelt, daß sich in ihm derartige Grunderfahrungen einstellen, dann kam man vielleicht in der Tat sogar von „sozialer Todeserklärung" sprechen und darin dann auch eine „entfernte und höchst vermittelte Fortsetzung der Übung, die Alten zu töten", vermuten.[8]

Die Erfahrung der zunehmenden Häufung von Sterbenselementen in der biologischen, psychischen und sozialen Dimension erhält nun eine zunehmende Verschärfung durch die Tatsache, daß sie sich beim alternden Menschen

---

[7] J. Améry, Über das Altern. Revolte und Resignation (Versuche 13), Stuttgart 1968, 72.
[8] W. Fuchs, Todesbilder in der modernen Gesellschaft 196f; vgl. M. Meesters, Zur Bedeutung des Faktors Zeit im Rahmen einer theologischen Ethik, Frankfurt 1981, 236f.

im Horizont einer fortdauernden Wandlung des Zeitbewußtseins ereignet. Dies muß eigens verdeutlicht werden,
damit sich das Bild rundet.

II. Veränderungen im Zeitverständnis des alternden Menschen

Was hier gemeint ist, zeigt sich zunächst in der *lebensgeschichtlichen Betrachtung* des einzelnen Menschen. Wenn
er seinen Erfahrungen nicht ausweicht, wird ihm im Prozeß des Alterns zusehends deutlicher, daß die vor ihm liegende Lebensspanne auf jeden Fall kurz, vielleicht sogar
sehr kurz ist und daß sie mit Sicherheit keine Fortsetzung
findet, sondern mit dem Tod endet.[9] Was hinter dem Menschen liegt, erscheint ihm – sosehr es seine Lebensgestalt
geprägt haben mag – radikal entzogen, die immer kürzer
werdende Zukunft aber ebenso radikal vorenthalten. Die
Gewähr von Zukunft in der Gegenwart erfährt der alternde
Mensch auf ganz spezifische Weise. Durch die gewährte
Gegenwart hindurch spürt er ungleich deutlicher als in früheren Lebensphasen den Hauch von Vergänglichkeit; er
weiß ja, daß die gewährte Gegenwart die ohnehin schon
kurze Zukunft unverzüglich weiterhin verkürzt. Doch
nicht nur der Entzug, sondern auch die Gewähr von Zeit
kann in qualitativ gesteigerter Weise erlebt werden. „Die
Kostbarkeit der heutigen Stunden, der wiedergekehrte Tag
mit seinen kleinen Möglichkeiten, das nochmals geschenkte Jahr erhalten eine immens gewachsene Bedeutung".[10]
Die knapper werdende Zeit impliziert eine dringliche Einla-

---

[9] Vgl. zum folgenden vor allem P. Hünermann, Zeit und Zeiten des Menschen. Eine philosophisch-theologische Besinnung auf die Zeiterfahrung
des alternden Menschen, in: Arzt und Christ 20 (1974) 149–164, und
M. Meesters, Zur Bedeutung des Faktors Zeit im Rahmen einer theologischen Ethik 232–267.
[10] P. Hünermann, a.a.O. 156.

dung, sich der Würde und der Einmaligkeit des menschlichen Daseins bewußter zu stellen und sich auch den Mitmenschen mit ihren alltäglichen Dingen und Erlebnissen wacher und aufmerksamer zuzuwenden.

Die Veränderung des Zeitbewußtseins zeigt Wirkung. Was die Vergangenheit betrifft, so ist sie recht merkwürdig. Man findet im Rückblick auf sein Leben kaum einen Unterschied, ob man in einer bestimmten Stadt fünf oder zwanzig Jahre gelebt hat. Hinsichtlich der Zukunft wird der Unterschied deutlicher. Der junge Mensch hofft, in fünf Jahren seinen Weg klarer vor sich zu sehen, in zwanzig Jahren aber ein Stück Welt in seine Verantwortung genommen zu haben; der alte Mensch meint Glück zu haben, wenn er in fünf Jahren noch der gleiche ist wie jetzt und wenn er in zwanzig Jahren überhaupt noch da ist und niemandem schmerzlich zur Last fällt. Die entscheidende Zäsur im Wandel des Zeitverständnisses beim alten Menschen aber ist die Entdeckung der Endlichkeit. S. de Beauvoir gibt die neue naturale Grundstimmung wieder, wenn sie schreibt: „Der alte Mensch weiß, daß sein Leben gelebt ist und daß er es nicht noch einmal leben kann. Die Zukunft ist nicht mehr mit Verheißungen erfüllt, sie schrumpft in dem Maße wie das endliche Sein, das sie zu leben hat".[11] Das Bewußtsein hört auf, ein unbegrenztes Leben vorzugaukeln; alles Denken und Planen stößt an den Grenzstein. S. de Beauvoir zitiert neben vielen anderen ihren Landsmann Michel Leiris, der nach einem großen literarischen Erfolg mit „Biffures" schreibt: „Es schien mir, als habe mein Leben eine Art schrecklichen Höhepunkt erreicht. Das Ende des Lebens, so kam es mir vor, glich ein wenig den letzten Tagen meines Aufenthalts in Florenz. So wie uns in der Hauptstadt der Toskana, die wir von unten bis oben besichtigt hatten, nur noch ein paar Belanglosigkeiten anzusehen blieben, so blieben mir nur ein paar Belanglosigkeiten zu tun

---

[11] Das Alter 323.

für die Zeit, die ich noch zu leben hatte".[12] Ähnlich eindrucksvoll spricht Jean Cocteau von der Entdeckung der
Endlichkeit: „Jeder beherbergt (das ganze Leben hindurch)
seinen Tod und tröstet sich darüber mit dem Wahn hinweg,
der Tod sei nur eine allegorische Figur, die erst am Schluß
des letzten Aktes erscheint. Als erprobter Meister der
Mimikry ist er selbst dann gegenwärtig, wenn wir ihn am
fernsten glauben: in unserer Lebenslust. Er ist in unserer
Jugend. Er ist in unserer Reife. Er ist in unserer Liebe. – Je
weniger Zeit mir noch verbleibt, desto mehr reckt er sich
auf. Desto mehr macht er sich breit. Desto mehr hat er die
Hand im Spiel. Desto emsiger geht er an seine Tüftel-
arbeit. Er gibt sich immer weniger Mühe, mich hinters
Licht zu führen. Sein großer Tag aber ist, wenn man
Schluß macht: Dann tritt er aus uns heraus und schließt hinter uns ab".[13]

Die lebensgeschichtliche Sicht des einzelnen bestätigt
sich durch *die zeitgeschichtliche Betrachtung*. Es scheint,
daß geistig arbeitende Menschen eine intensivere Form
von Zeitgenossenschaft verwirklichen und darum dem Andrang der Endlichkeit eher zu widerstehen vermögen. Die
weitgreifenden Untersuchungen von S. de Beauvoir bestätigen dies für Mathematiker, Philosophen, Schriftsteller, Musiker, Maler und Politiker,[14] und so entspricht es ja auch der
modernen Aktivitätstheorie. Aber sie zeigt ebenso deutlich
auch die Begrenztheit dieser positiven Bewertung auf. Die
meisten geistig Arbeitenden werden in der Tat zugeben
müssen, daß sie zumindest im Bereich des Wissens unerbittlich in Rückstand und damit auf die Dauer insgesamt in
einen Prozeß der Disqualifizierung und des Kompetenzver-
lustes geraten. Es haben sich Denkgewohnheiten herausge-
bildet, die der Zuwendung zu neuen Entwicklungen metho-

---

[12] Zitiert a.a.O. 324.
[13] Die Schwierigkeit, zu sein, Wien–München–Basel 1958, zitiert bei
H. Bender, Das Inselbuch vom Alter 209.
[14] Vgl. Das Alter 327–377.

disch und sachlich im Wege stehen.[15]Je engagierter sich ein geistig arbeitender Mensch mit seiner Zeitgenossenschaft einläßt, desto eher kann es geschehen, daß seine Einbindung in die Gegenwart ihn für neue Konzeptionen blind macht. Er vergißt allzu leicht, daß man sich ändern muß, um sich gleich zu bleiben.[16]

[15] A.a.O. 334: „Es kann vorkommen, daß ein 40jähriger Professor eine Darstellung seiner eigenen Theorien nicht versteht, die ein junger Mathematiker gleichaltrigen Kollegen vorlegt, eben in der neuen Sprache, die ihnen geläufig ist und die der Ältere nicht versteht."

[16] S. de Beauvoir, Das Alter 359–372, schildert auf sehr eindrucksvolle Weise, wie z. B. große Politiker (Clémenceau, Churchill und Gandhi) im Alter gescheitert sind und ihre Epoche „überlebt" haben. A.a.O. 373: „Die Zeit, die der Mensch als die seine betrachtet, ist die, in der er seine Unternehmungen plant und ausführt; dann kommt ein Augenblick, da diese Unternehmungen aus den verschiedenen hier betrachteten Gründen wieder verschlossen hinter ihm liegen. Die neue Zeit gehört den jüngeren Leuten, die sich durch ihre Tätigkeit in ihr realisieren und sie durch ihre Entwürfe lebendig machen. Der alte Mensch, jetzt unproduktiv und ohne Wirkungskraft, kommt sich selbst wie ein Überlebender vor."

5. KAPITEL

Die herkömmliche Deutung des Alterns im neuen Horizont der erhöhten Lebenserwartung

Aus ganzheitlich-menschlicher Sicht sah die herkömmliche Auslegung den Sinn des Alterns im „Sein zum Tode", in der „prolixitas mortis". Im vorangehenden Abschnitt wurde gezeigt, daß der Mensch in der biologischen, psychischen und sozialen Dimension des Alterns eine zunehmende Anhäufung von Sterbenselementen erlebt und daß diese Erfahrung durch den andauernden Wandel des Zeitbewußtseins noch verschärft wird. Im folgenden soll der Frage nachgegangen werden, wie sich die in den letzten Jahrhunderten erreichte beträchtliche Anhebung der durchschnittlichen Lebenserwartung auf die Selbsterfahrung des alternden Menschen und auf ihre anthropologische Deutung als „prolixitas mortis" auswirkt. Halten sich Erfahrung und Ausdeutung unverändert durch, oder werden sie zwangsläufig in Frage gestellt, wenn im Unterschied zu früheren Zeiten die meisten Menschen die Phase des Alterns tatsächlich erreichen und wenn diese Phase des Alterns sich signifikant länger hinzieht als bei früheren Generationen?

I. Die Steigerung der durchschnittlichen Lebenserwartung – Tatsache und Ursachen

Daß die durchschnittliche Lebenserwartung in den letzten drei Jahrhunderten in unserem Kulturraum, aber auch in Japan, unerwartet rasch und deutlich angestiegen ist, ist als *Tatsache* nicht nur statistisch belegt, sondern wird neuerdings durch alltagshistorische Forschungen auch konkreter und anschaulicher vermittelt.[1] So erhebt A. Imhof (1988) für die Jahre 1719 bis 1749 eine durchschnittliche Lebenserwartung von 22,8 Jahren; heute sind es bei uns 76,5 Jahre; in Japan liegen die Frauen sogar schon bei 80,2, während für die Männer noch 74,5 Jahre genannt werden. Dies bedeutet einen erstaunlichen Fortschritt „von der unsicheren zu der sicheren Lebenszeit". Am anschaulichsten wird der Historiker A. Imhof, wenn er vor allem in seinem Buch „Die Lebenszeit" Bilder (Szenen aus dem menschlichen Zusammenleben und Portraits) anschaut und interpretiert: Überall findet er in der früheren Phase der unsicheren Lebenszeit Zeichen der Vergänglichkeit; überall erscheint der Tod als Selbstverständlichkeit. Heute ist die Phase des Alterns schon so in die Länge gestreckt, daß man sie aufteilt und die Menschen bis zu 75 (bzw. 80) als „junge Alte" („Jungsenioren"), die über 75- bzw. 80jährigen als „alte Alte" („Hochbetagte") bezeichnet. A. Imhof konkretisiert und verdeutlicht: In 1984 lebten in der damaligen Bundesrepublik 10,4 Millionen Menschen im Jungsenioren-Alter; das sind genau so viele, wie der ganze Freistaat Bayern Einwohner hat. Hochbetagte gab es damals 1,95 Millionen; dies ist ziemlich genau soviel wie die Einwohner von fünf deutschen Großstädten zusammen: Stuttgart 561 000, Hannover 510 800, Nürnberg 466 100, Bonn 292 600 und Würzburg 129 400 = 1,96 Millionen. Die Bilanz: Wir gehen von „der ganz und gar erstmaligen, historisch völlig einmaligen Situation einer rasch zunehmenden Bevölkerung von ‚Hochbetagten' aus. Viele von uns haben gute Aussichten, über kurz oder lang zu ihnen zu gehören. Schon jetzt ist es jede dritte Frau und jeder siebente Mann. Und die Tendenz ist steigend".[2]

---

[1] Vgl. besonders die Arbeiten von A. Imhof, Die Lebenszeit. Vom aufgeschobenen Tod und von der Kunst des Lebens, München 1988 (zum folgenden besonders 289–307), sowie: Reife des Lebens. Gedanken eines Historikers zum längeren Dasein, München 1988.
[2] A. Imhof, Die Lebenszeit 294.

Die *Ursachen* dieser Entwicklung brauchen hier nur angedeutet zu werden. Mit dem Beginn des 18. Jahrhunderts haben die Fortschritte der Naturwissenschaften und ihre praktische Umsetzung in den Bereichen der Technik, der Wirtschaft und der Gesellschaft dazu geführt, daß der Übergang aus einer ungesicherten in eine gesicherte Lebenszeit unerwartet rasch vollzogen werden konnte. Die bislang unbezwingbare Übermacht der Trias von Pest, Hunger und Krieg wurde an ihren entscheidenden Fronten abgebaut. Es wurde möglich, nicht nur den einen oder anderen Menschen in ein höheres Lebensalter vordringen zu lassen, sondern die durchschnittliche Lebenserwartung so anzuheben, daß inzwischen sehr viele Menschen sogar die Lebensstufe der Hochbetagten erreichen können. Die umfassende positive Entwicklung der menschlichen Lebensverhältnisse kam in dem Maße voran, als die Kindersterblichkeit Zug um Zug zurückgedrängt, die seuchenbildenden Infektionskrankheiten erfolgreich bekämpft und die allgemeine Lebensunsicherheit durch materielle und soziale Besserstellung breiter Schichten der Bevölkerung abgebaut wurden. Doch geht es in unserem Zusammenhang nicht um die Ursachen der neugewonnenen Lebenssicherheit. Uns stellt sich vielmehr die Frage, ob dieses Neuheitserlebnis erstmals geglückter individueller und kollektiver Entlastung von der ständigen fundamentalen Bedrohung durch Pest, Hunger und Krieg mit dem herkömmlichen Verständnis des Alterns als zunehmender Verdichtung von Sterbeerfahrungen noch verträglich bleiben konnte. Wird der neue Mensch nunmehr nicht auch noch im Alter, anstatt wie seine geschichtlichen Vorläufer sich in die „Kunst des Sterbens" einzuüben, unentwegt dem Diesseits zugewandt bleiben?

II. Die erhöhte Lebenserwartung und ihr Aufschubeffekt für die Erfahrung des Alterns als sich verdichtenden „Seins zum Tode" („prolixitas mortis")

(1) In allen Ländern, in denen man von einer bedrohten zu einer sicheren Lebenszeit und zugleich von einer niedrigen zu einer hohen Lebenserwartung vorangeschritten ist, scheinen sich die gleichen Tendenzen anzumelden bzw. schon durchzusetzen: Die Zahl der Eheschließungen nimmt ab, die der Ehescheidungen nimmt zu; es werden immer weniger Kinder geboren, von den geborenen aber stammen immer mehr von ledigen Müttern, und schließlich steigen die Einpersonenhaushalte nicht nur in Großstädten (über 50 Prozent), sondern überall an (in der früheren BRD 34 Prozent). A. Imhof hat für diese Entwicklung eine Interpretation: Früher waren angesichts der allgemeinen Bedrohtheit organisierte Gemeinschaften notwendig. Als Beispiele stellt er vor: 800 Jahre Inselgemeinschaft Läsö im Kattegat, 700 Jahre Schweizerische Eidgenossenschaft und 1100 Jahre Republik Venedig.[3] *Nur als Gemeinschaftswesen konnten die Menschen überleben.* Nur so konnte der Kampf gegen die Trias von Pest, Hunger und Krieg wenigstens unentschieden gehalten werden. Nur so konnte das Menschengeschlecht überhaupt seinen Bestand wahren. Albrecht Dürer (der Ältere, 1471–1539) heiratet eine 15jährige Goldschmiedetochter; sie gebar ihm 18 Kinder, an ihrem Grab standen drei Söhne: Albrecht, Andreas und Hans. Heute braucht eine Frau, um drei oder vier Kinder zu haben, nicht mehr 18 zur Welt zu bringen. Damals bedurfte es, um von 18 Kindern drei oder vier durchzuretten, der familiären Einbindung – und darüber hinaus auch einer Einbindung der Familie in größere gemeinschaftliche Verbände. „Das Reservoir, das einen Bestand garantieren konnte, mußte somit größer sein, nicht so leicht auslaufen können,

---

[3] Vgl. Die Lebenszeit 126–146.

einen weiteren Kreis von Menschen umfassen: mehrere Familien, ein Geschlecht, eine kleinere oder größere Gemeinschaft von Menschen. Gemeinschaften dieser Art gab es Dutzende: Hofgemeinschaften, Dorfgemeinschaften, Talgemeinschaften, Inselgemeinschaften, Klostergemeinschaften, Zunftgemeinschaften, Landgemeinschaften, Gilden, Brüderschaften. Nicht irgendein Einzelner stand dort im Zentrum, sondern die vielen Einzelnen gewährleisteten insgesamt die ungebrochene Tradierung eines gemeinschaftlichen Ziels. Auch wenn dann der eine morgen schon wegfallen mochte, der andere übermorgen, fünf weitere am Tage danach, so blieben doch immer noch genügend zurück, um die Rolle zu übernehmen. Hierin bestand das Wesensmerkmal dieser, der allgemeinen Unsicherheit jeglicher menschlichen Existenz angemessenen Überlebensstrategie".[4]

(2) Man wird der Interpretation A. Imhofs auch noch folgen müssen, wenn er fortfährt: Dieses Gefüge von gemeinschaftlichen Vernetzungen löste sich in dem Maße auf, als die neuzeitliche Entwicklung größere Lebenssicherheit und längere Lebensdauer ermöglichte. *Anstelle der Gemeinschaft trat das Ego ins Zentrum des Bewußtseins und der Interessen*, aus einem „Individuum in Gemeinschaft" wurde ein „Individuum in Gesellschaft". In den alten Gemeinschaftsformen sah man bald nur noch Mühsale, Zwänge und Frustrationen. Man suchte und sucht heute noch immer mehr die Freiheit von Bindungen, die Verantwortung stiften: Man lebt in Wohngemeinschaften, in freien Partnerschaften und in Einpersonenhaushalten. Wo Bedürfnisse sich einstellen, wird man zum „Gesellschafter in der einen oder anderen Teilzeitgemeinschaft: zwecks Wohnens und Essens in Wohngemeinschaften, zwecks Befriedigung sexueller Bedürfnisse in Partnergemeinschaften, zwecks Be-

---

[4] A.a.O. 127.

seitigung von Übelständen in Initiativgemeinschaften, zwecks sportlicher Betätigung in Clubgemeinschaften, zwecks Festefeierns in Stadtteilgemeinschaften" – auf jeden Fall in „Teilzeitgemeinschaften", die den Menschen nie in einer fundamentalen Entscheidung und in einer durchgehaltenen Entschiedenheit ganzheitlich einfordern.[5] Kann der Mensch, nachdem der Überlebenskampf gegen Pest, Hunger und Krieg – soweit es heute eben menschenmöglich ist – siegreich bestanden ist, die gemeinschaftlichen Bindungen abwerfen, die ihm in einer früheren Phase der Geschichte faktisch unentbehrlich waren? Ist die seit Aristoteles unangefochtene Bestimmung des Menschen als eines ens sociale, eines konstitutiv nicht nur auf Vergesellschaftung, sondern auf Vergemeinschaftung angewiesenen Wesens, nur ein ideologisches Interpretament, mit dem man einer bestimmten zeitgeschichtlichen Sozialordnung zum Zweck ihrer Stabilisierung eine tragfähige Legitimation, eine Art höherer Weihe geben wollte? A. Imhof scheint diese Auslegung der Entwicklung zu favorisieren. Wer aus seinem Hinweis auf eine sich verstärkende Ego-Zentrik zunächst einen kritischen Vorbehalt herauszuhören meint, wird bald eines anderen belehrt: Der Mensch kann heute, „ohne physischen Schaden zu nehmen", sich mit „Teilgemeinschaften" begnügen und wie jeder verheiratete oder sonstwie gemeinschaftlich Eingebundene durchs Leben gehen und alt werden. Er tauscht „schlechte alte" durch „gute neue Gemeinschaften", und er tut es eben ohne Überlebenszwang und in freiheitlicher Option. A. Imhof

---

[5] Vgl. A. Imhof, Reife des Lebens 57. Vgl. Ders., Die Lebenszeit 276: „Eines der wesentlichsten Merkmale des von allen Gemeinschaftszwängen befreiten Individuums in der heutigen Gesellschaft ist es ja gerade, daß jedes EGO stets unter vielfältigsten gesellschaftlichen Angeboten auswählen kann und immer nur partiell und auf Zeit partizipiert." Vgl. auch A. Auer, Wieviel Bindung braucht der Mensch? Ein theologisch-ethischer Beitrag zur Diskussion über Singles und Paare ohne Trauschein, in: Würde und Recht des Menschen (Festschrift für J. Schwartländer), hrsg. von H. Bielefeldt, W. Brugger, K. Dicke, Würzburg 1992, 271–287.

beruft sich ausdrücklich auf zwei außereuropäische Untersuchungen (in Kanada und Australien), die beide zu dem gleichen Ergebnis kommen, das er mit folgenden Worten zusammenfaßt: „Weder sind allein stehende Menschen einzig aufgrund dieses Umbruchs ‚einsamer' als in Gemeinschaft lebende – vor allem auch ältere und alte nicht –, noch geht es ihnen sonstwie schlechter, sofern sie gesund sind. Es scheint mir besser, dieser Tatsache unvoreingenommen ins Auge zu blicken, als einer Vergangenheit nachzutrauern, die es nicht mehr gibt, wenn es sie denn jemals gegeben haben sollte".[6] Man kann über diese Position trefflich streiten. Aber wer will denn genau sagen, wieviel Bindung der Mensch braucht – das Leben hindurch und im Alter? Durch die Inanspruchnahme von Service-Leistungen kann Bindung jedenfalls nicht konstituiert, sondern allenfalls für kleine Partikel an Dauer und Verläßlichkeit simuliert werden. Wir bleiben dabei: Der Mensch existiert als konkretes geschichtliches Wesen un-

---

[6] A. Imhof, Die Lebenszeit 303. Die australische Forschergruppe „Ageing and Family-Project" (1985) hat 1050 Personen befragt, die nie verheiratet waren, in Privathaushalten lebten und inzwischen 60 und mehr Jahre alt waren. Dabei zeigte sich, „that the vaste majority of the never-married, who live in community, enjoy life, maintaining their independence and functioning without the complications associated with marriage". Zu einem ähnlichen Ergebnis war 1979 eine kanadische Forschergruppe in ihrer Studie „Childless Elderly: What Are They Missing?" gekommen: „. . . that today's childless elderly have levels of well-being that match and sometimes exceed those of parent elderly . . . We have learned that family ist not necessary the crucial element in determining high quality in old age". Es ist allerdings zu beachten, daß diese Studie sich bewußt gegen den „offiziellen pronatalistischen Kurs" in Kanada richtete. – A.a.O. 275 beruft sich A. Imhof auch auf Forschungen des japanischen Soziologen T. Fukutake, für den Familie und Dorf typische Formen von „Gemeinschaft" (im Sinne von F. Tönnies) sind, während die städtische Kultur der Metropolis eben die typische und zugleich extreme Form von „Gesellschaft" darstellt. Doch weist ebendieser Soziologe Fukutake auch schon wieder auf die wachsende Notwendigkeit hin, „to find new ways of evoking a sense of citizen solidarity und cooperation", und er verwendet dafür das Fremdwort „komyuniti" (=community).

abdingbar in den drei Dimensionen der Personalität, der sozialen Verwiesenheit und der Einbindung in naturale Lebensgrundlagen. Identität kann der einzelne nur finden, wenn er in die ihm lebensgeschichtlich je aufgegebene soziale Verantwortung eintritt. Wenn er sich dem verweigert, um mit entschiedener Priorität seine eigene „Freiheit" voll leben zu können, erreicht er vielleicht eine Illusion oder eine Halluzination von freiheitlicher Identität, nicht aber diese selbst. Überdies weicht der Single jener unaufhebbar dynamischen anthropologischen Grundstruktur aus, die mit ihren Spannungen von Augenblick und Dauer, von Verschiedenheit und Gleichheit, von Befriedigung und Versagung, von Stabilität und Stimulierung, von Nähe und Distanz jede Form zwischenmenschlicher Gegenseitigkeit überhaupt erst in eine wirklich lebensfördernde Bewegung bringt.[7]

(3) Aber unsere Frage steht noch im Raum: *Was bedeutet gesteigerte Lebenserwartung für jene zunehmende Todeserfahrung, die man in der herkömmlichen Deutung der menschlichen Lebensphasen als den vorherrschenden authentischen Sinnwert des Alterns herausgestellt hat?* Gibt es bei entschlossener Hinkehr zu dem sich immer länger hinstreckenden Leben, zumal wenn darin der Verwirklichung des autonomen Selbst eine deutliche Prävalenz zukommt, noch Raum für die Wahrnehmung der sich verdichtenden Sterbenselemente, der „prolixitas mortis"? Für die Antwort gibt noch einmal A. Imhof ein wichtiges Stichwort, wenn er seinem Buch „Die Lebenszeit" den Untertitel „Vom aufgeschobenen Tod und von der Kunst des Lebens" beifügt.[8] Man wird zunächst sagen müssen, daß die von der Statistik ausgewiesene durchschnittliche Lebenserwartung von heute rund 75 Jahren wenigstens bis zur Errei-

---

[7] Vgl. A. Auer, Wieviel Bindung braucht der Mensch? (mit weiterer Literatur); vgl. Anm. 5.
[8] Vgl. zum folgenden auch a.a.O. 289–307.

chung dieses Alters zwar häufig als psychisches Sedativum fungiert, aber keine Bestandsgarantie darstellt. Jede und jeden kann der Tod zu jeder Zeit wegraffen, durch Krankheit, durch Unfall oder wie immer sonst. Das aus dem 11. Jahrhundert stammende „Media vita in morte sumus" (nach Martin Luther: Mitten wir im Leben sind mit dem Tod umfangen) bleibt gültig, auch wenn es Kinder, Jugendliche, Erwachsene und Jungsenioren als faktisches endgültiges biologisches Sterben viel weniger häufig einholt als früher; als unaufhaltsamer Vorgang in den Zellen ist es bei allen immer schon in Gang.

Doch es ist nun einmal ein statistisch erhärteter und von den meisten Menschen dankbar hingenommener Befund, daß die bereits benannten Fortschritte der Wissenschaft und Technik – Abbau der Kindersterblichkeit, der Infektionskrankheiten und der allgemeinen äußeren Lebensunsicherheit – dazu geführt haben, daß immer mehr Menschen verhältnismäßig gesund bis weit in ein siebtes Jahrzehnt hinein leben dürfen, ohne sich selbst oder anderen zur Last zu fallen. Aber es ist ebenso sicher, daß der Tod und die ihn herbeiführenden Krankheiten nur „aufgeschoben" und nicht „aufgehoben" sind. Heute kommt in vielen Fällen erschwerend dazu, daß das Ende nicht wie früher zumeist durch verhältnismäßig rasch wirkende Infektionskrankheiten herbeigeführt wird. Es ist den Fortschritten der Medizin zu danken, daß „heute bei uns die überwiegende Mehrzahl an chronischen und degenerativen Gesundheitseinbußen im vorgerückten Alter (stirbt), und dies oft erst nach langer Leidensphase und vielfältigen damit verbundenen Abhängigkeiten".[9] Die von A. Imhof er-

---

[9] A. Imhof, a.a.O. 301. Naiver Optimismus ist jedenfalls nicht am Platz. In der Diskussion über die „Compression of morbidity" (Verkürzung der Krankheitsphase vor dem Tod) meinten zwar einige amerikanische Ärzte, „daß wir uns sehr rasch einer vierten Phase in der epidemiologischen Transition näherten", in der dank der medizinischen Fortschritte auch in einem höheren Alter die Krankheitsphase vor dem Tod noch deutlich verkürzt wer-

hobenen Daten weisen es klar aus: Nach einem langen, im wesentlichen gesunden Leben und einer neu geschenkten erheblich verlängerten „Zwischenphase" des „Jungseniorenseins" mit wesentlich verbesserten gesundheitlichen Aussichten kommt schließlich doch spätestens bei den Hochbetagten eine Phase verschärfter und oft lange dauernder Krankheits- und Zerfallserfahrungen, ehe der Tod eintritt. Der Prozeß des Altwerdens und Sterbens hat sich verändert, die Formen seiner Verursachung und seines Verlaufs haben sich beträchtlich gewandelt. Es sind weniger die Infektionskrankheiten als die chronischen degenerativen Zerfallsprozesse, die zum Tode führen. Das massenhafte Sterben ist von den Kindern zu den Hochbetagten in den Pflegeheimen und Sterbekliniken übergewechselt. Die Gesellschaft wird sich je länger, je mehr einem Heer von altersschwachen, ringsherum abhängigen und zunehmend senilen Menschen gegenübersehen, selbst wenn man ihnen in den wirklich indizierten Fällen das Recht auf den ihnen zustehenden „natürlichen" Tod zubilligen wird. Die Ambivalenz des medizinisch-technologischen Fortschritts fordert immer wieder unerbittlich ihren Preis.

Die „prolixitas mortis", die Verdichtung der Sterbenselemente, wird also künftighin wohl für viele einzelne an einem biographisch spätere Zeitpunkt zur unabweisbaren persönlichen Erfahrung werden. Die Umkehrung der Alterspyramide wird aber mit Sicherheit bewirken, daß die zunehmende Aufdringlichkeit der ebenso anschaulichen wie spürbaren gesellschaftlichen Präsenz des „Media vita in morte sumus" die Frage nach dem Sinn des Alterns nicht verstummen lassen wird. Die ethischen Implikationen, die dem Prozeß des Alterns innewohnen, werden im Horizont der gesteigerten Lebenserwartung neu bedacht werden müssen. Der „prolixitas mortis" mag dabei ein neuer Stellenwert zugesprochen werden, sie kann aber aus der ethi-

---

den könnte. Vgl. dazu A. Imhof, a.a.O. 304. Diese Auffassung blieb freilich nicht unbestritten.

schen Reflexion über das Altern nicht herausfallen, wie sich im Teil III dieser Untersuchung zeigen wird. Zunächst aber soll gefragt werden, ob die gesteigerte Lebenserwartung nicht doch anderen authentischen Sinnwerten des Alterns eine größere Chance eröffnet.

6. KAPITEL

Das angereicherte Sinngefüge des Alterns im neuen Horizont der erhöhten Lebenserwartung

I. Geschichtlichkeit als anthropologische Grunddimension

Menschsein entfaltet sich als Identität in sozialer Kommunikation und in ökologischer Eingebundenheit in physiologisch-biologische Lebensgrundlagen. Nun sind diese Grunddimensionen der menschlichen Existenz keine ruhenden Zuständlichkeiten; sie sind keine stehenden Gewässer. Sie stellen vielmehr lebendige Beziehungen dar, die durch fundamentale Spannungen ständig in Bewegung gehalten werden, durch die Spannungen etwa zwischen Freiheit und Bindung, zwischen sozialer Verantwortung und Wahrung des ökologischen Gleichgewichts oder zwischen der dreidimensionalen Grundgestalt des Menschseins und ihrer Eingewiesenheit in einen geschichtlichen Daseinshorizont. Von der zuletzt genannten Spannung ist im folgenden konkreter zu handeln. Die in das Menschsein konstitutiv eingebauten Spannungen bringen sich im Laufe der konkreten Lebensentfaltung in stets wechselnden Konstellationen zur Geltung.[1] Man spricht zu Recht von der Geschichtlichkeit als anthropologischer Grunddimension. Der Mensch bleibt lebenslänglich unterwegs zum Ganzen seiner selbst; auch die sozialen und ökologischen Strukturen des Menschseins kommen erst durch geschichtliche Entwicklungen deutlicher zum Vorschein. Die humanen Werte werden

---

[1] Vgl. H. Stierlin, Das Tun des Einen ist das Tun des anderen. Eine Dynamik menschlicher Beziehungen, Frankfurt 1971, 38–87.

nicht durch alle Lebensphasen hindurch in gleicher Weise verwirklicht. Schon „die biologische Zeitstruktur ist, wie das Beispiel der Metamorphose einer Larve sehr deutlich zeigt, proleptisch: Trieb und Vorhaben, Instinkt und Intention sind vom Endeffekt her determiniert – sie weisen sich erst aus durch ihre endgültige Verwirklichung im wahrsten Sinn des Wortes".[2] Dies kann nicht ohne große Bedeutung sein für jenen Bereich des Lebendigen, in dem Freiheit und Verantwortung ins Spiel kommen.

Es war bereits die Rede von einem veränderten Zeitverständnis des alternden Menschen. Vergangenheit, Gegenwart und Zukunft, also jene Erstreckungen von Zeit, in denen sich die Grundkategorie der Geschichtlichkeit konkretisiert, werden von ihm anders wahrgenommen als in früheren Lebensphasen. Er macht neue und ganz spezifische Erfahrungen von Einschränkung und Resignation, aber auch von Ausweitung und neuer Ermöglichung. Viel länger als früheren Generationen wird ihm heute die stets nur „auf Widerruf gestundete Zeit" sogar im hohen Alter immer noch einmal gewährt. Er muß nachdrücklicher als bisher bedenken, was dies für eine sinnvolle Bewältigung seiner letzten Lebensphase bedeutet.

II. Versuch einer altersspezifischen Konkretisierung der anthropologischen Grunddimension „Geschichtlichkeit"

R. Peck hat einen Vorschlag gemacht, wie man die anthropologische Grunddimension der Geschichtlichkeit für das höhere Lebensalter konkretisieren könnte. Die lebensgeschichtliche Entwicklung verläuft in späteren Phasen nicht so einheitlich wie in den Stadien der Kindheit. Fast alle Kin-

---

[2] H. Schipperges, Altern als Problem – das befristete Leben als Problem, in: Arzt und Christ 20 (1974) 186–204, hier 191.

der haben sich im gleichen Alter mit den gleichen entwicklungspsychologischen Aufgaben auseinanderzusetzen. Für das Kindesalter kann deswegen das Kriterium des chronologischen Alters sehr wohl bei der Bestimmung der verschiedenen Phasen zugrunde gelegt werden. Später geht dies kaum mehr, sofern man sich nicht mit sehr unscharfen Festlegungen zufriedengibt. Veranlagung und lebensgeschichtliche Entwicklung tragen dazu bei, daß im späteren Leben von einer ähnlichen Gleichzeitigkeit der Entwicklung wie im Kindesalter nicht mehr die Rede sein kann. Es gibt Menschen mit 65 Jahren, die nach Einstellung und Verhalten durchaus dem „mittleren Erwachsenenalter" zugeordnet werden können, während andere schon mit 50 Jahren „älter" sind als manche Siebzigjährigen.

R. Peck empfiehlt darum der Forschung, beim Studium des Alterns viel stärker „Entwicklungskriterien" als mechanisch chronologisch gewonnene „Alterskriterien" zugrunde zu legen.[3] Die Entwicklung im höheren Lebensalter sieht er im wesentlichen bedingt durch die Art und Weise, wie die hier unweigerlich anfallenden Spannungen vom einzelnen bewältigt werden. Als erste Spannung nennt er die zwischen „Ich-Differenzierung" und „Verhaftetbleiben in der Berufswelt". Beim Übergang in den Ruhestand muß der Mensch seine Werte neu bestimmen. Wenn er weiterhin seine Erfüllung nur in jenen Lebenswerten finden kann und will, die während der ganztägigen beruflichen Tätigkeit seine Selbstachtung und seine soziale Einschätzung begründet haben, dann kann das Altern nicht gelingen. Das gleiche gilt, wenn die Kinder aus dem Haus gegangen sind und ein eigenes Leben begründet haben, weithin auch für die Frau, insofern sie ihren Beruf ausschließlich in Ehe und Familie gesehen hat. Wenn mit der erzwungenen Aufgabe

---

[3] Vgl. zum folgenden R. Peck, Psychologische Entwicklung in der zweiten Lebenshälfte, in: Altern. Probleme und Tatsachen, hrsg. von H. Thomae und U. Lehr, Frankfurt 1968, 530–544, besonders 539–544; hieraus stammen auch die Zitate.

des ganztägig und außerfamiliär ausgeübten Berufs auch noch eine Minderung des Lebensstandards und damit zugleich des Sozialprestiges verbunden ist, verschärfen sich die Probleme erheblich. Es müssen neue Werte gefunden werden: die innere Bejahung und die ernsthafte Kultivierung des Ruhestandes, die Pflege wertvoller menschlicher Beziehungen, die Bereitschaft zu karitativen oder anderen sozialen Dienstleistungen, eine angemessene und zurückhaltende Mitwirkung an der Zukunft der kommenden Generation u. a. Jede Form egozentrischer Verengung wirkt destruktiv, jede Form echter Zuwendung zum Mitmenschen baut auf und macht frei. Diese grundlegende Neuorientierung bezeichnet R. Peck als „Ich-Differenzierung"; sie ist gewiß eine der großen Leistungen, die vielen, vielleicht den meisten Alternden abverlangt wird.

Als zweites nennt R. Peck die Spannung zwischen „Transzendenz des Körperlichen" und „Verhaftetsein in körperlichen Beschwerden". Mit zunehmendem Alter läßt die Widerstandskraft gegenüber den leiblichen Zerfallstendenzen nach, das Regenerationsvermögen nimmt ab, und das Empfinden von Funktionsstörungen und jeglichen leiblichen Schmerzen steigert sich. Davon war schon in Teil I die Rede. Wer nun in seinem Leben leiblichem Wohlbefinden höchste Aufmerksamkeit gewidmet hat, gerät leicht in die Gefahr, daß er sich im Alter erst recht allzusehr, wenn nicht fast ausschließlich, auf seinen Gesundheits- bzw. Krankheitsstatus zentriert. Leichter haben es jene, die ihr ganzes Leben hindurch – bei aller Hochschätzung der Gesundheit – sich vorwiegend zwischenmenschlichen Beziehungen oder anderen Werten zugewandt haben. Schwere körperliche Leiden werden auch von solchen Menschen ihr Recht fordern, und es gibt gewiß leibliche Zustände, die für die meisten Menschen einen Grad von Unerträglichkeit darstellen, der nur noch mit massiver medizinischer Hilfe überstanden werden kann. Es kann aber keine Frage sein, daß die im Leben gelernte Geduld den Menschen in vielen Zumutungen des Alters dazu befähigt, das Verhaftetsein an leibliche Beschwerden zu lockern und wenigstens die totale und endgültige Zentrierung des eigenen Lebens und der Aufmerksamkeit der ganzen Umgebung auf das Erleiden körperlicher Schmerzen zu verhindern. Doch täusche sich niemand: Auch dies ist eine große Leistung des späteren Lebens, und niemand kann sie erbringen, der sich nicht zeitig darin einzuüben begonnen hat. Freilich gibt es auch Situationen, in denen keine Einübung mehr hilfreich ist. Doch hier ist nur von dem die Rede, was der einzelne in seiner Situation sich redlicherweise zumuten kann und zumuten sollte.

Und dann noch die dritte Spannung zwischen „Ich-Transzendenz" und „Ichbefangenheit". Es ist nun einmal unzweifelhaft sicher, daß jedes Altern in das Sterben mündet. R. Peck verweist darauf, daß östliche und westliche Denker es dem Menschen zutrauen, sich auch an diese in aller Regel „unwillkommenste aller Aussichten" noch „positiv anzupassen", und er definiert selbst „die konstruktive Lebensweise der späten Lebensjahre" folgendermaßen: „Sein Leben in solch großmütiger und selbstloser Weise zu leben, daß die Aussicht auf den persönlichen Tod ... weniger bedeutend empfunden wird als das sichere Wissen, für eine größere, weitere Zukunft gebaut zu haben, als einem Menschen gegeben ist. Kinder, Leistungen für das kulturelle Leben, Freundschaften – dies sind Wege, auf welchen der Mensch zu einem dauerhaften Sinn beitragen könnte, welcher die Grenzen seines eigenen Lebens überschreitet. Dies mag in der Tat die einzig erkennbare Art von Selbstverewigung nach dem Tode sein". R. Peck betrachtet „diese Art von Anpassung (als) die entscheidendste Leistung der späteren Jahre".

Niemand kann bestreiten, daß hier eine wahrlich respektable Option vorgestellt ist. Es wird sich zeigen, daß die christliche Religion wie die meisten anderen Religionen eine solche Option voll bejaht, dem Wort „Transzendenz" jedoch noch eine tiefere Dimension eröffnet. Aber dies ist jedenfalls hier schon deutlich geworden, daß die Besinnung auf das Ganze in sich und erst recht im Angesicht des sicheren Todes zu den authentischen Sinnwerten des Alterns gehört. Wilhelm von Humboldt schrieb schon mit fünfzig Jahren: „Ich hätte gern, bevor ich stürbe, einige Jahre bloßer Ruhe, reiner Abgeschiedenheit von den irdischen Dingen der Welt ... Es würde mir sein, als hätte mir im Leben etwas gefehlt, wenn ich nicht eine leere, rein müßige Zeit vor dem Tod gehabt hätte". Und der alte Clémenceau meinte, man müsse sich von Zeit zu Zeit über den Abgrund beugen, „um den Atem des Todes einzuatmen; dann kommt alles wieder ins Gleichgewicht".[4]

Nach diesem Vorgriff auf die ethische Bewältigung des Alterns ist für unsere anthropologische Grundlegung eines ganzheitlichen Verständnisses von Altern noch einmal festzustellen: Altern bedeutet, daß die drei Dimensionen menschlicher Daseinsentfaltung (Personalität, Sozialität, Naturalität) in einer der lebensgeschichtlichen Endphase angemessenen Weise vollzogen werden sollten. Damit wird nicht nur beschrieben, was Altern tatsächlich ausmacht. Es wird zugleich ein Werturteil ausgesprochen, das sich für den einzelnen Menschen und die Gesellschaft, in der er lebt, als Achtungsanspruch präsentiert. Die vorgegebenen anthropologischen Grundstrukturen müssen dann allerdings mit dem vollen Einsatz von Vernunft, Freiheit und Solidarität bejaht werden, damit die humanen Grundzüge der Identitätsfindung sowie der sozialen und ökologischen Einbindung erreicht werden. „Sittliche Verantwortung ist also kein Oktroi, keine dem Menschen von außen oder von oben zugemutete Fremdbestimmung. (Bei Verantwortung) geht es vielmehr um die im Menschen selbst angelegte ethische Verbindlichkeit, um das ethische Implikat eben der anthropologischen Grundstrukturen ... Im sittlichen Handeln verwirklicht sich der Mensch selbst, d. h. er versucht das zu erfüllen, was ihn in den verschiedenen Dimensionen seiner

---

4 Beide Zitate bei H. Schipperges, Alter als Provokation 201 und 203.

Daseinsgestaltung als Menschen kennzeichnet. Verantwortlichkeit umfaßt also das Gesamt der Verbindlichkeiten, die sich für den Menschen ergeben, wenn er als Person in seinem sozialen und naturalen Lebensraum in einer bestimmten Zeit zu einer geglückten und erfüllten Existenz kommen soll".[5]

III. Zeitgenössische Chancen einer vertieften Einlösung der altersspezifischen Dimension von Geschichtlichkeit

Was hier gesagt wurde, hat nur Sinn, wenn ein ernsthafter altersspezifischer Umgang mit der Dimension von Geschichtlichkeit nach dem Ausweis der Erfahrung je eine ernsthafte Chance hatte und heute vielleicht sogar eine besondere Chance hat. Die Vorstellung eines Gefüges anthropologischer Grundstrukturen kann zwar durch spekulative Bemühung gewonnen werden, aber dies geschieht gewiß nur, wenn das Nachdenken durch menschliche Selbsterfahrung stimuliert und von ihr her auch inhaltlich mitbestimmt wird; überdies muß das Ergebnis der Spekulation seine Plausibilität immer wieder neu vor dem Forum menschlicher Selbsterfahrung ausweisen. Wie steht es damit? S. de Beauvoir bestreitet nicht, daß bei alternden Menschen ein Zuwachs an Freiheit, Kühnheit und Nüchternheit anzutreffen ist, freilich nur, wenn sie noch Pläne haben und sich ak-

---

[5] A. Auer, Der Mensch als Subjekt verantwortlichen Handelns, in: Leben aus christlicher Verantwortung. Ein Grundkurs der Moral, hrsg. von J. Gründel, Bd. 1 (Schriften der Katholischen Akademie in Bayern, hrsg. von F. Henrich, Bd. 141), Düsseldorf 1991, 14–40, hier 27. H. Schipperges, Altern als Provokation 193–195, und Ders., Wege zu neuer Heilkunst. Traditionen – Perspektiven – Programme, Heidelberg 1978, 65–82, gibt interessante Hinweise auf das ganzheitliche Verständnis des Menschen, im besonderen auch des Alterns und des Sterbens, bei Paracelsus; unter den fünf Wesenheiten des Menschen ist bei ihm auch die Dimension der Zeitlichkeit (der Mensch als ens astrorum oder ens astrale) behandelt.

tiv für sie einsetzen.[6] Doch dies gibt es nach ihrer Meinung nur bei einer Handvoll Privilegierter; der Graben zwischen ihnen und den „Ausgebeuteten" vertiefe sich in der Altersphase erst recht, und zwar aufgrund einer skandalösen Alterspolitik vor allem in den kapitalistischen Ländern. Da wo den Verelendeten noch Gesundheit und Verstand geblieben seien, verfielen sie endgültig der Langeweile und dem Stumpfsinn.[7] Im ganzen gesehen findet S. de Beauvoir bei ihrem umfassenden kulturgeschichtlichen Rundblick über das wirkliche Altern – wie schon erwähnt – eine erdrückende geballte Negation und Perversion des Humanen.[8] Diese Litanei des Elends vollendet sich in den Folgen der Geisteskrankheiten, die bei alten Menschen signifikant häufiger auftreten als in früheren Lebensphasen. Kein Wunder, daß die renommierte Autorin nichts hält von den eindringlichen Ermahnungen und den „spiritualistischen Albernheiten" der Moralisten – vor allem wenn diese die vielgepriesene Läuterung der Alten im „Erlöschen des sexuellen Verlangens" sehen.[9]

Vermutlich ist diese negative Kennzeichnung des wirklichen Alterns gar nicht so einseitig, wie es hier in der geballten Zusammenstellung erscheint. Für unseren Kulturkreis aber muß festgestellt werden, daß die Rede von einer skandalösen Alterspolitik nicht zutrifft. Noch nie in der Geschichte ist es so vielen alten Menschen so gut gegangen wie heute. Diese Tatsache und ihre Bedeutung für eine rich-

---

[6] Vgl. Das Alter 417–423.

[7] Vgl. H. Schipperges, Altern als Provokation 200, wo aus S. Kierkegaards „Versuch einer Klugheitslehre" referiert wird: Da die Götter sich langweilten, haben sie den Menschen erschaffen. Dadurch sei die Langeweile in die Welt gekommen und hier mit der Menge des Volkes ständig angewachsen; zunächst habe sich Adam allein gelangweilt, dann Adam und Eva zusammen, später Kain und Abel en famille und schließlich die Menge des Volkes en masse.

[8] Vgl. besonders, aber nicht nur a.a.O. 384–417.

[9] A.a.O. 269–308, wo sich interessante Ausführungen über Alterssexualität finden.

tige Lebensführung im ganzen und für das Altern im besonderen sind in der letzten Zeit vor allem durch die schon mehrfach zitierten Schriften von A. Imhof untersucht und einer breiteren Öffentlichkeit bewußtgemacht worden.[10] Die einschlägigen Tatsachen wurden bereits erwähnt. Erstens: Die schrecklichen Geißeln der früheren Menschengemeinschaft, Pest, Hunger und Krieg, stellen jedenfalls in unserem Lebensraum für die meisten Menschen keine fundamentalen Bedrohungen mehr dar. Unsere Überlegungen bescheiden sich mit Hinweisen auf unseren eigenen Lebensraum, weil dieser für uns einigermaßen überschaubar ist und weil in ihm aufgrund der weithin entwickelten sozio-ökonomischen Gegebenheiten ein Modell sinnerfüllten Alterns bereits jetzt zur Diskussion gestellt ist. (Natürlich ist schon die hier zuerst genannte Tatsache sehr pauschal umschrieben; es müßten vielerlei Einschränkungen angebracht werden; dies wird übrigens auch bei den weiteren noch zu nennenden Tatsachen hingenommen werden müssen und vernünftigerweise wohl auch hingenommen werden können.) – Zweitens: Noch nie in der bisherigen Geschichte konnten so viele Menschen wie heute die ihnen „von Natur aus zustehende Lebenszeit" in einem Maß ausleben, wie es vor zwei oder drei Jahrhunderten noch gar nicht vorstellbar war. – Drittens: Noch werden erst zögernde Versuche unternommen, aus diesen Tatsachen die angemessenen Folgerungen zu ziehen. Die wichtigste ist, daß der einzelne und die Gesellschaft ihr Planen und Lernen nicht mehr nur auf Kindheit, Jugend und Erwachsenenalter, sondern auch auf die Notwendigkeiten und Dringlichkeiten der neu hinzugewonnenen Lebensphase des Alterns ausrichten. Es müssen möglichst viele Menschen ermuntert werden, in einen ebenso weit- wie tiefgreifenden Lernprozeß einzutreten. Zu dieser Ermunterung will auch dieses Buch beitragen. Es müssen die mit der erhöhten

---

[10] Vgl. „Die Lebenszeit", „Die gewonnenen Jahre" und „Reife des Lebens".

Lebenserwartung gegebenen Gefährdungen nüchtern erkannt, es müssen aber auch die damit gegebenen Chancen
entschieden wahrgenommen werden. Es darf nicht dabei
bleiben, daß die neu gewonnene Lebensphase weiterhin für
allzu viele Menschen zu einer „Leerzeit" verkümmert, die
durch Resignation und Trauer oder durch ständige Aus-
weich- bzw. Fluchtversuche gekennzeichnet ist und an deren Ende der schale Geschmack nicht sinnvoll oder überhaupt nicht gelebten Lebens steht. So will auch A. Imhof
aufzeigen, „daß wir unser erstmals gesichertes Leben nun
planen, und zwar vom Ende her planen. Dazu brauchen wir
einen Mosaikrahmen, den wir sinnvoll ausfüllen können,
um auf diese Weise, je nach unseren unterschiedlichen Fähigkeiten, schließlich zu einem ausgereiften Lebensbild zu
kommen".[11] Wer den Menschen richtig einschätzt, wird
sich nicht zu Illusionen verführen lassen. Man wird damit
rechnen müssen, daß ein nicht geringer Teil der Menschen
auch in unserem Kulturkreis sein Altern weiterhin unter
gänzlich unzureichenden gesellschaftlichen und wirtschaft-
lichen Bedingungen verbringen muß – auch wenn der
Kreis der „Privilegierten" sich beträchtlich ausgeweitet
hat. Man wird weiterhin aufgrund aller bisherigen Erfahrungen angesichts eines erstmals für viele Menschen er-
reichbaren lang andauernden und wirtschaftlich wohl abge-
sicherten Alterns eine Faszinationspahse „einkalkulieren"
müssen, in der an die Aktuierung der sittlichen Potenzen zu-
allerletzt gedacht wird. Man wird überdies nicht vergessen
dürfen, daß die anhaltenden moralpädagogischen Bemühungen von Kirche und Gesellschaft in der bisherigen Geschichte doch immer nur sehr begrenzte Wirkungen hervor-
gebracht haben. Auch von neuen Modellen wird man sich
keine Wunder versprechen, weil nicht nur der äußere, sondern auch der innere Handlungsspielraum alternder Menschen selbst bei günstigen lebensgeschichtlichen Voraus-

---

[11] A. Imhof, Reife des Lebens 164.

setzungen am Ende eben doch oft massiv eingegrenzt wird.[12] Zur nüchternen Einschätzung unserer Situation gehört allerdings auch das wache Bewußtsein, daß die wissenschaftlich-technisch-ökonomischen Errungenschaften, die unsere verschiedenen Tische täglich reichlicher decken, eine Situation heraufgeführt haben, die erstmals in der Geschichte einen Zwang zu Vernunft, Freiheit und Solidarität bis ins Alter hinein erzeugen – und zwar um eines humanen Überlebens willen. Die Frage des Überlebens ist auf ein neues gestellt, wenn auch auf einer anderen Ebene als in jenen Zeiten, die unter der dreifachen Geißel von Pest, Hunger und Krieg seufzten.

IV. Altern als authentische Lebensphase

Die Erfahrung bestätigt, daß die Rede von Zeitlichkeit oder Geschichtlichkeit auch für die Phase des Alterns als anthropologische Grunddimension gültig ist. Der alternde Mensch muß sie in einer spezifischen Weise einlösen, gerade weil ihm durch die geschichtliche Entwicklung nunmehr eine beträchtlich ausgedehnte Zeitspanne gewährt ist. In dieser Gewährung liegt eine unübersehbare ethische Herausforderung, die in der weiteren Abfolge unserer Überlegungen konkreter skizziert werden soll. Für sehr viele Menschen ist Altern zu einer authentischen Lebensphase geworden. Es ist nicht einfach eine Sackgasse, die ins Nichts führt. Hermann Hesse sagt genau, worauf es ankommt: „Das Greisenalter ist eine Stufe unseres Lebens und hat wie alle anderen Lebensstufen ein eigenes Gesicht, eine eigene Atmosphäre und Temperatur, eigene Freuden und Nöte. Wir Alten mit den weißen Haaren haben gleich allen unsern jüngeren Menschenbrüdern unsere Aufgabe,

---

[12] Vgl. z. B. die große Zurückhaltung, mit der W. Dirks, Mein Traum von den lebendigen Alten, in: H.J. Schultz (Hrsg.), Die neuen Alten 243–256, die ihm mit 85 Jahren noch möglichen positiven Erfahrungen umschreibt.

die unserem Dasein den Sinn gibt, und auch ein Todkranker und Sterbender, (den) in seinem Bett kaum noch ein Anruf auf dieser diesseitigen Welt zu erreichen vermag, hat seine Aufgabe, hat Wichtiges und Notwendiges zu erfüllen. Altsein ist eine ebenso schöne und heilige Aufgabe wie Jungsein, Sterbenlernen und Sterben eine ebenso wertvolle Funktion wie jede andere – vorausgesetzt, daß sie mit Ehrfurcht vor dem Sinn und der Heiligkeit alles Lebens vollzogen wird. Ein Alter, der sein Altsein, die weißen Haare und die Todesnähe nur haßt und fürchtet, ist kein würdiger Vertreter seiner Lebensstufe, so wenig wie ein junger und kräftiger Mensch, der seinen Beruf und seine tägliche Arbeit haßt und sich ihnen zu entziehen sucht. Kurz gesagt: um als Alter seinen Sinn zu erfüllen und seiner Aufgabe gerecht zu werden, muß man mit dem Alter und allem, was es mit sich bringt, einverstanden sein, man muß Ja dazu sagen".[13]

---

[13] Hermann Hesse, Autobiographische Schriften, Auswahl und Nachwort von S. Unseld (Bibliothek Suhrkamp 353), Frankfurt 1972, 203, zitiert in: Das Insel-Buch vom Alter 203.

7. KAPITEL

Biblische Hinweise auf die Sinnwerte des Alterns

In einer theologisch-ethischen Untersuchung ist die Frage nach der Bedeutung des Alterns im Ganzen der lebensgeschichtlichen Entwicklung zunächst an die Hl. Schrift zu stellen. Selbst wenn man von ihr keine direkten Auskünfte auf die bisher vorgestellten Probleme erwartet, ist man doch überrascht, daß die biblischen Hinweise zu unserer Thematik „sehr spärlich und, zumindest auf den ersten Blick, recht dürftig" sind.[1] Dies gilt vom Neuen Testament noch ungleich stärker als vom Alten.

I. Altes Testament

Alle einzelnen Aussagen des Alten Testaments müssen vom sozialgeschichtlichen Hintergrund her gelesen werden. Das Leben der Menschen war viel kürzer und die Zahl der alten Menschen ungleich geringer als heute. Der einzelne lebte in den strengen Ordnungen der Sippe und war durch diese in umfassende kultische, rechtliche und militärische Sozialstrukturen hineingebunden. Die Sippe war der Raum, in dem die junge Generation wie selbstverständlich

---

[1] N. Füglister, Furcht und Ehrfurcht vor dem Alter. Die Bibel zum Problem des Alterns, in: W. Zauner und H. Erharter (Hrsg.), Alter – Altern – Altenpastoral, Wien 1973, 64–81, hier 64. Dieser Befund bestätigt sich bei der Durchsicht der wichtigsten anderen Untersuchungen: L. Köhler, Der hebräische Mensch, (1. Aufl. Tübingen 1953) 2. Aufl. Darmstadt 1980; F. Wulf, Gedanken zu einer Theologie des Alters, in: Geist und Leben 34 (1961) 337–347; H.W. Wolff, Anthropologie des Alten Testaments, Heidelberg

mit den herkömmlichen Sitten vertraut gemacht und in die wichtigsten Lebensbereiche eingeübt wurde. L. Köhler bietet in seinem Buch „Der hebräische Mensch" eine sehr anschauliche und immer noch lesenswerte Einführung in die damalige israelitische Lebenswelt. Weil das Ethos sich immer wieder aufs neue aus der täglichen Erfahrung begründete, kam den alten Menschen mit ihren lebenslangen Erfahrungen eine natürliche Autorität zu. Sie vermittelten mit dem konkreten Ethos zugleich seinen religiösen Sinnhorizont. Auch wenn dieser nicht in allen konkreten Weisungen ausdrücklich artikuliert war, stand hinter ihnen begründend und motivierend die Erinnerung an die großen

---

(2. Aufl.) 1974, vor allem 150–189; L. Ruppert, Der alte Mensch aus der Sicht des Alten Testaments, in: Trierer Theologische Zeitschrift 85 (1976) 270–281; M. Blasberg-Kuhnke, Gerontologie und Praktische Theologie, Düsseldorf 1985; R. Martin-Achard, Biblische Ansichten über das Alter, in: Concilium 27 (1991) 198–203. Eine umfassende Monographie steht immer noch aus. Auf jeden Fall müßte ein monographischer Versuch sich den schwierigen hermeneutischen Problemen stellen, die von M. Blasberg-Kuhnke formuliert sind und deren Lösung von ihr in einer beachtlichen Skizze angedeutet wird; vgl. a.a.O. 237–241 und besonders 260–266. Trotz ihrer berechtigten Bedenken (a.a.O. 449, Anm. 129) können die biblischen Hinweise hier nur kurz vorgestellt werden. – Das vorliegende Kapitel war längst abgeschlossen, als der Verfasser mit dem Buch von A. Wittrahm, Ein Leben lang im Aufbruch. Biblische Einsichten über das Älterwerden, Freiburg–Basel–Wien 1991, bekannt wurde. Es ist in Entwurf und Ausführung so selbständig, daß es nicht einfach „eingearbeitet" werden kann. Man wird es zu den wichtigsten theologischen und pastoralen Beiträgen im Bereich unseres Themas rechnen dürfen. Es gelingt dem Verfasser, in sorgfältiger exegetischer Arbeit biblische Gestalten, lebensgeschichtliche Entscheidungssituationen, soziale Spannungsfelder und sittliche Weisungen aus ihrem jeweiligen geschichtlichen Kontext vor dem Leser zu neuem Leben zu erwecken, das Ineinander von Lebenswegen und Glaubenswegen anschaulich werden zu lassen und den religiösen wie den ethisch-spirituellen Ertrag dieser Auslegungen ohne auch nur einen falschen Zungenschlag für die heutigen Probleme des Älterwerdens zu aktualisieren. Das Buch zeigt exemplarisch, wie fruchtbar sog. „Bibelarbeit" werden kann. Man wird sich fragen müssen, warum man den biblischen Beitrag zum Thema Älterwerden bislang weithin als „sehr spärlich, und zumindest auf den ersten Blick, recht dürftig" empfunden hat.

Heilstaten, die Gott an seinem Volk getan hatte. Wie beantwortete man nun in Israel die Frage nach dem Sinn des Alterns, und wie suchte man diesem Sinn gerecht zu werden?

In Israel galt das Alter als *eines der höchsten Güter, durch das dem Menschen göttliche Huld zuteil wurde: als „Segen"*. Man lebte im engen Verbund der Sippe, strebte nach Frieden, Gesundheit und Glück, nahm teil am Wohlstand des Volkes und war zufrieden, wenn man ein solches Leben viele Jahre hindurch entfalten und erfüllen konnte. Dann konnte man wie Abraham, „in hohem Alter, betagt und lebenssatt, sterben und mit seinen Vätern vereinigt" werden (Gen 25,7f; vgl. auch 15,15; 35,29f u. a.). Noch im Buch Ijob findet sich dieses Grundverständnis: „Mit den Steinen des Feldes bist du verbündet, die Tiere des Feldes werden Frieden mit dir halten. Du wirst erfahren, daß dein Zelt im Frieden bleibt; prüfst du dein Heim, so fehlt dir nichts. Du wirst erfahren, daß deine Nachkommen zahlreich sind, deine Sprößlinge wie das Gras der Erde. Bei voller Kraft steigst du ins Grab, wie man Garben einbindet zu ihrer Zeit" (5,23–26). Der Fromme bittet seinen Gott, ihn „nicht schon in der Mitte seiner Tage" hinwegzunehmen (Ps 102[101],25); ein allzu früher oder ein plötzlicher Tod, ein Tod also zur Unzeit, „bevor der Tag kommt" (Ijob 15,32), erscheint schon eher als Strafe. Wie sollte es anders sein, wenn langes Leben Zeichen der Auserwählung ist (Gen 24,1). In Ps 91 (90),16 werden langes Leben und Heil fast synonym gebraucht: „Ich sättige ihn mit langem Leben und lasse ihn schauen mein Heil". Immer wieder, bei den Propheten (z. B. Am 5,4) und vor allem im Deuteronomium, wird betont, daß auch das Volk nur leben kann, wenn es Gottes Willen erfüllt. Mose verkündet: Du sollst „auf seine Gesetze und seine Gebote achten, ... damit du ... lange lebst in dem Land, das der Herr, dein Gott, dir gibt" (Dtn 4,40). Und in Dtn 30,20 heißt es gar: „Er ist die Länge deines Lebens" (Vgl. auch Spr 3,1 und 4,10.13 u. a.).

Natürlich konnte auch in Israel Altern nicht in naiver Fröhlichkeit nur als Segen erfahren werden, es war wie überall in der Welt zugleich *Beschwerde und Last*.[2] Wir lesen vom Verlust der Fähigkeit, neues Leben zu zeugen bzw. zu empfangen (wenn nicht göttliche Fügung es anders verfügt wie bei Abraham und Sara (Gen 17,15–19; 18,10–15), vom Nachlassen oder Erlöschen der Sehkraft (Gen 27,1; 48,10; 1 Sam 3,2: Isaak, Jakob, Eli), vom allgemeinen Schwinden der Körperkräfte (1 Sam 2,22f; 8,1–5: Eli und Samuel), von der Gicht (1 Kön 15,23: König Asa) und von Durchblutungsstörungen (1 Kön 1,1–4: der alternde David). Besonders ergreifend wirkt auch heute noch das allegorische Gedicht aus Kohelet 12, 1–7 (die Bedeutung der uns nicht mehr ohne weiteres verständlichen Metaphern wird in Klammern angefügt):

„Denk an deinen Schöpfer in frühen Jahren,
ehe die Tage der Krankheit kommen
und die Jahre dich erreichen,
von denen du sagen wirst: Ich mag sie nicht,
ehe Sonne und Licht und Mond und Sterne erlöschen
und auch nach dem Regen wieder Wolken aufziehen,
am Tag, da die Wächter des Hauses erzittern
 (die Arme)
und die starken Männer sich krümmen (die Beine),
die Müllerinnen ihre Arbeit einstellen, weil sie
 wenige sind (die Zähne),
es dunkel wird bei den Frauen, die aus den Fenstern
 blicken (die Augen),
und das Tor zur Straße verschlossen wird (die Ohren),
wenn das Geräusch der Mühle verstummt (die Stimme),
steht man auf beim Zwitschern der Vögel,
doch die Töne des Lieds verklingen;

---

[2] Vgl. die Zusammenstellung zahlreicher Belege etwa bei L. Ruppert, Der alte Mensch aus der Sicht des Alten Testaments 273–278; N. Füglister, Furcht und Ehrfurcht vor dem Alter 69–72; H.W. Wolff, Anthropologie des Alten Testaments 183–186.

selbst vor der Anhöhe fürchtet man sich
und vor den Schrecken am Weg,
der Mandelbaum blüht (das weißgraue Haar),
die Heuschrecke schleppt sich dahin (das mühevolle
    Gehen),
die Frucht der Kaper platzt (kein Stimulans hilft
    mehr),
doch ein Mensch geht zu seinem ewigen Haus,
und die Klagenden ziehen durch die Straßen,
ja, ehe die silberne Schnur zerreißt,
die goldene Schale bricht,
der Krug an der Quelle zerschmettert wird,
das Rad zerbrochen in die Grube fällt,
der Staub auf die Erde zurückfällt
als das, was er war, und der Atem zu Gott
    zurückkehrt,
der ihn gegeben hat".[3]

Manche meinen zwar, das Buch Kohelet sei im Kanon fehl
am Platz, weil es mit seiner Gesamtintention keine Chance biete, „persönliche Glaubensüberzeugung im biblischen Sinne wachzurufen und zu festigen".[4] Aber es steht
nun einmal im Kanon. Seine skeptische Grundstimmung
ist einseitig, doch der biblischen Weisheit keineswegs
fremd. Wenn der Tod hinter allem lauert, darf man und
muß man alles – auch Weisheit, Ruhm, Wohlstand und das
Leben insgesamt – „mit der Elle des Todes" messen. Für
die Bewertung des Alterns sind aus dieser Sicht zwei
Aspekte bedeutsam. Der erste begegnet in Ps 18 (17), 5f:

---

[3] Zu näherer Auslegung vgl. N. Lohfink, Kohelet, Würzburg 1980, 81–85.
Vgl. auch B. Lang, Ist der Mensch hilflos? Zum Buch Kohelet (Theologische Meditationen, hrsg. von H. Küng, Bd. 53), Einsiedeln 1979, vor allem
30–37 und 67–69, und A. Wittrahm, Ein Leben lang im Aufbruch 42–56:
„Jugend und dunkles Haar sind Windhauch" – Was der Mensch vom Alter
erwarten kann.
[4] A. Lauda, Kohelet, Neukirchen-Vluyn 1978, 23f; dazu B. Lang, Ist der
Mensch hilflos? 68f.

„Mich umfingen die Fesseln des Todes, mich erschreck-
ten die Fluten des Verderbens. Die Bande der Unterwelt
umstrickten mich, über mich fielen die Schlingen des Todes". Der Tod erscheint hier nicht als ein punktuelles Ereignis, er reicht vielmehr weit in die Erstreckung des Lebens, vor allem aber in dessen letzte Phase hinein; dies
meint die uns inzwischen vertraute Formel vom Altern
als der „prolixitas mortis". Dazu kommt, daß Totsein in
Israel als Beziehungslosigkeit, als Vereinsamung betrachtet wird und daß „diese Vereinsamung ... bereits zu Leb-
zeiten (beginnt); sie ist vielleicht die schwerste Last, die
der kranke und greise Mensch zu tragen hat: ‚Die Freunde und Gefährten hast du mir entfremdet, mich ihrem Abscheu ausgesetzt ... Mein Vertrauter ist nur noch die Fin-
sternis'" (Ps 88 (87),9.19).[5] Diese Vorstellungen mußten
um so bedrückender wirken, weil es nach dem Glauben
Israels – jedenfalls bis in seine Spätzeit hinein – kein
Fortleben nach dem Tode gab. Sterbende kamen in die
Scheol, in einen Zustand bewußtlosen Dahindämmerns,
der mit Leben eigentlich nichts zu tun hatte. Scheol ist
„das Nicht-Land, das Un-Land, der Bereich, der nicht ist.
Dorthin kommen die Toten".[6] In Ps 6,6 heißt es: „Bei den
Toten denkt niemand mehr an dich. Wer wird dich in der
Unterwelt noch preisen?" Scheol meint also, daß der Sterbende aus seiner Beziehung zu den Menschen und zu
Gott herausfällt. Ehe in der spätalttestamentlichen Apo-
kalyptik (Dan 12,2) der Glaube an eine Auferstehung
von den Toten sich herausbildete, hat die Hoffnung auf
das Heil die irdische Lebenszeit nicht überstiegen. Kein
Wunder, daß Israels Religion sich stark diesseitig orientierte und zu einer beträchtlichen Aufwertung des irdischen Lebens insgesamt, im besonderen aber auch des
Alters führte. Auch der Glaubende wollte die ihm mögliche Lebensspanne so weit als möglich nutzen, damit er

---

[5] N. Füglister, Furcht und Ehrfurcht vor dem Alter 71.
[6] L. Köhler, Der hebräische Mensch 100.

am Ende dann wirklich „alt und lebenssatt" sterben könnte.[7] Hier lag gewiß ein wesentliches Motiv für den hohen Stellenwert der Gottesfurcht: „Gottesfurcht bringt langes Leben, doch die Jahre der Frevler sind verkürzt" (Spr 10,27).

Altern wird in Israel aber nicht nur als Segen und Last des einzelnen gesehen. Im Vordergrund steht immer sein *sozialer Kontext:* Der alte Mensch hat Rang und Würde aufgrund seiner Bedeutung für die Sippe und die umgreifende Gemeinschaft des Volkes. *Die Ordnung in der Sippe* wird durch das Elterngebot geregelt.[8] Eltern und Kinder leben zusammen und gewähren einander in einem gegenseitigen Prozeß das Leben. In diesem Prozeß kommt den Eltern ein natürlicher Vorrang zu. Sie müssen ihren Kindern zunächst die materielle Lebensbasis bereitstellen. Da sie als die Älteren mit ihrer Erfahrung zugleich die „Weisen" sind, müssen sie ihre Kinder vor allem in die Kunst des richtigen Lebens einführen. „So sind sie ‚Lebensträger', die ihren Kindern Modelle von Lebensbewältigung vermitteln sollen".[9] Wenn das Elterngebot von den Kindern verlangt, daß sie die Eltern ehren, dann bedeutet dies nicht nur Gehorsam, sondern umfassende Akzeptanz des gegenseitigen Gewährens von Leben, auch wenn das Gewähren seine Richtung ändert. „Die Eltern ehren" umschließt näherhin ein Vierfaches: (a) Die von ihnen übernommenen Lebensmodelle verwirklichen und an die kommende Generation weiterver-

---

[7] Vgl. L. Ruppert, Der alte Mensch aus der Sicht des Alten Testaments 276.279.

[8] R. Martin-Achard, Biblische Ansichten über das Alter 200–202, stellt die verschiedenen Deutungen zusammen: Festschreibung der autoritären Struktur in der Familie/Sippe; Gründung der elterlichen Autorität in der Autorität Gottes; Herausstellung der gegenseitigen Beziehungen innerhalb der Familie. Die zuletzt genannte Deutung scheint sich heute durchzusetzen. Vgl. besonders A. Wittrahm, Ein Leben lang im Aufbruch 58–109: Vom Verhältnis der Generationen.

[9] E. Zenger, Das Buch Exodus 208.

mitteln; (b) ihnen in Krankheit und Alter die materielle Versorgung und den sozialen Lebensraum gewährleisten und (c) auch, wenn dies im Prozeß des Zerfalls ihrer moralischen, geistigen und seelischen Kräfte sich als nötig erwiese, egozentrische Verhärtung, Rechthaberei, Geschwätzigkeit und andere Torheiten in Geduld hinnehmen. (d) „Eine solche Lebensgemeinschaft entspricht dem Lebensentwurf einer Gemeinschaft, deren Mitte Jahwe ist. Sie birgt in sich so viel Lebenskraft, daß sie ‚lange Tage‘ für das Jahwevolk auf dem Jahweland geradezu ‚mit innerer Notwendigkeit‘ aus sich entläßt".[10] Es wäre sicherlich eine Fehlinterpretation, wenn man alle idealen Züge heutiger „partnerschaftlicher" Familienvorstellung in das Elterngebot zurückdatieren würde. Es stammt nun einmal – und wie sollte es auch anders sein! – aus dem patriarchalischen Denken und verbleibt auch darin. Das bezeugt schon die vorgesehene Sanktionierung: Wenn ein Sohn sich hartnäckig der elterlichen Zucht widersetzt, kann er von den Eltern zum Gericht am Tor geführt und vor der Rechtsgemeinde verklagt werden. Dtn 21,18–21 sieht, wenn die Anklage als berechtigt befunden wird, die Steinigung vor.[11]

Auch *die Ordnung in der Gemeinde und im Volk* lebt aus der Kraft und der Einsicht alter Menschen. Vor allem im Deuteronomium begegnen wir dem Recht der Alten, „im Tor zu sprechen" (Dtn 21,2–6; 22,16–18; 25,7–9; aber auch Rt 4,2–11 und Jer 26,11). „Die ‚Ältesten‘ … sind die den Vollbart … tragenden, im reifen Alter stehenden Männer der Rechtsgemeinde".[12] Ihnen traut man Lebenserfahrung, Weisheit und jene Mischung von Strenge

---

[10] E. Zenger, a.a.O. 208.
[11] L. Köhler, Der hebräische Mensch 96. Daß das Verhältnis zwischen Eltern und Kindern ohne staatliche Sanktionierung auch heute nicht gegen drastische Fehlentwicklungen geschützt ist, zeigt unsere gegenwärtige Auseinandersetzung über Kindesmißhandlung.
[12] H.W. Wolff, Anthropologie des Alten Testaments 185.

und Milde zu, ohne die Recht und Gerechtigkeit in der Gemeinde wie im Volk nicht gedeihen können. In der Instanz der „Ältesten" hat sich die hohe Achtung der Alten eine „institutionalisierte Form" geschaffen.[13] Die Rechtsgemeinde tritt, weil ihre Mitglieder Bauern sind, schon in der Frühe des Tages zusammen, wenn irgendein Bedarf besteht, wenn ein Streitfall zwischen Bürgern, Familien oder sonstigen Gruppen geschlichtet oder ein Verbrechen geahndet werden muß oder gar – etwa bei der Einrichtung des Königtums oder bei dessen Sturz – die Existenz des ganzen Volkes auf dem Spiel steht. Das Richten in der Rechtsgemeinde wird stets auch als Helfen verstanden; auch jemanden verurteilen bedeutet stets jemandem zu seinem Recht verhelfen.[14]

Nun wird auch deutlich, daß die Weisheit der Alten und die Ehrfurcht der Jungen und der Erwachsenen gegenüber dem Alter nicht freischwebende individualethische Zuständlichkeiten oder Tugenden sind. Sie stehen, erstens, in einem sozialen Kontext: Die Sippe, in der mehrere Generationen zusammenleben, bedarf einer klaren und tragfähigen Struktur, in der die durch Erfahrung gewonnene Weisheit der Alten und die ehrfürchtige Kooperation der Jungen in gleicher Entschiedenheit auf das Glücken des Ganzen hingeordnet sind. Sie stehen, zweitens, in einem anthropologischen Kontext: Die Weisheit der Alten ist mehr als Wissen, sie ist das Ergebnis einer lebenslänglichen Treue zur religiösen und völkischen Kultur, in deren engagierter Hochschätzung allein auch die Ehrfurcht der nachfolgenden Generationen heranwächst. Und sie stehen schließlich, drittens, in einem theologischen Kontext: Weisheit des Alters ist eine Frucht der Ge-

---

[13] L. Ruppert, Der alte Mensch aus der Sicht des Alten Testaments 277; hier wird aus 1 Kön 12,1–19 auch ein instruktives Beispiel vorgestellt.
[14] L. Köhler, Der hebräische Mensch 143–171, zeigt auf anschauliche Weise, wie die hebräische Rechtsgemeinde ihren Auftrag einlöst. Vgl. auch R. Martin-Achard, Biblische Ansichten über das Alter 202.

rechtigkeit und der Gottesfurcht (Spr 12,27), die Ehrfurcht vor dem Alter aber wird im Heiligkeitsgesetz (Lev
17–26) gerade dadurch begründet und motiviert, daß sie
mit der Furcht vor Gott parallelisiert wird.[15] Daß diese
Zusammenhänge in Israel nicht romantisch idealisiert
wurden, ergibt sich aus den häufigen Hinweisen auf die
Verfehlung nicht nur der Ehrfurcht durch die Jungen
(Rücksichtslosigkeit, Verhöhnung, Anarchie), sondern
auch der Weisheit durch die Alten (egozentrische Verengung, Geiz, Geilheit, Zynismus, Prahlerei, Protzentum,
Obszönität u. a.).[16] Es ging in Israel eben kaum anders zu,
als es nach dem Ausweis der Alterspsychologie in unserer heutigen Gesellschaft zugeht.

Der letzte Zusammenhalt zwischen der Sippe, dem
Volk und dem einzelnen – dies muß noch einmal betont
werden – ist in Israel gewährleistet durch das *Vertrauen
auf Gott*, das im alten Menschen angesichts seiner zunehmenden Hinfälligkeit zur vollen Ausprägung kommen
muß. Dinge und Menschen vergehen, in Jahwe allein ist
Beständigkeit: „Du bleibst, der du bist, und deine Jahre
enden nie" (Ps 102[101],28). „Des Menschen Tage sind
wie Gras ...; doch die Huld des Herrn währt immer und
ewig". Zum klassischen Gebet des alternden Menschen
bis zum heutigen Tag ist Ps 71 (70) geworden. Hier findet
sich alles zusammen, was die „religiöse Biographie"
eines gläubigen Menschen ausmacht, und wird im Hin
und Her zwischen Klage und Jubel, zwischen Ergeben-
heit und Engagement, zwischen Not und Vertrauen vor

---

[15] Vgl. N. Füglister, Furcht und Ehrfurcht vor dem Alter 66–69, und L. Ruppert, Der alte Mensch aus der Sicht des Alten Testaments 279–281. Vgl.
L. Köhler, Der hebräische Mensch, bes. 48–100, wo diese Zusammenhänge
aus der Darstellung der konkreten Lebensverhältnisse heraus entfaltet werden, und A. Wittrahm, Ein Leben lang im Aufbruch 129–142: „Ein Herz,
das hört. . ." – Altersweisheit und Weisheit im Alter.
[16] Vgl. die Zusammenstellungen etwa bei L. Ruppert, a.a.O. 277–281, oder
bei F. Wulf, Gedanken zu einer Theologie des Alters 338.

Gott zur Sprache gebracht.[17] Hier geht die „horizontale Dimension" des Gebets nicht in der „vertikalen" unter. Hier bleibt auch der Alternde jung, weil er in seinem Gott Zukunft hat: „Die dem Herrn vertrauen, schöpfen neue Kraft, sie bekommen Flügel wie Adler. Sie laufen und werden nicht müde, sie gehen und werden nicht matt" (Jes 40,31; vgl. Ps 103 (102),5). In der Tat, „wer eine ganze Ewigkeit vor sich hat, ist auch mit siebzig, achtzig oder neunzig Jahren noch jung. Und das ist das Letzte, Tiefste und Eigentlichste, das die Hl. Schrift uns und unseren Alten zu sagen hat und immer wieder von neuem sagen will".[18]

M. Blasberg-Kuhnke beschließt in ihrem Buch „Gerontologie und Praktische Theologie" die Darstellung der alttestamentlichen Sicht des Alterns mit einem interessanten hermeneutischen Versuch. Sie begnügt sich nicht damit, die biblischen Äußerungen aus ihrem sozialgeschichtlichen Zusammenhang zu erklären, sie befragt sie auch nach ihrer Bedeutung für die heutigen Probleme des Alterns.[19] Dies ist von großer Bedeutung. Tradition ist erst dann umfassend ausgelegt, wenn mit ihrer retrospektiven Legitimation zugleich auch ihre prospektive Plausibilität, d. h. Möglichkeiten und Grenzen ihres Fortwirkens in die Gegenwart hinein, aufgewiesen werden. Einer unmittelbaren Gegenüberstellung biblischer Traditionen mit aktuellen Problemen haftet freilich immer der Mangel an, daß die dazwischenliegende Tradition mit ihrer Gegenwartsbedeutung weithin ausgeblendet bleibt.

---

[17] Vgl. H.J. Kraus, Psalmen, Bd. II, Neukirchen-Vluyn (5. Aufl.) 1978, 649–654; C. Westermann, Der Psalter. Stuttgart (5. Aufl.) 1977, 47–60; A. Deißler, Die Psalmen, Bd. II, Düsseldorf 1964, 103–107; E. Zenger, Mit meinem Gott überspringe ich Mauern. Einführung in das Psalmenbuch, Freiburg 1987, widmet Ps 71 leider keine eigene Darstellung.

[18] N. Füglister, Furcht und Ehrfurcht vor dem Alter 78. Vgl. auch A. Wittrahm, Ein Leben lang im Aufbruch 158–173: Die Alten und das Kind – Die Hoffnung lebt weiter.

[19] A.a.O. 237–241 und besonders 260–266.

Um diesen Mangel zu beheben, bedürfte es weit ausgreifender traditionsgeschichtlicher Untersuchungen, die eine theologisch-praktische Arbeit genauso wie eine theologisch-ethische nur selten selbst zu leisten vermag. Im Bewußtsein des auch für unsere Thematik bestehenden Mangels muß sich diese Untersuchung auf einige Hinweise beschränken.

Es ist richtig: Altern ist ein soziales Schicksal, und es ist deutlich geworden, daß es in den israelitischen Sozialstrukturen dafür einen gesellschaftlichen Ort und gesellschaftliche Rollen gegeben hat. Nun hat die neue Lebenssicherheit nach dem erfolgreichen Überlebenskampf gegen „Pest, Hunger und Krieg" (A. Imhof) zusammen mit den Grundtendenzen der neuzeitlichen Freiheitsgeschichte die herkömmlichen Gemeinschaftsstrukturen so sehr aufgeweicht, daß es zu einer unübersehbaren Individualisierung sowohl im Bewußtsein wie in den Lebensstrukturen gekommen ist. Niemand kann in dem immer noch weiterschreitenden Prozeß sagen, ob und wann und in welchem Ausmaß die menschliche Erfahrung die verlorene gemeinschaftliche Einbindung zurückfordert und in welchen Formen eine solche Rückforderung insgesamt und für alternde Menschen im besonderen eingelöst werden könnte.

Es ist weiter richtig: Das Alter hatte in Israel eine ganz spezifische und nur von ihm einzulösende Aufgabe, nämlich die Vermittlung der ganzheitlich religiös geprägten kulturellen und sozialen Überlieferung an die kommende Generation. Auch hier scheint von der neuzeitlichen Entwicklung her das Alter heute selbst bei bestem Willen vor unlösbaren Problemen zu stehen. Denn neben der Individualisierung ist als wichtigstes Kennzeichen der neueren Geschichte die Säkularisierung zu nennen. Nicht mehr die Religion ist die alles integrierende Kraft, sondern die Politik, und es ist eine Politik, die auf der Basis der Menschenrechte und der Grundrechte, also freiheitlich-demokratischer Verfassungen, nicht mehr eine

Universalisierung kirchlicher Sinnkonzepte favorisiert, sondern das spannungsvolle Nebeneinander unterschiedlicher Wertorientierungen, „die Konkurrenz auf dem Gebiet des Geistigen" (G. Simmel), soweit als nötig institutionalisiert. Eine der israelitischen vergleichbare christliche Tradition gibt es bei uns schon lange nicht mehr. Aber Tradition ist für die geschichtliche Wahrung der Identität unverzichtbar. Und wer könnte sie besser wahren als die Alten? In den Kirchen beginnt man eben erst, der Wirklichkeit offen ins Auge zu sehen. Es wird lange dauern, bis sich das Bewußtsein so weit verändert hat, daß man die unvertretbare Aufgabe alter Menschen von den neuen Gegebenheiten her konkretisieren kann. Freilich, was bei dem kurzen Hinweis auf Ps 71 (70) über die „religiöse Biographie" gesagt wurde, wird auch heute und künftighin gelten – für den einzelnen und sein Hineinwirken in die Gesellschaft: Sinnwerte erscheinen am attraktivsten, wenn sie verwirklicht sind. Davon wird später noch die Rede sein.

Und schließlich ist es richtig: Was man den „natürlichen Tod" nennt, das erfuhr man in Israel, wo „alt und lebenssatt" gestorben wurde, mochte solches Sterben auch nicht allzu vielen möglich gewesen sein. Heute ist in unserem Kulturkreis für die Hälfte der Menschen ein drittes oder gar ein viertes Lebensalter erreichbar. Sie werden freilich erst lernen müssen, die „prolixitas mortis" auch darin redlich wahrzunehmen, darüber hinaus aber auch die Chance einer neuen positiven Sinngebung ihres Alterns nicht zu versäumen. Ob es noch gelingt, wenn die Dimension einer absoluten Zukunft im allgemeinen Bewußtsein weiter zerfällt?

II. Neues Testament

Die neutestamentlichen Äußerungen zu unserem Thema sind noch bei weitem karger als die aus dem Alten Testament.[20] Im Grunde stößt man lediglich auf *zwei Gestalten (Simeon und Hanna)* und auf zwei Weisungen bzw. Weisungsgruppen (1 Tim 5,1–16 und Tit 2,2–4). Zacharias und Elisabet waren zwar auch schon „vorgerückt in ihren Lebenstagen" (Lk 1,7), doch wird bei ihnen das Alter nicht als solches, sondern nur als Voraussetzung für eine Wundertat Gottes erwähnt.[21] Anders ist es bei Simeon und Hanna (Lk 2,25–39).[22] Simeon, gerecht und gottesfürchtig, wartete wie viele Fromme des Alten Bundes, vor allem die „Stillen im Lande", auf den „Trost Israels". Ihm war verheißen, er werde den Tod nicht schauen, bis er den Messias gesehen habe. Als Jesus von seinen Eltern im Tempel dem Herrn dargestellt wurde, fand das lange Warten Simeons endlich seine Erfüllung. Er nahm das Kind auf seine Arme und pries Gott: „Nun entläßt du deinen Knecht, o Herr, nach deinem Wort im Frieden..." Dieser Lobgesang des „Nunc dimittis" hat in die Liturgie der Kirche Eingang gefunden und ist für viele Christen im Alter auch heute noch das tägliche Abendgebet. Für Simeon war es nicht „ein konventioneller Abschiedsgruß", für ihn war es die Preisung seines Gottes, weil er ihn die Fülle des Heils hatte schauen lassen. Die immer wieder versuchte Auslegung dieses Hymnus belegt dies im einzelnen. In Simeon hat ein im Glauben gereifter alter Mensch die Schwelle zum Heil bereits überschritten. Er steht an einer „weltgeschichtlichen Grenze" (F. Haug), am Schnittpunkt des Alten und des Neuen. Ein alter Mensch, der sein Leben in der Sehnsucht

---

[20] M. Blasberg-Kuhnke, Gerontologie und Praktische Theologie 267–282, geht den Texten viel ausführlicher nach, als es hier möglich ist. Auch wenn sie manche Texte etwas großzügig interpretiert (Seite 270f heißt es dreimal: es legt sich nahe, bzw. man kann davon ausgehen), muß man die Sensibilität anerkennen, mit der sie die wenigen Texte auslegt, entfaltet und aktualisiert.
[21] Vgl. J. Ernst, Das Evangelium nach Lukas (Regensburger Neues Testament), Regensburg (5. Aufl.) 1976, 54–58.
[22] Vgl. zum folgenden J. Ernst, a.a.O. 112–120, und H. Schürmann, Das Lukasevangelium (Herders theologischer Kommentar zum Neuen Testament), Bd. I, Freiburg–Basel–Wien 1969, 122–132.

nach dem Heil verzehrt hat, ruft alle, die nach ihm kommen, auf, „das Alte abzutun und in der Neuheit des Lebens" zu wandeln (Röm 6,4). Dem Altern und dem Sterben ist der Keim des Todes genommen: Es endet nunmehr im „Frieden".[23] So kann man den alten Menschen im Tempel von Jerusalem, Simeon und Hanna, „vorwiegend eine theologische Symbolfunktion (zusprechen): das eschatologische Heilsereignis schenkt Jugend und Fruchtbarkeit und ermöglicht die Gabe des prophetischen Geistes".[24] Die Bemerkung in Lk 2,25, daß heiliger Geist auf Simeon war, könnte gewiß auch „die Vermutung nahelegen, daß die frühchristliche Prophetie, die in der nachösterlichen Gemeinde ein bedeutendes Phänomen darstellte, sich mit besonderer Vorliebe (der Gestalt des Simeon) angenommen und in ihr ein Symbol der eigenen heilsgeschichtlichen Rolle gesehen hat".[25] Damit wäre dann die Frage gestellt, ob den alternden Menschen auch in jeder späteren Gesellschaft dieser prophetische Dienst zufalle. Auf jeden Fall wird man Simeon und Hanna persönlich als Symbolgestalten eines reifen Glaubens betrachten, doch betrifft gerade dies keineswegs nur sie persönlich: „Erhellungen im Geiste (lassen) das Offenbarungsereignis für die Gemeinde der Glaubenden geistlich vertieft zum Glauben kommen, so daß es zu Bekenntnisaussage und Glaubensentscheidung kommen kann".[26] Simeon schließt in seine Preisung des Herrn auch die Weissagung ein, daß das Kind, das er auf den Armen trägt, später vielen in Israel „zum Fall und zum Auferstehen" werde und daß darob seine Mutter „ein Schwert durchdringe". Was Hanna betrifft – so kann man lesen –, warte man „vergeblich auf ein Wort aus ihrem Mund"; ihr

---

[23] F. Wulf, Gedanken zu einer Theologie des Alters 344f.
[24] N. Füglister, Furcht und Ehrfurcht vor dem Alter 80.
[25] J. Ernst, a.a.O. 116; a.a.O. 120 läßt er die Hypothese von der Symbolgestalt für Hanna allerdings nicht gelten; bei ihr liege der Schwerpunkt „auf dem asketischen Moment ihres Lebens".
[26] H. Schürmann, Das Lukasevangelium 120.

komme einfach die Rolle des im zeitgenössischen Vorstellungsbereich bekannten „zweiten Zeugen" zu; sie respondiere nur auf den Lobpreis des Simeon.[27] Wie immer es sich verhalte, es heißt jedenfalls von Hanna: Sie trat „zu eben dieser Stunde hinzu, pries Gott und redete über ihn zu allen, die warteten auf die Erlösung Jerusalems" (Lk 2,38). Man wird kaum leugnen können, daß sie hier einen prophetischen Dienst vollzieht.[28]

Weniger bedeutsam vielleicht als die beiden Gestalten, die das Lukasevangelium vorstellt, sind für das christliche Verständnis des Alterns *die konkreten neutestamentlichen Weisungen.* 1 Tim 5,1–2 regeln im Rahmen und im Stil einer allgemeinen konventionellen Ethik die Beziehungen zwischen den verschiedenen Altersklassen. Der noch recht junge Gemeindeleiter Timotheus wird ermahnt, ältere Männer nicht schroff anzufahren, gegen jüngere aber sich zu verhalten wie ein Bruder, gegen ältere Frauen wie gegen Mütter und gegen jüngere wie gegen Schwestern. Die christliche Integrierung dieser konventionellen Weisungen hat der Verfasser schon in 1 Tim 3,15 vorangestellt: Der verantwortliche „Haushalter" (Tit 1,7) muß sich bewußt bleiben, daß er seinen Dienst nicht irgendwo, sondern eben „im Hauswesen Gottes" (1 Tim 3,15) zu leisten hat. Die folgenden Verse 1 Tim 5,3–16 allerdings bringen Neues; in konventionellen Standesordnungen gibt es keine spezifischen Regelungen für den Umgang mit Witwen.

Es scheint eine eindeutige Auswirkung christlicher Besorgtheit um den Menschen zu sein, daß die Gemeinde sich einer besonders gefährdeten Gruppe ihrer Glieder bewußt annimmt, daß sie aber darüber hinaus „wirkliche" Witwen ausdrücklich in ihren Dienst nimmt, sie in Listen erfaßt

---

[27] J. Ernst, a.a.O. 120.

[28] Vgl. M. Blasberg-Kuhnke, Gerontologie und Praktische Theologie 272: „Simeon und Hanna sind also nicht nur Für-sich-Wartende, sondern zugleich Bekennende, die Gott loben und den Menschen von der Ankunft des Messias in dem Kind Jesus erzählen."

und sozusagen in einem eigenen Stand auf Dauer, nicht nur zu gelegentlicher Mitarbeit, kirchenamtlich institutionalisiert. 1 Tim 5 stellt die Berufungskriterien zusammen: „Wirkliche" Witwen dürfen nur einmal verheiratet gewesen sein und müssen sich durch ein vorbildliches Leben in der Gemeinde bewährt, im besonderen sich durch karitative Dienste ausgezeichnet haben. Berufen kann nur werden, wer älter als sechzig Jahre ist. Bei Jüngeren befürchtet man, sie könnten nicht ihre Hoffnung unentwegt auf den Herrn setzen (V. 5), sich eher wieder „in Sinnlichkeit von Christus abwenden" (V. 11) oder gar der Ausschweifung anheimfallen (V. 6), untätig werden, in den Häusern herumlaufen und ungebührliches Zeug zusammenschwatzen (VV. 13f); sie sollten besser heiraten und Kinder haben (V. 14). „Wirkliche" Witwen aber werden dann auch von den Gemeinden unterhalten. Ihre Dienste sind im einzelnen nicht umschrieben, aber sie sind frei geworden, um „ihre Hoffnung auf Gott zu setzen und beharrlich und inständig bei Tag und bei Nacht zu beten" (V. 5). In diesem unablässigen Gebet darf man „die einzig sichere quasi-amtliche Funktion der Gemeindewitwen" erkennen; „es war nach dieser Regel der spezifische Auftrag der Kirche an den Stand der Witwen. Man muß sich fürbittendes Beten für die Gemeinde und stellvertretendes Lob- und Dankgebet vorstellen, das durch die von der Gemeinde versorgten Witwen ununterbrochen geleistet wurde".[29] Ein Beispiel dieser Art „wirklicher" Witwen hat ja in der noch israelitischen Gemeinde die alte Hanna geboten. Sie lebte ihrer Hoffnung und betete bei Tag und Nacht im Tempel. Es gab im übrigen zu allen Zeiten solche „wirklichen" Witwen; daß es heutiger Kirche und heutiger Gesellschaft an ihnen nicht gebricht, dafür wird kirchliche Altenarbeit besorgt sein müssen; sie muß dabei freilich nicht beim Punkt Null anfangen. – Wenn in 1 Tim 2 der Blick eindeutig auf das

---

[29] N. Brox, Die Pastoralbriefe (Regensburger Neues Testament), Regensburg 1969, 184–198, hier 189.

Ganze der Gemeinde gerichtet ist, begegnet in Tit 2,1–5 eine mehr individualethisch orientierte Weisung an alte Menschen. Alten Männern geziemt Nüchternheit, Ehrbarkeit und Besonnenheit, aus christlicher Sicht aber auch Stärke im Glauben, im Lieben und in der Geduld. Von alten Frauen wird ein heiligmäßiges Leben gefordert; sie sollen Verleumdung und Trunksucht meiden. Aber dann schlägt wieder der Blick auf das Ganze der Gemeinde durch: „Sie müssen fähig sein, das Gute zu lehren" (V. 3), damit sie junge Frauen in die Verantwortung für ihre Ehen und ihre Familien einführen. Auch hier werden schon in der Antike geschätzte Tugenden alter Männer und Frauen in die christliche Perspektive eingerückt: „damit das Wort Gottes nicht in Verruf kommt" (V. 5; vgl. auch V. 10); auch ältere Menschen müssen die Öffentlichkeitswirkung ihres Lebensstils – vor allem in einer säkularen Gesellschaft – im Auge behalten. Zusammenfassend (und heutiges theologisch-ethisches Denken bestätigend) schreibt N. Brox: „Hier wie allseits in den Pastoralbriefen zeigt erst die Motivation und der theologische Kontext den christlichen Charakter des ansonsten rein bürgerlichen Ideals".[30]

Zusammenfassung: In diesem 7. Kapitel ging es um biblische Hinweise auf die Sinnwerte des Alterns. Die Ergebnisse bibelwissenschaftlicher Untersuchungen wurden nicht als mechanische Anhäufung von Einzelbefunden, sondern in Form eines zusammenfassend systematisierenden Überblicks vorgestellt. Wer ein theologisches Buch über das Altern liest, erwartet eine solche Information; manche mögen sich aufgrund der gegebenen Hinweise auch einzelnen Texten ausdrücklich zuwenden und sie als hilfreich erfahren.

---

[30] A.a.O. 294. Daß auch Jesusworte, die nicht unmittelbar alten Menschen zugesprochen sind, speziell für unsere Thematik sinnvoll ausgelegt und aktualisiert werden können, beweist A. Wittrahm, Ein Leben lang im Aufbruch 143–157, z. B. an der Aufforderung Jesu, „zu werden wie die Kinder, um ins Himmelreich zu gelangen".

Im Rahmen von Überlegungen über christliche Sinnwerte des Alterns, wie sie hier angestellt werden, mag freilich der Eindruck entstehen, daß ein Kapitel über biblische Hinweise zwar als eine Pflichtleistung erbracht, aber im Endeffekt wie ein Fremdkörper unausgeschöpft am Wege liegen bleibt. Der „biblische Theologe" entgeht dieser Gefahr, weil sein Bemühen speziell darauf geht, die biblische Deutung des Alterns unmittelbar für heutige Erfahrungen fruchtbar zu machen. Es wurde schon darauf hingewiesen, daß beispielsweise A. Wittrahm dies in seinem Buch „Ein Leben lang im Aufbruch. Biblische Einsichten in das Älterwerden" in eindrucksvoller Weise versucht. Er zeigt das Ineinander von Lebenserfahrung und Glaubenserfahrung auf, indem er biblische Motive aus ihren kulturgeschichtlichen Zusammenhängen und biblische Gestalten aus ihren lebensgeschichtlichen Entscheidungssituationen sowie aus ihren sozialen Spannungsfeldern neu zugänglich macht und die ethisch-spirituellen Kerngehalte seiner Auslegungen für eine hilfreiche Deutung heutiger Altersprobleme aufbereitet. Der sogenannte „systematische" Theologe schöpft für seine Reflexionen nicht nur aus den biblischen Quellen der Offenbarung, sondern auch aus dem stets breiter werdenden Strom, in dem die biblische Heilsverkündigung sich in immer neue Zeiten und Räume hinein vermittelt und dabei in vielfältigen Dokumenten der gelebten und reflektierten Glaubensgeschichte ihren Niederschlag findet. Der einzelne Theologe ist einer bestimmten Zeitgenossenschaft zugewiesen und hat auf ihre Anfragen hin die christliche Daseinsdeutung in überzeugender Weise zu vermitteln und auszulegen. Insoweit Überlieferung sich in Sprache vollzieht, ist es die Sprache des Katechismus, der Predigt und des theologischen Lehrbuchs; diese Sprachformen sind, zumal in der katholischen Glaubensgemeinschaft, nicht unmittelbar biblisch geprägt. Bilder, Geschichten und ethische Weisungen aus der Bibel werden nicht einfach in ihrer ursprünglichen Form weitergegeben, vielmehr wird die in ihnen enthaltene Interpretation von

Mensch und Welt in Gestalt von pädagogisch aufbereiteten oder wissenschaftlich reflektierten Orientierungshilfen in das jeweilige Selbstgespräch der Gesellschaft eingebracht. Je mehr in diesem Vorgang die geistigen Tendenzen der Zeit und ihre sprachliche Selbstdarstellung rezipiert sind, desto eher kommt christliche Daseinsauslegung zu Gehör. Kurz: Die biblischen Hinweise auf den Sinn des Alterns sind zwar in der theologischen Reflexion präsent, aber sie sind nicht ihr einziges Maß.

Wie steht es nun konkret um die Antwort einer sogenannten „systematischen Theologie" auf die Frage, was Altern im Ganzen der lebensgeschichtlichen Entwicklung des Menschen bedeutet? Im folgenden Kapitel soll in zwei Thesen eine mögliche Antwort versucht werden. Erstens: Der christliche Glaube deutet Altern als zunehmende Verdichtung der Erfahrung, daß der Mensch für die Einlösung seiner Freiheitsgeschichte in ein begrenztes Dasein hineingestiftet ist; der Mensch heute muß freilich die epochale Chance wahrnehmen, die ihm mit der (im Durchschnitt erheblichen) zeitlichen Ausweitung der Begrenztheit eröffnet ist. (Vgl. 8. Kapitel, I.) Zweitens: Der christliche Glaube deutet die konkreten Gestalten, in denen die Begrenztheit erfahren wird, als „Vorwegnahme des Sterbens", als ein „Sterben in Raten" und bietet für solche partielle Sterbensvorgänge Deutungen an, die für den einzelnen im Bereich der Motivation zu hilfreicher Wirkung kommen können. (Vgl. 8. Kapitel, II–IV.) Theologischem Sprechen über solche christliche Deutungselemente gebührt größte Zurückhaltung, weil Erkenntniswert und Lebenswert konkreter Aussagen in diesem Bereich, selbst wenn sie sich in eingewöhnten biblischen Formeln bewegen, für Glaubende und erst recht für Nicht-Glaubende doch wohl schwerer zu bestimmen sind, als es auf den ersten Blick scheinen mag.

8. KAPITEL

Theologische Hinweise auf die Sinnwerte des Alterns

Man wird von vornherein annehmen, daß die theologische Reflexion, soweit sie sich mit unserem Thema befaßt, sich vorwiegend der herkömmlichen Deutung des Alterns als des „Seins zum Tode", als der „prolixitas mortis" zuwendet. Auf jeden Fall muß entschiedener als bisher nachgefragt werden, ob ihre Aussagen auch im Hinblick auf das durch die erhöhte Lebenserwartung angereicherte Sinngefüge des Alterns hilfreich werden.

I. Ratifizierung der mit der Schöpfung gegebenen
Einstiftung des Menschen in ein begrenztes Dasein

Gott hat in der Schöpfung die Welt nicht „fertiggestellt". Er hat durch sein „Wort" aus dem Nichts heraus ihre Anfangsgestalt ins Dasein gerufen. „Schöpfung durch das Wort" bedeutet, daß diese Anfangsgestalt der Welt zum Bersten voll ist von dynamischen Kräften, die den Prozeß der Evolution in Gang setzen und vorantreiben. Aus diesem Prozeß ist auch der Mensch hervorgegangen. Im umgreifenden Horizont der Evolution soll er als Ebenbild des Schöpfers Geschichte gestalten, indem er – soweit dies eben „menschenmöglich" ist – den Garten Eden „bebaut und hütet" (Gen 2,15); er soll „fruchtbar sein und sich vermehren", damit er die Erde „bevölkern und sich unterwerfen" (Gen 1,28) kann. Dies ist der wichtigste theologische Ort für die Begründung menschlichen Schaffens in der Welt. Doch hier steht zunächst ein anderer Aspekt im Vordergrund des Interesses. Weil der in der Geschichte lebende und wirkende Mensch „aus dem Stoff der Erde gebildet", weil er also von Natur „ein im Leibe Seiender" ist, darum ist er unvermeidlich dem biologischen Vorgang des Alterns und des Sterbens preisgegeben. In der religiösen Sprache heißt das: *Gott hat für den Menschen ein begrenztes Dasein verfügt.* Der Schöpfer gewährt durch das Medium der (natürlichen oder künstlichen) Zeugung jedem einzelnen Menschen seine Lebenszeit, und durch das Medium des Sterbens entzieht er sie ihm. In beiden Fällen bleibt Gottes Wirken „transzendental", d. h. Gott greift nicht „unmittelbar" ein, sondern ermöglicht als alles tragender schöpferischer Urgrund naturale Prozesse und menschliche Handlungen; auch eine suizidale Beendigung des menschlichen Lebens ist in diesem Sinn noch von Gott „ermöglichtes" menschliches Handeln. Aber die schöpferische Verfügung, daß Menschsein nicht nur durch den Sachverhalt der Personalität, sondern auch durch den der Naturalität konstituiert ist, impliziert unaufhebbar die „Zeitgestalt" des menschlichen Daseins. Und weil menschliches Dasein befristetes und begrenztes Dasein ist, darum gehört zu diesem Dasein ebenso konstitutiv seine Einmaligkeit. Die christliche Lehre betont mit großem Nachdruck die Einmaligkeit der menschlichen Lebensgeschichte und ihre Endgültigkeit im Tod; ihre Botschaft von der Auferstehung ermöglicht zugleich die Hoffnung, daß der Mensch nicht als ganzer definitiv stirbt, sondern daß seine einmalige Lebensgeschichte in der Gemeinschaft mit Gott endgültig erfüllt und aufgehoben ist.[1]

---

[1] Zur Frage der Praeexistenz und der Seelenwanderung vgl. K. Rahner, Das christliche Sterben, in: Mysterium Salutis, Bd. V, 463–492, hier 478f. Vgl. auch E. Jüngel, Tod (Themen der Theologie 8), Stuttgart–Berlin 1971, 168: „Jeder Mensch hat seine Lebenszeit, damit er in seiner Zeit seine Geschichte haben kann. Diese Lebenszeit zu befristen, ist Gottes und nur Gottes Sache. Der Glaube ist verpflichtet, gegen alle menschlichen Versuche, die Befristung menschlicher Lebenszeit zur eigenen Sache zu machen, öffentlich zu protestieren. Kein Mensch, keine Institution, keine Justiz hat das Recht,

Die Eingewiesenheit des Menschen in ein begrenztes Dasein stellt zunächst einen physikalisch-biologischen Sachverhalt dar. Weil der Mensch jedoch die Fähigkeit und darum auch die Verpflichtung hat, sich in seinem begrenzten Dasein zu diesem zu verhalten, ist dem physikalisch-biologischen Sachverhalt des begrenzten Daseins eine anthropologische Dimension eingestiftet: Es ist *der Raum der menschlichen Freiheitsgeschichte.* Der Mensch, obzwar seit Kopernikus nicht mehr als (physikalische) Mitte des Universums geltend, ist unter allen irdischen Kreaturen die einzige, die den Prozeß der universalen Evolution wenigstens an einem winzigen Punkt zu erkennen und in bescheidenem Umfang zu beeinflussen vermag: Er gilt in Philosophie und Theologie weithin immer noch als das „Sinnziel der Welt". Dieses Sinnziel wird in einzelnen menschlichen Freiheitsgeschichten vollzogen und punktuell eingelöst. Eben darin entfaltet sich zugleich menschliche Identität.

---

die zur Endlichkeit des Menschen gehörige Lebenszeit zu befristen". Es wird nicht leicht sein, diese religiöse Sprechweise zu „operationalisieren". Ist es „das Natürliche" oder „das Technologisch-Mögliche", in dem sich die göttliche Befristung vermittelt? Entspricht es dem Befristungswillen Gottes, die biologische Lebensuhr ungestört ablaufen zu lassen? Widerspricht es der Befristung der Lebenszeit durch Gott, wenn der Mensch in einem Akt höchster Freiheit einen länger andauernden Sterbeprozeß –nach vermutlich begründeter Auskunft des Arztes – um drei bis vier Wochen verkürzt, indem er eine weitere Intensivtherapie oder eine anstehende Operation ablehnt? Und wie steht es mit der göttlichen Befristung, wenn der Mensch durch eigenes Verschulden sein biologisches Leben längst vor dem Alterstod zugrunde richtet oder wenn er durch einen Unfall stirbt? Gott „vermittelt" seine Befristung menschlicher Lebenszeit offensichtlich teils durch die Automatik biologischer Zerfallsprozesse, teils durch menschliche Freiheitsentscheidungen. Das durch Vernunft und Glaube geformte Gewissen wird den schmalen Grat zwischen legitimer menschlicher Selbstverfügung und göttlichem Befristungswillen suchen müssen. – Die Auffassung, der Tod bedeute nicht nur das Ende der menschlichen Lebenszeit, sondern das Ende des Menschen insgesamt, auch seiner Personalität, und Gott erschaffe den Menschen für das ewige Leben sozusagen noch einmal aus dem Nichts, erscheint als problematisch, weil sie für das Bleiben der menschlichen Identität einen zusätzlichen göttlichen Schöpfungsakt annehmen muß.

Freiheit bedeutet, da sie nur als Geschenk des Schöpfers möglich ist, „totale Abhängigkeit". Der Mensch „gewinnt sich selbst nur in Anheimgabe; er ist zu sich selbst ermächtigt nur, indem er sich überantwortet".[2] Hl. Schrift und theologische Tradition sehen die Ermöglichung seiner Freiheitsgeschichte in der Erschaffung des Menschen in Gottebenbildlichkeit. Diesen Begriff stellt Thomas von Aquin in die Mitte seiner Überlegungen, wenn er im Prolog zum 2. Teil seiner „Summe der Theologie", also zu seinem Entwurf einer theologischen Ethik, die Fähigkeit des Menschen demonstriert, über sich selbst und sein Handeln in Freiheit zu verfügen: Der Mensch ist Prinzip seiner selbst, Herr seiner Werke, Ursache seiner selbst; er ist „sich selbst Gesetz" (Röm 2,14).[3] Kaum einmal ist dies in ähnlich pointierter Form gesagt worden wie von E. Przywara: „Dies ist das Zeichen der eigentlichen Excellentia Divina, daß Gott in der ‚Vollkommenheit seiner Fülle' … Seine Geschöpfe so sehr aus Sich Selbst heraussetzt und zu Selbständigkeit sich selbst überläßt, daß sie nicht nur Eigen-Sein haben, sondern auch Eigen-Ursächlichkeit …; daß sie diese Eigen-Ursächlichkeit haben bis zur Eigen-Lenkung übereinander, als geschöpfliche Vorsehung übereinander …; daß sie Eigen-Sein und Eigen-Wirken und Eigen-Vorsehung haben bis zur Freiheit einer ‚gleichsam Ursache seiner selbst' … und ‚Herrentum über sich' … und ‚Eigen-Bestimmung seines Wollens'. Wahre thomistische Betonung des ‚Himmels auf Erden' ist also in dem Ausmaß echt, als sie zielt auf eine Erde, die a l s Erde bis zum Äußersten gegen Gott selbständig und so Gott ähnlich wird".[4] Eine solche Auf-

---

[2] F. Böckle, Glaube und Handeln, in: Mysterium Salutis, Bd. V, 21–115, hier 53.

[3] Summa theologica I–II, Prologus: „Postquam praedictum est de exemplari, scilicet de Deo, … restat ut consideremus de eius imagine, id est de homine, secundum quod et ipse est suorum operum principium, quod liberum arbitrium habens et suorum operum potestatem".

[4] E. Przywara, Crucis mysterium. Das christliche Heute, Paderborn 1939, 67f.

wertung des Menschen bedeutet eine entschiedene Herausforderung zu verantwortlichem Handeln in der Welt. In
dem Maße freilich, als der alternde Mensch den Randdruck
vom Ende her erfährt, wird ihm die Begrenztheit des Daseins und seiner Handlungsmöglichkeiten bewußt. Er sieht
sich unausweichlich gedrängt, seine freiheitliche Selbstbestimmung zunächst einmal dadurch zu realisieren, daß er
seine Begrenztheit annimmt und den Anspruch einlöst, der
ihm als „prolixitas mortis" aus seiner eigenen Lebenswirklichkeit entgegenkommt. Doch sieht er sich zugleich herausgefordert, in der ihm heute zugewiesenen längeren Lebenszeit neue und reichere positive Sinnwerte der späten
Lebensphase zu entdecken und zu verwirklichen. Auch
dies ist ein Anspruch, der ihm aus der Wirklichkeit seines
Lebens zukommt und ihn in Pflicht nimmt. Annahme der
Begrenztheit und Bereitschaft zum Engagement sind dem
menschlichen Dasein als eine seiner konstitutiven Polaritäten zugewiesen.

Es bleibt aber dabei: Die menschliche Freiheitsgeschichte in ihrer dem Altern angemessenen Ausprägung impliziert zunächst und vor allem anderen *die Zustimmung zu
der in der Schöpfung verfügten Einstiftung des Menschen
in ein begrenztes Dasein.* Man wird hier freilich genauer
differenzieren müssen. Die Phase des Alterns reicht heute
von 60/65 bis 90/100 Jahren. Sie konkretisiert sich in zwei
Gestalten, im „alten" und im „greisen" Menschen.[5] Im alten Menschen kann und soll durchaus das angereicherte positive Sinngefüge des Alterns in den Formen eines engagier-
ten Dienstes oder eines aktiv kultivierten Ruhestandes
noch im Vordergrund stehen, aber eben nicht einfach im
Sinn einer naiv ungebrochenen Fortführung bisheriger Aktivitäten oder einer hektisch unterstrichenen Weitergeltung
von Maßvorstellungen aus der Phase des Erwachsenen-

---

5 Vgl. dazu R. Guardini, Die Lebensalter 56–76; der alte Mensch ist für ihn
der weise Mensch; den greisen Menschen rückt er vielleicht doch in allzu
große Nähe zum senilen Menschen.

oder gar des Jugendalters. Der alte Mensch muß weise werden, das heißt zuallererst, daß er um seine Begrenztheit weiß und sie annimmt. Er muß aufhören, „ewiges Leben" vorwiegend oder gar ausschließlich im Zeitlichen zu suchen – in der über ihn hinausreichenden Kette der Generationen oder in dem ihn überdauernden kulturellen Werk. Hier wird R. Guardini deutlich: „Wer mit Ernst vom Ewigen redet, meint nicht das Immer-Weiter, ob das nun ein biologisches oder kulturelles oder ein kosmisches sei. Das Immer-Weiter ist die schlechte Ewigkeit; nein, es ist die Steigerung der Vergänglichkeit bis ins Unertragbare. Ewigkeit ist nicht ein quantitatives Mehr, und sei es unermeßbar lang, sondern ein qualitativ Anderes, Freies, Unbedingtes. Das Ewige steht nicht in Beziehung zum Bios, sondern zur Person. Es hebt sie nicht im Immer-Weiter auf, sondern erfüllt sie im absoluten Sinn".[6] Der alte Mensch spürt die zunehmende Aufdringlichkeit der „prolixitas mortis"; die Erfahrungen der Begrenztheit werden deutlicher. Wenn er weise werden will, verdrängt er sie nicht; er läßt sie zu und erfährt, daß die bisherige Konsistenz des Daseins an Dichte verliert. Hinter der bisherigen offensiven Entschlossenheit entdeckt der alte Mensch die ersten Fragezeichen, die nicht mehr übersehen werden können. Sie ermuntern ihn, Ziele und Maße der bisherigen Aktivität zu überprüfen. Sie ermuntern ihn aber auch, den sich klärenden und weitenden Durchblick auf den letzten Sinn auszuhalten. Er bleibt sich aber bewußt, daß seine Freiheitsgeschichte noch nicht zu Ende ist. Sie mag sich da und dort noch sehr wohl in

---

[6] A.a.O. 57f. Wenn sich der alternde Mensch der sich immer deutlicher andrängenden Ewigkeit nicht stellt, wenn er die Sinnwerte früherer Lebensphasen hartnäckig weiter festhält, kann er den Prozeß des Alterns *nur* als eine einzige, ständig zunehmende Begrenzung erfahren. Er empfindet sich nur als verminderten jungen oder erwachsenen Menschen – „alles das zusammenhängend mit dem Vertrauen auf die Kunst der Ärzte, das Leben zu verlängern; auf Heilmethoden, die magisch wirken sollen – die Schwindelkünste der Mode und der Kosmetik nicht zu vergessen. Was dabei herauskommt, ist Schein und Lebensbetrug". A.a.O. 59.

neue Engagements hinein entfalten. Zumindest und zuallererst aber muß er daran gehen, seinem Leben die letzte Form zu geben, es seiner eigentlichen inneren Kulmination entgegenzuführen, d. h. vor seinem Gott und vor seinem Gewissen – bei vollem Bewußtsein des Zurückbleibens hinter dem erkannten Anspruch – deutlich zu machen, wie er seine Freiheitsgeschichte letztlich gemeint hat, sie also nicht einfach versickern zu lassen, sondern das eigentlich intendierte Wort dazu zu sprechen. Der ersten harten Konfrontation mit der Begrenztheit des Daseins mag noch ein nunmehr freilich distanzierteres Engagement folgen. Aber irgendwann – wenn auch generell und erst recht beim einzelnen chronologisch nicht eindeutig fixierbar – kommt der Übergang in die Phase des Greisenalters. Auch dieses hat noch einen authentischen Sinnwert: „das Enden". Dieses „Enden" bedeutet jedoch immer noch nicht das Ende, es „reißt das Leben nicht ab, sondern geht in es ein, wird selbst zu ‚Leben'".[7] Noch ist die Biographie offen.

Manche – es werden nicht allzu viele sein – werden auch diese Phase bis hoch in ihre neunziger Jahre mit nicht oder kaum geminderter Freiheit bewußt vollziehen oder doch bejahen können; sie strahlen mit ihrer freundlichen Ruhe aus, was alte Menschen würdevoll und liebenswert erscheinen läßt. Andere sind nur noch da, können vielleicht gerade noch bewußt hinnehmen, was in ihnen und an ihnen geschieht: Spontaneität und Intensität lassen unaufhaltsam nach; die Zerfallserscheinungen beginnen in allen Bereichen – im biologischen, im psychischen und im sozialen – voll zu greifen. Auch diese Stufe ist noch nicht die letzte. Es kann sein, daß uns am Ende ein – vielleicht noch sehr lange andauernder – Zustand überfällt, in dem eine Zustimmung zur Begrenztheit des Daseins in keiner Weise mehr geleistet werden kann, in dem das Greisenalter in Senilität umschlägt. K. Rahner hat, damals 78 Jahre alt, diesen Zu-

---

[7] A.a.O. 62.

stand mit bewegenden Worten beschrieben: „Seien wir ehrlich, und sehen wir den harten Möglichkeiten, die auch uns treffen können, nüchtern ins Auge: Wir können im eigentlichen und bitteren Sinn senil werden, es kann uns eine Gehirnerweichung treffen, kein Moraltheologe wird so wenig wie ein anderer Mensch leugnen, daß uns so entsetzliche Schmerzen des Leibes und so bodenlose, physiologisch bedingte Depressionen und Verwirrtheiten im Alter überfallen können, daß von wirklicher sittlicher Zurechnungsfähigkeit für das, was wir in solchen Zuständen tun, im Ernst nicht mehr die Rede sein kann ... Wenn einen leibliche Schmerzen und seelische Verwirrtheiten und Depressionen in einen Zustand hinabstürzen, in dem man einfach nicht mehr kann, wie man – angeblich – können sollte, dann hat einem der ewige Gott in seiner Liebe schon sanft alle Verantwortung für sein Leben abgenommen. Was dann noch ‚passiert‘, ist menschlich und vor Gott unerheblich. Wenn einer in einem solchen Zustand verzweifelt Gott zu fluchen scheint, dann ist das in Wirklichkeit nur ein physiologischer, nicht ein menschlicher Vorgang, genau so wie die schweifenden Phantasien eines Sterbenden ... Zur Aufgabe des Alters gehört es, rechtzeitig diese unbekannt auf uns zukommende Situation des Alters und des Todes anzunehmen und zu wissen: Alles kann Gnade sein, auch dann, wenn wir nur noch die hilflos Besiegten sind“.[8]

In der Tat, die Zustimmung zu der mit der Schöpfung gegebenen Einstiftung in ein begrenztes Dasein und zu allen konkret möglichen Formen des lebensgeschichtlichen Vollzugs und Erleidens dieser Einstiftung sollte der Mensch geben, solange er noch entscheidungs- und handlungsfähig ist. Er ist gewarnt: Die Anhäufung von Sterbenselementen in seinem Leben setzt gewiß früh genug ein.

Es ist deutlich geworden, daß Altern nicht nur ein physiologisch-biologischer Prozeß ist. Vielmehr vollzieht sich

---

[8] Zum theologischen und anthropologischen Grundverständnis des Alters 320f.

darin ein ganzheitlicher Vorgang: die Beendigung der menschlichen Freiheitsgeschichte. Deren endgültige Grenze setzt der Tod. Altern und Sterben zusammen sind also die Weise, in der die von Gott gewollte Zeitgestalt des menschlichen Daseins aufgehoben wird. In der „niederen Ordnung" verwirklicht sich eine höhere.

Wenn dem so ist, dann geht es für den alten Menschen nicht bloß darum, die in seinem Leben verstärkt hervortretende Begrenztheit des Daseins im allgemeinen je aktuell anzunehmen und ethisch-spirituell zu realisieren, sondern in das Sterben selbst soweit als möglich vorweg freiheitlich „einzuwilligen". Aber was ist das eigentlich, dem hier der Mensch schon zustimmen soll, ehe es wirklich und definitiv geschieht?

II. Vorausvollzug des Todes als des „Gerichts über die Sünde"

In der Hl. Schrift und in der kirchlichen Lehre gilt der Tod als „Folge" und als „Sold" der Sünde, als „Strafe" für die Sünde oder als „Gericht" über die Sünde. Wir sind geneigt, solche Qualifikationen als theologische Überfrachtungen des Todes zu empfinden. Angesichts der Zeitgestalt des menschlichen Daseins erscheint uns Sterben zwar als eine schmerzliche, aber eben doch als eine ganz natürliche Notwendigkeit. Die kirchliche Lehrtradition kennt freilich den Tod als „Folge der Schöpfung", als „eine Notwendigkeit aufgrund der natürlichen Erfordernis und Daseinsbedingung der menschlichen Natur" nicht.[9] Sie nimmt vielmehr an, daß dem paradiesischen Menschen die Möglichkeit eröffnet war, die Zeitgestalt seines Daseins nicht durch ein

---

[9] Dieser Auffassung hat das kirchliche Lehramt stets widersprochen: gegen Pelagius (Denzinger-Hünermann 222), gegen Bajus (DH 1978), gegen die Synode von Pistoia (DH 2617).

Sterben nach unserer jetzigen Art, sondern durch eine radikale Verwandlung seiner Leiblichkeit in einen Zustand aller Vergänglichkeit enthobener Verklärtheit zu beenden.[10] Diese „außernatürliche Gabe" der Unsterblichkeit, die man wesentlich an die „heiligmachende Gnade", d. h. an die Heilsgemeinschaft mit Gott gebunden sah, hat der Mensch nach der herkömmlichen Auffassung durch die Sünde verloren. Heutige Theologie sieht in den biblischen und lehramtlichen Aussagen über den sog. „Urstand" nicht geschichtlich zu verstehende Berichte über die Anfänge der Menschheitsgeschichte, sondern den Versuch, die jederzeit geschichtlich erfahrbare, durch Sünde, Tod und Erlösung geprägte Zuständlichkeit des menschlichen Daseins aus (angenommenen) heilsgeschichtlichen Vorgegebenheiten zu begründen und zu erklären. Sie spricht von „retrospektiver Ätiologie".[11]

Jedenfalls ist im Alten Testament erst spät (Weish 1,12–14a und 2,23) die Rede davon, daß Gott den Menschen unsterblich geschaffen hat. Daß die Sterblichkeit *Strafe für*

---

[10] K. Rahner, Über das christliche Sterben, in: Schriften zur Theologie, Bd. 7, 273–280, hier 276.

[11] Zum hermeutischen Verständnis solcher „retrospektiver Ätiologie" und zu der in heutiger Behandlung der Thematik stärker betonten „durch das Christusgeschehen gegebenen prospektiven Ätiologie" vgl. die gut einführenden Beiträge von J. Feiner, Art. Urstand, Urstandsgnade, in: LThK, Bd. 10 (1965), 572–574, von J. Finkenzeller, Art. Tod, in: Lexikon der kath. Dogmatik, hrsg. von W. Beinert. Freiburg–Basel–Wien 1987, 509–511, sowie von A. Ganoczy, Art. Urstand, in: a.a.O. 531f. J. Feiner, a.a.O. 574, sieht die Rede von der urständlichen Gnade im Horizont der in der Auferstehung Jesu bereits anhebenden Vollendung des Menschen und erkennt eine bereits im Anfang einsetzende „immanente Dynamik (, die) auf die totale Durchherrschung der geistig-leiblichen Existenz des Menschen in allen anderen Dimensionen (zielt). Die Lehre von den präternaturalen Urstandsgaben ist ihrem eigentlichen Gehalt nach Beschreibung dieser Dynamik der vergöttlichenden Gnade ... Unsterblichkeit des urständigen Menschen bedeutet also nicht, daß die Urgnade das Ende des irdischen Lebens verhindert hätte; aber dieses Ende hätte nicht den Charakter des leidvollen Sündentodes gehabt, sondern wäre in ungebrochener Anheimgabe des Menschen an den gnädigen Gott erfolgt".

die Sünde sei, wollen viele Exegeten aus Gen 3 nicht mehr herauslesen. L. Wächter hat schon vor 25 Jahren die Auffassung des Alten Testaments folgendermaßen zusammengefaßt: „Weder der irgendwann erfolgte Tod Adams noch die Sterblichkeit des Menschen werden als Strafe Gottes verstanden. Hieraus ergibt sich, daß sich auch die Paradiesesgeschichte in die allgemein bezeugte Anschauung des Alten Testaments einfügt, daß zwar der Tod des einzelnen Menschen durch die göttliche Strafe erfolgen kann, die Sterblichkeit des Menschengeschlechts jedoch zur göttlichen Schöpfungsordnung hinzugehört“. U. Eibach bemerkt dazu: „Nicht die Sterblichkeit, sondern das Leben in Mühe und Qual ist Strafe für die Sünde Adams“.[12] Man deutet auch die „Erbsünde“ längst in einem analogen Sinn als Sünde; man versteht sie als universale geschichtliche Situiertheit der menschlichen Freiheit, als jenen unerbittlichen Schuldzusammenhang, in den jeder verstrickt wird, sobald er als Mensch in diese Welt eintritt. Ähnlich analog versteht man Formeln wie Tod als Strafe für die Sünde oder als *„Sold der Sünde"* (Röm 6,23): Sie meinen weder die dem Menschen auferlegte Beendigung seiner begrenzten Freiheitsgeschichte an sich noch eine „von außen" in Gang gesetzte Reaktion Gottes auf menschlich sündhaftes Verhalten; sie meinen vielmehr jene Gottesferne, die in der Menschheit durch Adams Schuld aufgebrochen ist und die jeder einzelne durch persönliches schuldhaftes Verhalten, durch vielfältiges Verfehlen der geschuldeten Identität und Kommunikation verschärft. Die Sünde der Gottesferne „erscheint" dann in den Eigentümlichkeiten des Todes, den

---

[12] Vgl. L. Wächter, Der Tod im Alten Testament, Stuttgart 1967, 203, und U. Eibach, Recht auf Leben – Recht auf Sterben. Anthropologische Grundlegung einer medizinischen Ethik, Wuppertal 1974, 198, wo auf weitere zustimmende, aber auch auf kritische Stimmen hingewiesen ist. A.a.O. Anm. 3 wird im Anschluß an H. Gollwitzer gesagt, daß auch Paulus in Röm 6,23 die Sünde nicht als „kausale Ursache des Todes" verstanden haben dürfte, sondern als „dasjenige, was uns zur Aussöhnung mit dem Tode, zur Integrierung des Sterbens ins Leben unfähig macht".

wir konkret sterben: Da sind „das Leere, Ausweglose, Zerrinnende, das Wesenlose, das unaufhörliche Ineinander von höchster Tat und niederstem Getriebensein, von Eindeutigkeit und letzter Fragwürdigkeit". In solcher „Verhülltheit" sieht K. Rahner den Strafcharakter des Todes.[13]

Der Tod – Folge der Sünde: Dies ist im Neuen Testament vielfältig und gewichtig bezeugt (Röm 5,12; 6,23; 713; 8,10; Eph 2,1.5; Kol 2,13 u. a.) und ebenso eindeutig unterstrichen durch die kirchliche Lehrtradition etwa auf der 2. Synode von Orange 529 (DH 371–372) oder auf dem Tridentinum 1546 (DH 1512). Auch christliche Theologen, evangelische wie K. Barth und katholische wie K. Rahner, sprechen von dem Tod, der durch das Nein des ersten Menschen in die Welt gekommen ist. Gleichzeitig aber sagt K. Rahner, der Tod liege dem Unterschied zwischen Schuld und Unschuld voraus und sei „eine ‚natürliche' Eigentümlichkeit des Menschen".[14] Und K. Barth unterscheidet den „Fluchtod", den jeder einzelne Mensch, der unter den Folgen der Sünde leidet, sterben muß, von der „Sterblichkeit", die zur Zeitgestalt der von Gott geschaffenen Natur des Menschen genauso gehört wie Zeugung und Geburt.[15] Sünde und Tod stehen also in einem engen Zusammenhang, doch läßt sich dieser Zusammenhang nicht konkret rechnerisch aufweisen. Vielleicht wird das Problem etwas erhellt, wenn wir die von A. Ganoczy eingeführte

---

[13] Das christliche Sterben 487.
[14] K. Rahner, a.a.O. 474. Anders – so scheint es jedenfalls zunächst – M. Theobald, Römerbrief. Kap. 1–11 (Stuttgarter Kleiner Kommentar – Neues Testament, Bd. 6/1), Stuttgart 1992, 161: Richtet Röm 5,12 a.b „nach Art eines ‚Kettenschlusses' . . . den Blick von der Sünde auf den Tod als ihre letzte, sie in ihrem tödlichen Wesen demaskierende Konsequenz, so lenkt V. 12 c.d in umgekehrter Richtung den Blick vom Tod auf die Sünde als seinen eigentlichen Grund". A.a.O. 159 ist die Rede von der „negativen, von Adam herkommenden Todes-Wirklichkeit". – Auch in Röm 7,13 sieht W. Theobald, a.a.O. 211, die Alleinverantwortlichkeit der Sünde für den Tod ausgesprochen; aber es gehe dabei wie in 7,10 nicht eigentlich um den biologischen Tod, sondern darum, daß ich aufgrund der Sünde schon gestorben bin: „Ich bin schon so gut wie tot". W. Theobalds Deutung: „Es scheint

Unterscheidung von Negativitäten und Negationen zu Hilfe nehmen.[16] Der „Strafcharakter" des Todes – nach K. Barth: des „Fluchtodes" – geht weithin zu Lasten unserer selbstverschuldeten sittlichen Mangelhaftigkeit, die uns daran hindert, den Tod in unseren personalen Lebensvollzug freiheitlich zu integrieren. Verneinung, Zerstörung, Gewalttätigkeit u. a. – das sind vom Menschen gesetzte „Negationen" seiner Lebensordnung, die ihm am Ende auch das Sterben schwermachen. Aber es gäbe diese Negationen nicht, wenn sich dahinter nicht ein unheimliches Feld von „Negativitäten" eröffnete, das wesentliche und darum unaufhebbare zuständliche Mängel unserer Existenz umfaßt: Endlichkeit, Nichtigkeit, Vergeblichkeit, Sterblichkeit. Diese unserem Dasein immer schon vorgegebenen „Negativitäten", aus denen die Freiheitsentscheidungen tatsächlicher menschlicher Negationen erst hervorgehen können, stammen aus der Schöpfung selbst. Die Schöpfung ist defektiv von Natur, weil von Gott so gewollt, damit dem Menschen eine freiheitliche Entscheidung überhaupt erst möglich wird. Darum gibt es in der Welt das Nichtstimmige, das definitiv Nichtintegrierbare, das notwendig Mißglückende. Teilhard de Chardin spricht mit ergreifenden Worten von den Leiden der Minderungen, die den Menschen von innen und von außen

---

so, als läge (Paulus) vor allem daran, die realen Folgen jener Wirksamkeit der Sünde an mir selber aufzudecken, um sie dann als den Tod meiner selbst zu deuten. Fragt man, um welche *realen* Folgen der Sünde es sich handelt, oder anders formuliert: welche Erfahrung es ist, die nur als eine solche des Todes beschrieben werden kann, dann muß man antworten: Es ist die Erfahrung der Selbstentfremdung oder schärfer: die Erfahrung meines *Identitätsverlustes* als Geschöpf Gottes, die in dem Satz: ‚Ich bin gestorben' (V. 10 a) ihren Ausdruck gefunden hat. So ist also der Tod nicht etwas, was mir erst am Ende meines Lebens zustoßen wird, es bestimmt mich auch jetzt schon ganz. Im Zwiespalt meiner selbst durchleide ich, was es heißt, geistlich tot zu sein".
[15] Vgl. die Interpretation der Lehre von K. Barth bei U. Eibach, Recht auf Leben – Recht auf Sterben 123–256, hier 189–203.
[16] Der schöpferische Mensch und die Schöpfung Gottes, Mainz 1976, 147–162.

überkommen, die sich in den Jahren des Alters verdichten und im Sterben wie zu einem Meer zusammenfließen.[17] Und selbst wenn wir aus der christlichen Verkündigung um den Sinn des Sterbens wissen – Sterben als Folge der Sünde und als Gottes Gericht über sie (hamartiologisch) und als Teilnahme an Tod und Auferstehung Jesu (soteriologisch) –, können wir den Tod noch lange nicht vollziehen: Sein Sinn ist unter der lebensgeschichtlichen Situiertheit unserer Freiheit wie verschüttet, der Wille zu seiner Durchsetzung verkommt unter der Sperrigkeit der Realitäten des Alterns und des Sterbens, und – last not least – die anstehende Entscheidung trifft uns als von uns selbst oder anderen Formen von Weltlichkeit in Besitz Genommene, als „Besessene". Sterben ist einerseits verfügt, es ist andererseits unserer freien Verfügung anheimgegeben. In der Vorstellung des Todes als Strafe für die Sünde liegt aber für die alten Menschen vielleicht doch eher eine Versuchung, ihn vor allem oder gar nur als blindes Verhängnis zu sehen und ihn in bloßer passiver Angst negativ vorwegzunehmen.[18]

---

[17] P. Teilhard de Chardin, Der göttliche Bereich, Olten–Freiburg i. Br. 1962, 72–98 (Die Leiden des Wachstums und die Leiden der Minderung).

[18] Die wichtigste Stelle im Neuen Testament bleibt Röm 5,12. Auf die Äußerungen der Kommentatoren zu dieser Stelle kann hier nicht eingegangen werden. Vgl. vor allem K. Barth, Der Römerbrief, München 1963 (1. Aufl. 1919), und E. Käsemann, An die Römer (Handbuch zum N.T. 8a), Göttingen (3. Aufl.) 1974. H. Schlier, Der Römerbrief (Herders theol. Kommentar zum N.T., Bd. VI), Freiburg–Basel–Wien 1977, 159–163, vertritt die Auffassung, durch die Sünde Adams sei das „Sündenwesen" und mit ihm auch das „Todeswesen" in die Menschheit eingeströmt und übe nun in diesem Todeswesen seine Herrschaft aus. Aber dieses „Sündenwesen" sei „nicht eine Idee oder Hypostase, sondern es i s t im Vollzug konkreten Sündigens. Umgekehrt: Der Sündenvollzug ist nicht eine allein auf sich stehende, in eine heile Welt je und je einbrechende Entscheidung des einzelnen Menschen, sondern in dessen Entscheidung liegt immer ein Sicheinlassen auf das Sündenwesen, das dieses existent werden läßt. Sündigen ist: das Sündenwesen im Sündenvollzug heraustreten lassen". Auf jeden Fall ist nach H. Schlier der Zusammenhang zwischen Sünde und Tod auch sonst bei Paulus sehr eng. „Die Sünde bringt nicht nur den Tod als Strafe (Röm 1,32) oder als Lohn (Röm 6,23), das von ihr beherrschte ‚Fleisch' trachtet (phronei,

Wie ist es schließlich mit der Formel „*Tod als Gericht über die Sünde*", die vor allem durch Röm 5,16–18 („Das Gericht führt wegen der Übertretung des einen zur Verurteilung ... Durch die Übertretung des einzelnen ist der Tod zur Herrschaft gekommen...") nahegelegt ist? Hier scheint sich ein wichtiges menschliches und christliches Sinnelement des Alterns zu enthüllen. Das „Gericht über die Sünde" ereignet sich durch die Begegnung mit Gott, in die der Tod endgültig hineinführt. Da braucht es kein Tribunal, vor dem sich das ereignet, nicht einmal ein Buch, in dem die Sünden des vergangenen Lebens registriert sind. „Wir werden, wenn Gott vor uns auftaucht, mit einemmal begreifen, was wir hätten sein können und was wir in Wirklichkeit nicht waren. Das und nichts anderes ist das Gericht".[19] Unser Gewissen, das nunmehr aller Möglichkeiten ungewollter und gewollter Selbsttäuschung verlustig gegangen ist, läßt uns in voller Klarheit ganz zu uns selbst kommen. Wir sehen uns aber nicht nur unserer eigenen Bosheit und Armseligkeit, sondern auch dem grenzenlosen Erbarmen Gottes gegenüber. Wie die vielfältigen biologischen, psychischen und sozialen Sterbenselemente („prolixitas mortis") vom alternden Menschen als „Vorboten"(„praeambulationes") des Todes erkannt werden und mit ihrer Bejahung dem Sterben selbst vorweg zugestimmt wird, so kann auch das beim alternden Menschen in zunehmender Nachdenklichkeit, nicht selten auch in zunehmender Gewissensunruhe sich ankündigende, im Ster-

---

‚sinnt', ‚denkt') auch nach dem Tod (Röm 8,6). Es hat ein perverses Verlangen nach dem Tod. Der Tod ist das telos der Sünde (Röm 6,21), ihre Intention zu ihm hin. Sie spielt ihm in die Hände (Röm 5,7) ... Sie – das ist vielleicht die umfassendste und prägnanteste Formulierung – ‚herrscht im Tod' (Röm 5,21)". – Dies alles akzeptiert man gerne als sorgfältige biblisch-anthropologische Interpretation des Todes. Aber ist dies einem alten oder sterbenden Menschen zu vermitteln, wo schon der Gesunde sich daran müde liest?
[19] G. Lohfink, Der Tod ist nicht das letzte Wort, Freiburg–Basel–Wien 1976, 40.

ben endgültig erfolgende Gericht über die eigene Sünde in Freiheit vorweg angenommen werden.

Albert Camus läßt in seinem Roman „Der Fall" einen atheistischen Bußrichter erklären, die einzige „Nützlichkeit Gottes" könne eigentlich nur darin bestehen, „die Unschuld zu verbürgen". Der Dichter erwartet vom Christentum und den Christen offensichtlich nichts anderes als „das Zeugnis der Gnade, der wirklich kraftvollen und großmütigen Vergebung, die immer neue Chance des Anfangendürfens".[20] Nun setzen Vergebung und Neuanfang die Reue voraus. M. Scheler hat dies, wie schon gesagt, in seinem Aufsatz „Reue und Wiedergeburt" eindrucksvoll aufgewiesen.[21] Beim Rückblick auf das Leben wird deutlich, wo der Mensch in einzelnen konkreten Zuwiderhandlungen gegen Sinn und Ordnung seines Daseins, im schuldhaften Entwurf eines falschen Gesamtkonzepts bzw. in schuldhafter Verfehlung eines als richtig erkannten Konzepts oder auch – aus purer Lässigkeit – in gänzlicher Vernachlässigung jeglicher Bemühung um ein umfassendes Verständnis seiner persönlichen Lebenswirklichkeit mitsamt der darin implizierten Verbindlichkeit versagt hat. Gott will, daß unser Dasein glückt. Und wir können ihn letztlich nur dadurch „beleidigen", daß wir das Glücken unseres Daseins und damit seinen auf uns gerichteten Liebeswillen mißachten. Doch weiß der christlich Glaubende, daß kein Versuch des Menschen, sich von Gott zu entfernen, dazu führt, daß Gott sich von ihm zurückzieht. Das göttliche Angebot von Vergebung und Neubeginn begleitet den Menschen durch sein ganzes Leben hindurch. Die Voraussetzung für seine Einlösung ist die „Reue". Nach M. Scheler ereignet sich in der Reue die „Selbstheilung der Seele", „die Wiedergewinnung unserer Kräfte". Der Mensch beugt sich auf die Ver-

---

20 Vgl. die Auslegung bei J. Blank (Hrsg.), Der Mensch am Ende der Moral, Düsseldorf 1971, 29.
21 In: Vom Ewigen im Menschen (Gesammelte Werke V), Bern (4. Aufl.) 1954, 27–59.

gangenheit seines Lebens zurück, stößt sündhaftes Handeln mitsamt der verkehrten Grundeinstellung aus seinem personalen Lebenszentrum hinaus, entscheidet sich zu neuer positiver Sinngebung und setzt damit einen freien spontanen Neubeginn seines Lebens. In dem Maße, als die Schuld aus dem Zentrum der Person zurückweicht, können Freiheit und Liebe Raum gewinnen. Es wird nichts Geschehenes ungeschehen gemacht, es wird nichts „zugedeckt"; es ist auch nicht einfach so, daß Gott nicht mehr hinschaut oder eben die Schuld nicht mehr anrechnet. Vielmehr wird der Schuldige in die Gemeinschaft mit Gott wieder aufgenommen und dadurch für ein neues Dasein wiedergeboren. M. Scheler sieht in der Reue zunächst einfach den natürlichen Prozeß der seelischen Regeneration. Aber er ist sich bewußt, daß dieser Prozeß der Reue und Wiedergeburt nur durch die christliche Lehre voll verständlich gemacht werden kann. Reue und Wiedergeburt erscheinen hier als göttliche Vergebung der Sünden und als gnadenhafte Freisetzung zu neuem und freierem Leben. Dies ist in der Tat ein bedeutender Sinnwert, dem sich der alternde Mensch öffnen sollte: „Reue" als vorwegnehmende Einübung in das göttliche „Gericht über die Sünde". Nur so bekommt er den Rücken frei, ohne etwas verdrängen zu müssen. Nur so wird er der Belastungen ledig, die niemandem erspart bleiben, weil jeder hinter dem Anspruch seines Daseins weit zurückgeblieben ist. Nur so bekommen auch die dunkelsten Erinnerungen noch einen positiven Sinn. So gesehen, „ist dem Alter eine große positive Aufgabe gegenüber der Vergangenheit des Lebens ermöglicht und aufgegeben". Es geht also nicht nur um undefinierbare „Vergangenheitsbewältigung" oder „Trauerarbeit", es geht um eine redliche „Revision des Lebens". „Der alte Mensch kann immer noch lernen, aus seiner Vergangenheit für die Neuinterpretation dieser Vergangenheit lernen. Er kann Verbitterung, die sich in ihm wie ein Bodensatz angesammelt hat, ausscheiden. Er kann sich ein besseres Verständnis seines eigenen Lebens erwerben, als er es bis jetzt gehabt hat. Er kann weiser und gelassener werden. Mit seiner Umkehr zu Gott darf er selbst, was in seinem Leben schiefgelaufen ist und finster war, noch einmal mit dem vergebenden Gott zusammen milde und verzeihend beurteilen".[22] Dies ist eine große Chance, die sich im Prozeß des Alterns selbst auszeitigt. Es hängt alles davon ab, daß der Mensch sie überhaupt wahrnimmt und daß er dies tut, ehe er durch physiologische Zerfallsprozesse in seinem Gehirn daran gehindert wird. Solches Denken und Glauben kann alten Menschen helfen, „den aufrechten Gang" wieder zu lernen.

III. Mitsterben mit Christus

Wichtiger als die noch stark alttestamentlich geprägte Erklärung des Todes als „Sold" der Sünde bzw. als „Gericht" über die Sünde ist für den christlichen Menschen die Deutung des Sterbens als „Mitsterben mit Christus".[23] Zunächst soll die exegetisch heftig umstrittene, aber manchen alternden Menschen vielleicht doch ansprechende Formel von der *„Ergänzung des Leidens Christi"* durch menschliches Leiden eingegangen werden. In Kol 1,24 schreibt Paulus, der immer noch von vielen als Verfasser des Briefes angenommen wird: „Jetzt freue ich mich der Leiden, (die) euch zugute (kommen), und ergänze an meinem Fleisch, was den Drangsalen Christi noch mangelt, für seinen Leib,

---

[22] K. Rahner, Zum theologischen und anthropologischen Grundverständnis des Alters 319f.
[23] Die Dogmatiker sprechen von der hamartiologischen und von der soteriologischen Interpretation. Erstere gewinnt ihre Deutung als „retrospektive Ätiologie" von der durch die Schuld des ersten Adam bedingten Bestimmtheit menschlichen Sterbens, letztere als „prospektive Ätiologie" von der durch die Auferstehung Jesu eröffneten Möglichkeit des Hineinsterbens in die ewige Lebensgemeinschaft mit Gott, von wo aus dann schon die „Urstandsgnade der Unsterblichkeit" als Anfang einer auf dieses Ziel hin finalisierten Dynamik erklärt wird. Vgl. J. Feiner, Art. Urstand, Urstandsgnade, in: LThK, Bd. 10 (1965), 572–574.

das ist die Kirche". Die Deutung, zunächst vom Apostel für seine persönlichen Leiden vorgelegt, wird von den Erklärern auf alle an Christus Glaubende ausgeweitet. Die Auslegung, es gebe ein (von Gott) festgelegtes, von Paulus und den Gemeinden zu erfüllendes Leidensmaß, wird kaum mehr ernsthaft vertreten. Man nimmt vielmehr an, daß jeder Träger der apostolischen Verkündigung mit einem gerüttelten Maß an Leiden rechnen muß und daß ihre entschiedene Hinnahme für die Auferbauung der Gemeinden fruchtbar wird („ädifikatorisches" im Unterschied zum „satisfaktorischen Leiden"). Sosehr stets betont wird, daß Jesus Christus durch seinen Tod und seine Auferstehung das Heil der Menschen endgültig und vollständig erwirkt hat, so bedarf es doch seiner universalen Proklamation, und diese ist nicht möglich ohne Erleiden von Drangsalen, was aber selbst wiederum dem Heil der Gemeinde zugute kommt.[24] K. Rahner bringt eine Überlegung ins Spiel, die zunächst unmittelbar in unsere Thematik hineinführt: Bei aller Abhängigkeit von Christus „ergänzen" wir doch „seine geschichtliche Einzelwirklichkeit ... zu dem einen Christus in Haupt und Gliedern". Jesus hat in seinem Erdenleben die Realität des Alterns nicht erleben können. Alter als menschliche und christliche Wirklichkeit gehört aber „zu dem von Gott gewollten Ganzen des einen mystischen Christus (mit Haupt und Gliedern), der identisch ist mit der erlösten Menschheit oder der Kirche". Insofern „ergänzen" alternde Menschen Leben und Leiden Christi.[25] In Joh 21,18 deutet Jesus sogar an, in welche Richtung solche „Ergän-

---

[24] Vgl. zu Kol 1,24 die Kommentare von J. Ernst, Die Briefe an die Philipper, an Philemon, an die Kolosser, an die Epheser, Regensburg 1974; E. Lohse, Die Briefe an die Kolosser und an Philemon, Göttingen (3. Aufl.) 1968; P. Pokorný, Der Brief des Paulus an die Kolosser, Berlin 1990; vor allem J. Gnilka, Der Kolosserbrief (Herders theol. Kommentar zum Neuen Testament Bd. X,1), Freiburg–Basel–Wien 1980, 93–98.
[25] K. Rahner, Nachfolge des Gekreuzigten, in: Schriften zur Theologie, Bd. 13, 188–203, hier 189 und 193. Vgl. auch A. Röper, Ist Gott ein Mann? Ein Gespräch mit Karl Rahner, Düsseldorf 1979, 68–70.

zung" sich entfalten kann. Er sagt zu Petrus: „Als du jünger warst, hast du dich selbst gegürtet und bist hingegangen, wohin du wolltest. Bist du aber alt geworden, so wirst du deine Hände ausstrecken, und ein anderer wird dich gürten und dich führen, wohin du nicht willst". Im Ausstrecken und Darbieten der Hände spricht sich die Bereitschaft des alternden Menschen aus, das offensive Lebensethos allmählich zurückzunehmen und sich stärker den Möglichkeiten der inneren Freiheitsgeschichte zuzuwenden.[26] Doch K. Rahner bleibt bei diesem Hinweis nicht stehen. Der ganze Christus – sagt er – ist der mystische Christus, in dem die ganze erlöste Menschheit versammelt ist. Alle sollen ihm auf die ihnen persönlich angemessene Weise nachfolgen. Die allen gemeinsame Nachfolge ereignet sich im Sterben. Nun ist Jesus in seinem Sterben zwar allen Menschen so sehr gleich geworden, daß man sagen kann, er sei in seinem Sterben „einer sterbenden Menschheit nachgefolgt ... und nicht sie ihm". Auf der anderen Seite aber gibt es eine „fundamentale Ungleichheit" zwischen seinem und unserem Sterben. Sie besteht nicht nur darin, daß er mit seiner restlosen Hingabe an den Vaterwillen in vorbildlicher Weise seine Freiheitsgeschichte zu Ende gebracht hat. Er ist für uns vielmehr ein „produktives Vorbild", insofern unser Sterben von seinem Sterben real „abhängt" und durch sein Sterben „real bestimmt" ist. Der Grund liegt darin, daß er „in seine Auferstehung hineingestorben" ist. Wenn nun sein Tod „zu einer realen Bestimmung unseres eigenen Lebens werden soll, ... muß er uns an seinem Tod Anteil geben". Er muß in letzter Solidarität mit uns sterben, und „der Geist Gottes ... muß uns als die Möglichkeit eines Sterbens mit ihm angeboten sein". Wir aber müssen von uns aus diese *Möglichkeit des Mitsterbens mit Christus* als Aufgang des wahren Lebens annehmen können. Diese Möglichkeit eröffnet sich uns im Glauben und in der Taufe. So

---

[26] Vgl. – auch zum folgenden – L. Louchet, Vom Sinn des Alters, in: Geist und Leben 41 (1968) 382–390.

reflektiert Paulus in Röm 6: „Wißt ihr nicht, daß wir alle, die wir auf Christus Jesus getauft wurden, auf seinen Tod getauft worden sind? Wir wurden mit ihm begraben durch die Taufe auf seinen Tod; und wie Christus durch die Herrlichkeit des Vaters von den Toten auferweckt wurde, so sollen auch wir als neue Menschen leben. Wenn wir nämlich ihm gleichgeworden sind in seinem Tod, dann werden wir mit ihm in seiner Auferstehung vereinigt sein". Mitsterben mit Christus darf aber nicht auf den mystisch-sakramentalen Bereich beschränkt bleiben, es muß sich als lebensgeschichtliche Einlösung der Nachfolge des leidenden und sterbenden Herrn im eigenen Fleisch – „pragmatisch", wie der alexandrinische Patriarch Euthychios sagt – wirksam erweisen. Die christliche Frömmigkeit ist auf dem richtigen Weg, wenn sie alle Zumutungen, die jede ernsthafte Nachfolge Christi nun einmal umschließt, mit dem Wort „Kreuz" bezeichnet: „die Erfahrungen der Gebrechlichkeit des Menschen, der Krankheit, der Enttäuschungen, des Unerfülltbleibens unserer Erwartungen und so fort. Überall darin geschieht ein Stück Sterben des Menschen, des Untergangs greifbarer Güter des Lebens. In all diesen kleinen Sterbestunden in Raten sind wir gefragt, wie wir sie bestehen".[27] Es braucht kaum gesagt zu werden, daß dies alles ganz besonders von der Phase des Alterns gilt, in der viele einzelne Sterbenselemente sich zu einer unausweichlichen Grunderfahrung verdichten. Die wirkliche Bereitschaft zur Annahme auch des „Todes in Raten" kommt für den glaubenden Christen aus dem Bewußtsein, daß Gott uns nicht nur aus seiner Transzendenz Trost und Geborgenheit zuspricht, sondern daß er sich in Jesus Christus ohne jeden Vorbehalt in die volle Solidarität mit dem leidenden und sterbenden Menschen hineingestellt hat, daß er sich in ihm

---

[27] Alle Zitate aus K. Rahner, Nachfolge des Gekreuzigten 193–203. Vgl. Ders., Das christliche Sterben, in: Mysterium Salutis, Bd. V, 489–492, und W.J. Burghardt. Altwerden, Leiden und Sterben in christlicher Sicht, in: Concilium 27 (1991) 223–228, hier 225–227.

den in der Geschichte Leidenden mitteilt und sie so ermächtigt und befähigt, im Durchgang durch ihre Leiden die Freiheit zur Liebe zu entfalten. Dies ist von höchster Bedeutung. Das Leiden, das Gott in Jesus auf sich nimmt, ist kein
egoistisches, auf sich selbst bezogenes Leiden. Das Leiden
Jesu „kreist nicht um seine Traumen, seine Frustrationen,
seine Fixationen ... Deshalb ist es auch nicht obsessiv und
nimmt nicht die Fähigkeit, sich zu freuen und Mitgefühl zu
zeigen. Es macht niedergeschlagen und zerreißt, kapselt
aber nicht ab". Nur von da aus kann man manche Hinweise
aus der Bergpredigt richtig verstehen, die aus einer allgemeinen Religiosität heraus wie „blanker Zynismus, Naivität oder Opium für das Volk" wirken müßten: „die Lilien
blühen weiter und die Spatzen pfeifen weiter, auch wenn
ich leide, und die Welt kann weiterhin schön sein, während
sie für mich objektiv schrecklich ist. Dies besagt, daß mein
Leid nicht das Wertmaß für die Welt abgibt (sowenig wie
das private Vergnügen), obwohl die Leiderfahrung die
Welt als sinnlos empfindet. Das, was man ‚christliche Annahme des Leidens' nennt, kann vielleicht nicht mehr bedeuten als dies: hinnehmen, daß das eigene Ich nicht das
Zentrum der Welt oder der Schlüssel zu ihrer Deutung ist,
und dabei beginnen ..., für andere dazusein".[28]

IV. Teilhabe an Christi Auferstehung

In Röm 6,5 schreibt Paulus: „Wenn wir (Christus) gleich geworden sind im Tod, dann werden wir mit ihm auch in seiner Auferstehung vereinigt sein". Was ist damit gemeint,
und kann das Gemeinte so verdeutlicht werden, daß alternde Gläubige es verstehen und daß es durch „geistliche Ein-

---

[28] J. González-Faus, Jesus, Bild des leidenden Menschen, in Concilium 12
(1976) 581–587, hier 585.

übung" in ihr Wirklichkeitsbewußtsein eindringt und dieses verändert?[29] Jedenfalls kann heutige theologische Reflexion weder bei der hellenistischen Anthropologie mit ihrer Trennung von Leib und Seele noch bei der philosophischen Lehre von der Unsterblichkeit der Seele ansetzen. Der Mensch ist ganzheitlich zu verstehen, als ganzheitlicher lebt er in seiner Welt, als ganzheitlicher vollzieht er in gläubiger Verbundenheit mit Gott seine Freiheitsgeschichte, als ganzheitlicher lebt er in Gott auch die von ihm gewährte endgültig erfüllte Gestalt seines Daseins; darum kann auch sein Sterben in die Auferstehung hinein nur als totale Umgestaltung seiner ganzheitlichen Existenzweise gedacht werden – der entsetzlichen Optik jeden Sterbens zum Trotz.

---

[29] Es kann hier nur eine sehr knappe Antwort versucht werden. Der Verfasser hat bereits in mehreren Veröffentlichungen gezeigt, daß er sich hinsichtlich der gegenwärtigen exegetisch-dogmatischen Diskussion von seinen eigenen anthropologischen Voraussetzungen her seit langem für ein ganzheitliches Verständnis von Auferstehung entschieden hat. Dieses Verständnis ist exegetisch wie dogmatisch für ihn überzeugend begründet vor allem durch G. Greshake – G. Lohfink, Naherwartung, Auferstehung, Unsterblichkeit (Quaestiones disputatae 71), Freiburg–Basel–Wien (3. Aufl.) 1978, und W. Breuning, Auferweckung der Toten, in: Mysterium Salutis, Bd. V, 864–890. Hier finden sich die nötigen Hinweise auf weitere einschlägige Veröffentlichungen der Autoren selbst sowie anderer katholischer und evangelischer Theologen. Ausdrücklich genannt seien W. Breuning, Tod und Auferstehung in der Verkündigung, in: Concilium 4 (1968) 77–85, G. Greshake, Auferstehung der Toten, Essen 1969, wo die ganze Problemgeschichte des „genetischen Ineinanders von Anthropologie und Eschatologie" (W. Breuning) entwickelt ist, und G. Lohfink, Der Tod ist nicht das letzte Wort, Freiburg–Basel–Wien 1976, wo der erstaunlich gut gelungene Versuch gemacht ist, die entscheidenden theologischen Aussagen in Gestalt von „Meditationen" jedem Glaubenden zugänglich zu machen. Aus der älteren Literatur bleiben wichtig J.B. Metz, Caro cardo salutis, in: Hochland 55 (1962) 97–107; K. Rahner – A. Görres, Der Leib und das Heil, in: Probleme der praktischen Theologie (Festschrift J. M. Reuß), hrsg. von L. Weber und A. Görres, Mainz 1967; W. Staehlin, Vom Sinn des Leibes, Stuttgart (3. Aufl.) 1952; B. Welte, Die Leiblichkeit des Menschen als Hinweis auf das Heil, in: Beuroner Hochschulwoche 1948, hrsg. von F. Büchner und Th. Steinbüchel, Freiburg 1949, 77–109.

Alle gewohnten Vorstellungen – bis hin zum „leeren Grab" der Ostergeschichten – verführen dazu, „Auferstehung" vom menschlichen „Leichnam" (als dem „toten Leib") her zu denken. Wer als Theologe von leiblicher Auferweckung spricht, sollte besser vom jüdischen Verständnis der menschlichen Leiblichkeit ausgehen. Das hebräische *basar* hat die Hauptbedeutungen „Fleisch" – „Leib" und bezeichnet die Form, durch die der Mensch in der Welt gegenwärtig und für sich selbst erfahrbar wird, durch die er zugleich in ein vielfältiges Netz sozialer Bindungen und in ein nicht weniger vielfältiges Gefüge naturaler Lebensgrundlagen eingebunden ist. Es muß hier noch einmal gesagt werden: Menschsein ist dreidimensional; es vollzieht sich im konstitutiven Ineinander von Personalität, Sozialität und Naturalität. Diese Dreidimensionalität entfaltet sich in der Zeitgestalt des menschlichen Daseins und ist schließlich offen auf Transzendenz hin. Alle diese Einbindungen sind anthropologische Essentials. Es läßt sich im einzelnen nachweisen, daß im hebräischen Verständnis von *basar* sowohl die („Leib" und „Seele" umfassende) Ganzheitlichkeit wie auch die gemeinschaftliche und naturale Eingebundenheit und die lebensgeschichtliche Erstreckung enthalten sind.[30] Letzteres kann vielleicht erst voll in Sicht kommen, seitdem die Kategorie der Geschichtlichkeit stärker ins Bewußtsein getreten ist – so sehr, daß W. Breuning sagen kann, es komme nicht darauf an, daß wir wieder einen Leib haben, sondern „daß wir in unserer Leibhaftigkeit, sprich Geschichtlichkeit, von Gott aufgenommen werden".[31] Auferweckung bedeutet also: Wir werden mit unserer ganzen lebensgeschichtlich entfalteten Daseinswirklichkeit von Gott aufgenommen. „Im Tod tritt der ganze Mensch mit ‚Leib und Seele', das heißt mit seinem

---

[30] Vgl. N.P. Bratsiotis, Art. *Basar,* in: Theol. Wörterbuch zum Alten Testament, hrsg. von G.J. Botterweck und H. Ringgren u. a., Bd. I, 850–867; vgl. auch H.W. Wolff, Anthropologie des Alten Testaments pass.
[31] Auferweckung der Toten 882.

ganzen Leben, mit seiner persönlichen Welt und mit der ganzen unverwechselbaren Geschichte seines Lebens vor Gott hin".[32]

Die Pastoralkonstitution des II. Vaticanums hat das auf die prägnante Formel gebracht: „Die Liebe und ihre Werke bleiben" (Nr. 39). Dies ist eine Verheißung und kann schon von der Sache her nicht spekulativ erdacht sein. Hoffnung auf leibliche Auferweckung öffnet eine völlig neue Perspektive: Leiblichkeit in Weltlichkeit und Geschichtlichkeit wird nicht eine sinnentleerte oder gar überwundene menschliche Daseinsdimension sein. Alles, was der Mensch in seiner lebensgeschichtlichen Entfaltung je als aktuelle Gegenwart erlebt hat, wird in seiner erfüllten Endgestalt eingebracht sein. „Die ganze Geschichte eines Menschen von der Zeugung bis zum Tod ist hineingezeitigt in das tota simul der neuen, von Gott geschenkten, verklärten Zeitlichkeit".[33] Im Tod gelangt also nicht eine „unsterbliche Seele", nicht eine rein geistige Subjektivität in den Zustand der Endgültigkeit, sondern „eine Person, d. h. eine Freiheit, die so geworden ist, wie sie ist, durch ihre Ekstase in Leiblichkeit, Welt und Geschichte hinein. Jede geschichtliche Begegnung und Tat hat sie bleibend innerlich geprägt".[34] Während seines ganzen Daseins verwirklicht sich der Mensch in Leiblichkeit, Weltlichkeit und Geschichtlichkeit hinein und versammelt alles – Geglücktes und Nicht-Geglücktes – in sich als inneres Moment seiner bleibenden Verfaßtheit als Mensch. Auch die Einweisung in eine konkrete Zeitgestalt – wie lange diese sich auch entfalten mag – ist nicht eine dem Menschen von außen hinzugefügte Bestimmtheit, sondern ein konstitutives Medium, durch das er als Subjekt konkret lebensgeschichtlich seine einmalige und unverwechselbare Lebensgestalt auszeitigt –

---

[32] G. Lohfink, Der Tod hat nicht das letzte Wort 51f.
[33] G. Greshake – G. Lohfink, Naherwartung, Auferstehung, Unsterblichkeit 67f.
[34] A.a.O. 116.

und zwar in den ihm zugewiesenen Relationen zu anderen, in Generation, Kommunikation und Solidarisation. Alles geht als „Ernte der Zeit" (G. Lohfink) in seine konkrete Endgültigkeit ein.

Es ist erfreulich, daß der Dogmatiker W. Breuning das hier Gemeinte mit ein paar Sätzen sagen kann, die auch der einfachste Mensch auf Anhieb versteht: „Gott liebt mehr als die Moleküle, die sich im Augenblick des Todes im Leib befinden. Er liebt einen Leib, der gezeichnet ist von der ganzen Mühsal, aber auch der restlosen Sehnsucht einer Pilgerschaft, der im Lauf dieser Pilgerschaft viele Spuren in einer Welt hinterlassen hat, die durch diese Spuren menschlich geworden ist; einen Leib, der sich mit der Fülle dieser Welt immer wieder vollgesogen hat, damit der Mensch nicht kraftlos und spurlos in dieser Welt bliebe; einen Leib, der sich an der mangelnden Schmiegsamkeit dieser Welt wundgestoßen und viele Narben davon zurückgehalten hat und der sich doch immer wieder zärtlichkeitsbedürftig dieser Welt entgegengestreckt hat. Auferweckung des Leibes heißt, daß von all dem Gott nichts verlorengegangen ist, weil er die Menschen liebt. Alle Tränen hat er gesammelt, und kein Lächeln ist ihm weggehuscht. Auferweckung des Leibes heißt, daß der Mensch bei Gott nicht nur seinen letzten Augenblick wiederfindet, sondern seine Geschichte. Nicht umsonst lassen die Auferstehungsgeschichten den Auferstandenen die Wundmale tragen, der Hebräerbrief den Hohenpriester mit seinem Blut ins Allerheiligste eingehen (9,12) und die Apokalypse das geschlachtete Lamm vor dem Throne Gottes leben (5,6)".[35]

Der alternde Mensch weiß genau, wovon hier die Rede ist. Doch vielleicht wissen auch unter den christlich Glaubenden allzu wenige von der Hoffnung, zu der sie berufen sind. Aber sie ist in jedem Menschen angelegt, weil jeder „überleben" will. Simone de Beauvoir, eine erklärte Athei-

---

[35] Tod und Auferstehung in der Verkündigung 81.

stin, hat ein erschütterndes Zeugnis davon hinterlassen. Sie schreibt am Ende des 2. Bandes ihrer Memoiren, sie habe manchmal, wenn sie am Abend ein Gläschen Wein zuviel getrunken habe, „Ströme von Tränen" vergossen, weil ihre „alte Sehnsucht nach dem Absoluten" über sie gekommen sei. Die Trunkenheit beseitige gelegentlich die Abwehr- und Kontrollmechanismen, die man in sich aufgebaut habe. Die damals etwa 60jährige Schreiberin ihrer Erinnerungen beginnt sich vor der Zukunft zu fürchten. Obwohl die Zukunft weder Form noch Inhalt habe, fühle sie sich von ihr belastet mit einem Gewicht, das ihr schier den Atem nehme. Sie schreibt: „Voller Melancholie denke ich an all die Bücher, die ich gelesen, an all die Orte, die ich besucht habe, an das Wissen, das sich aufgehäuft hat und das nicht mehr sein wird. Die ganze Musik, die ganze Malerei, die ganze Kultur, so viele Bindungen: plötzlich bleibt nichts mehr ... Nichts wird stattgefunden haben. Ich sehe die Haselstrauchhecke vor mir, durch die der Wind fuhr, und höre die Versprechungen, mit denen ich mein Herz berauschte ... Sie wurden erfüllt. Aber wenn ich jetzt einen ungläubigen Blick auf dieses leichtlebige Mädchen (von damals) werfe, entdecke ich voller Bestürzung, wie sehr ich geprellt worden bin".[36] Der christliche Glaube macht dem alten Menschen ein Angebot, das darüber hinausgeht: Alles wird bleiben. Nichts geht verloren, von allem, was war. Alles wird gesammelt und verwahrt und beim Hinaustreten aus der geschichtlichen Lebenszeit – von aller Makel gereinigt und in allen Möglichkeiten erfüllt – einem jeden neu und endgültig zugesprochen. Vielleicht kann diese Botschaft doch so zu alten Menschen „hinüberkommen", daß sie verstanden, angenommen und „im Geiste" verwirklicht wird. – Soweit unsere theologischen Hinweise auf die Sinnwerte des Alterns. Es wird später genauer zu fragen sein, wie man mit ihnen umgehen kann.

---

[36] Der Lauf der Dinge, Reinbek bei Hamburg 1970, 622f.

Orientierung für die Praxis

Unsere Generation ist nicht die erste, die menschenwürdig und sinnvoll zu leben versucht und die sich Grundmuster für ein solches Leben ausdenkt. Wir kennen aus der Geschichte die Zehn Gebote, Tugendkataloge, naturrechtliche Modelle u. a. Nun haftet Worten wie Gebot, Tugend oder Naturrecht für viele unserer Zeitgenossen ein gewisser Moralingeschmack an; so kann es sein, daß sie den Zugang zum Verständnis des Sittlichen eher behindern als fördern. In einem späteren Zusammenhang soll auf ein atmosphärisch ganz unbelastetes Paradigma aus der Medizingeschichte eingegangen werden, das der bekannte Medizinhistoriker H. Schipperges neu ans Licht gebracht hat: auf das ethische Grundmuster der „klassischen Diätetik". Diese Lehre vom gesunden Leben gründet in der Natur, in den sog. „res naturales", d. h. in den natürlichen Lebensgrundlagen. Diese müssen ganz und gar kultiviert, zu sog. „res non naturales" angehoben werden, damit Menschsein richtig und gesund gelebt und entfaltet werden kann. Weil hier das Sittliche nicht als ein Oktroi erscheint, sondern als Implikat der Wirklichkeit betrachtet wird, kann uns ein Modell wie das der „klassischen Diätetik" zu einem wirklichkeitsnahen und darum leicht nachvollziehbaren Verständnis des Sittlichen ermuntern.[1]

---

[1] Ausführlichere Vorstellung des Modells der „klassischen Diätetik" im Teil III, 11. Kapitel, II. (2) mit Literaturangaben in Anm. 10.

9. KAPITEL

Grundlegung: Vollendung der persönlichen Freiheitsgeschichte

I. Die aktuelle ethische Dringlichkeit

Im Beispiel der „klassischen Diätetik" erscheint *das Sittliche* als die optimale Entfaltung der naturalen Möglichkeiten, die das ganze Dasein des Menschen umgreift. Das Sittliche ist nicht etwas, was zum menschlichen Dasein von außen oder „von oben" als Oktroi hinzukommt. Vielmehr muß der Mensch es aus den Grundstrukturen seines Daseins erheben: es steckt in ihnen als ethisches Implikat und kann darum nur in ihnen aufgefunden und muß auch in ihnen mit vollem Einsatz von Vernunft, Freiheit und Solidarität bejaht werden. Nur so können die humanen Grundziele der Identitätsfindung sowie der sozialen und ökologischen Einbindung erreicht werden. Noch einmal anders gesagt: Im sittlichen Handeln verwirklicht sich der Mensch selbst. Das Sittliche umfaßt also das Gesamt der Verbindlichkeiten, die sich für den Menschen ergeben, wenn er als Person in seinem sozialen und naturalen Lebensraum im Rahmen seiner geschichtlichen Möglichkeiten und Grenzen zu einer geglückten und erfüllten Existenz kommen soll.

Das Gesagte kann in drei Definitionen des Sittlichen verdeutlicht werden:

(a) vom Gesamt der Daseinswirklichkeit her: Das Sittliche artikuliert den Anspruch der Wirklichkeit an die menschliche Person als einzelne und in ihren verschiedenartigen Verbundenheiten;

(b) von der einzelnen Person her: Das Sittliche artikuliert die Verbindlichkeit optimaler Verwirklichung konkreten Menschseins;

(c) beide Aspekte verbindend kann man (mit H. Rombach) sagen: Das Sittliche ist das, „was geht" – nicht freilich, was technisch geht, sondern was menschlich geht, was also Menschsein in der je konkreten Lebenswirklichkeit freisetzt, was Vernunft, Freiheit und Solidarität entbindet. Alles, was „nicht geht", was beengt, verkrampft, unfrei und krank macht, was Menschsein schuldhaft nicht glücken läßt, ist sittlich falsch und/oder sittlich schlecht.

Zu den natürlichen Lebensgrundlagen des Menschen gehört, selbst wenn die „klassische Diätetik" dies im Hinblick auf die damaligen Verhältnisse noch nicht ausdrücklich thematisieren zu müssen glaubte, gewiß auch seine Eingewiesenheit in eine bestimmte Lebenszeit. Lebenszeit ist zunächst eine „res naturalis", die von jedem einzelnen zur „res non naturalis" seiner persönlichen Freiheitsgeschichte „kultiviert" werden muß. Sie entfaltet sich für gewöhnlich durch verschiedene Phasen hindurch und stößt im Alter unweigerlich an ihre Grenze. Die Lebenswirklichkeit des alternden Menschen ist also wesentlich gekennzeichnet durch seine *zu Ende gehende persönliche Freiheitsgeschichte*. Davon war schon die Rede. Auch auf die zeitgeschichtliche Besonderheit, daß die durchschnittliche Lebenserwartung in unserem Kulturkreis inzwischen auf wenigstens 75 Jahre angestiegen ist, wurde bereits hingewiesen. Zu vier Fünfteln werden wir heute „alt" und zunehmend „sehr alt".[2] Dieser Sachverhalt ist nicht nur soziologisch interessant, er hat auch anthropologische und ethische Relevanz. Ob wir dazu fähig sind oder nicht, es gehört künftighin unweigerlich zu unserer menschlichen Bestimmung, daß wir anders mit der Zeit umgehen als bisher. Was durch die verlängerte Freizeit schon zum Problem geworden ist, verschärft sich durch die rund zwei bis drei Jahrzehnte, die wir über unsere berufliche Arbeitszeit hinaus

---

[2] A. E. Imhof, Die Lebenszeit 292: „Unter den Frauen erreicht bereits jede dritte das Hochbetagten-Alter, unter den Männern jeder siebte. Die meisten von uns scheinen ein solch langes Leben auch zu wollen."

am Leben bleiben: Wir dürfen uns in der uns zugefallenen freien Zeit nicht einfach ziellos dem Nichtstun überlassen. H. Lübbe bringt das Problem auf den Punkt: „Der Anteil an Lebenszeit, in welchem nichts geschähe, wenn es nicht selbstbestimmt geschähe, hat ein Ausmaß erreicht, auf das der altvertraute Begriff der Freizeit gar nicht mehr passen will ... Die Herausforderung lautet, aus der Freiheit, als die uns der Gewinn an disponibler Lebenszeit zufällt, Sinn, Lebenssinn zu generieren, nämlich durch Selbstbestimmung zu sinnvollem Tun".[3]

Wenn das Sittliche in den sich wandelnden Strukturen unseres Daseins als Implikat enthalten ist, liegt hier eine aktuelle Herausforderung vor, der um so höhere ethische Dringlichkeit zukommt, je mehr sich die persönliche Freiheitsgeschichte ihrem Ende nähert. Hier wird es auch theologisch ernst; denn der Schöpfer „hat am Anfang den Menschen erschaffen und ihn der Macht der eigenen Entscheidung überlassen ... Der Mensch hat Leben und Tod vor sich; was er begehrt, wird ihm zuteil" (Sir 15,14.17). Diese Herausforderung gilt es zunächst grundsätzlich zu verdeutlichen, ehe sie für das Handeln des einzelnen und der menschlichen Gemeinschaft konkretisiert wird.

II. Zeitsouveränität als Grundeinstellung

Das Sittliche artikuliert den Anspruch der Wirklichkeit an die menschliche Person. Die Wirklichkeit, um die es in unserem Zusammenhang für den heute alternden Menschen geht, ist der quantitative Zuwachs an frei verfügbarer Lebenszeit. In diesem Mehr an Lebensquantität ist ein Mehr an Lebensqualität als sittlicher Anspruch enthalten. Wenn Menschen jung sterben, beklagen wir, daß ihnen zuwenig

---

[3] Im Zug der Zeit. Verkürzter Aufenthalt in der Gegenwart, Berlin–Heidelberg 1992, 21.

Zeit gelassen wurde, sich in Freiheit und Würde zu entfalten. Wem zur durchschnittlichen „Lebensarbeitszeit" zwei oder drei Jahrzehnte hinzugegeben sind, dem ist mehr Raum aufgetan, „die Macht der eigenen Entscheidung" (Sir 15,17), „die Selbstbestimmung zu sinnvollem Tun" (H. Lübbe) ins Werk zu setzen, d. h. *den souveränen Umgang mit den Möglichkeiten wie den Begrenztheiten seines Daseins einzuüben und zu entfalten.* Alle Lebensphasen haben einen authentischen Eigenwert, alle – außer dem Altern – dienen zugleich der Vorbereitung auf die je nächste Phase. Dem Altern allein folgt keine neue Lebenszeit, sondern mit Sicherheit das Enden des Lebens insgesamt. Der alternde Mensch erfährt das sich immer mehr beschleunigende Dahineilen und Entschwinden der Zeit, und er weiß auch, daß er in der letzten Phase der ihm bewilligten Frist lebt. R. Guardini sagt, in der Gestalt des Entschwindens der Zeit werde etwas gegenwärtig, was wir „kaum anders als mit dem Begriff der Ewigkeit" bezeichnen können. Er spricht dem Alter einen „reinen Wert" zu, doch bestehe dieser nun einmal „in der Erfüllung dessen, was man ‚Enden' heißt"; und erfülltes „Enden" sei eben die „Vollendung" der Lebensaufgabe. Er fährt dann fort: „Dieses Enden reißt das Leben nicht ab, sondern geht in es ein, wird selbst zu ‚Leben'. Dadurch aber wird bestätigt, was wir vermutet haben, daß die Lebensstrecke des greisen Menschen keine eigentliche ‚Gestalt' bildet, sondern den Zerfall aller solchen, welcher Zerfall selbst freilich ‚richtig' oder ‚falsch' … sein kann".[4] Man wird dem nicht unbedingt zustimmen müssen. Altern ist nicht nur Zerfall von Zeitgestalt; es ist nicht nur passives Erwarten des Endes – sei es mit lethargisch verschränkten Armen oder in fortgesetzter panischer Aufgeregtheit und Umtriebigkeit. Altern kann und soll vielmehr gelassen-souveräne Einlösung der noch verbliebenen und immer neu gewährten Lebensmöglichkeiten werden.

---

[4] Die Lebensalter 62.

Auch Altern hat eine spezifische, eine „eigentliche Gestalt": Es ist die Zeit der unter dem Ernst des „Endens" mit höchster Dringlichkeit aufgerufenen „Macht der eigenen Entscheidung", der Möglichkeit endgültiger „Selbstbestimmung zu sinnvollem Tun".

Gewiß rückt der alternde Mensch immer näher unter das Fallbeil des „Endens". Er erfährt diese unerbittliche Annäherung durch die zunehmenden Einschränkungen im biologischen, psychischen und sozialen Bereich. Er spürt sehr genau, wie seine immer kürzer werdende Zukunft vom Ende her unterwandert wird. Auch die erheblich gesteigerte Lebenserwartung vermag dies nicht zu verhindern. In dem Maße, als der alternde Mensch sich dies eingesteht, wird aber nicht eigentlich seine Freiheit ausgehöhlt, sondern vielmehr die verschwenderische Naivität abgebaut, in der er zuvor mit seiner Lebenszeit umgegangen ist. Die kürzer werdende Zeit kann dazu führen, daß er sich ihrer Kostbarkeit erst recht bewußt wird. Gerade die Erfahrung, daß er in keiner seiner Lebensphasen bleibenden Stand finden kann, eröffnet ihm die Chance, mit jeder ihrer Dimensionen souveräner umzugehen und so seine Freiheitsgeschichte innerlich voranzubringen.

Der Ort seiner Vollendungsbemühungen liegt *zwischen Vergangenheit und Zukunft*. Die Vergangenheit hat der alternde Mensch „hinter sich gebracht". Aber sie ist keineswegs vorbei; sie ist nicht in das Nichts zurückgesunken, aus dem sie gekommen ist. Sie hat sich in der allmählich erstehenden einmaligen und unverwechselbaren persönlichen Lebensgestalt versammelt und für immer vergegenwärtigt. Alles, was der Mensch sein Leben hindurch erfahren, was er getan und erlitten hat, hat „im substantiellen und bleibenden Grund (seiner) eigenen Seele bleibende Eindrücke (hinterlassen), die nicht mehr vergehen"[5], die vielmehr als ordnende oder chaotische, als fördernde oder hemmende, als

---

[5] K. Rahner, Zum theologischen und anthropologischen Verständnis des Alters 318.

erhellende oder verdüsternde, als eng und krank oder weit und gesund machende Impulse in ihm fortwirken. Er war aus dem Nichts ins Dasein gestellt und hatte seine Chance, ein paar Jahrzehnte hindurch das ihm anvertraute Stück Welt durch Vernunft, Freiheit und Solidarität für sich und andere wohnlicher zu machen und eben darin auch die authentische Gestalt seines eigenen Lebens zu finden.

So alt er aber auch sein mag, in aller Regel ist seine Freiheitsgeschichte noch nicht zu Ende. Gewiß hat nicht jeder soviel Mut und Kraft zur Zukunft wie Robert Jungk, der noch in seinem achten Lebensjahrzehnt den vielen resignierenden und verzweifelnden Alten seine „Vision eines Aufstiegs" und ein Programm „endlich gewonnener Freiheit" angeboten hat.[6] Aber dazu sollte noch der Schwächste, wenn er dazu angeleitet wird, imstande sein, daß er zu seinem Leben ein letztes Wort spricht. Es ist ein wesentlicher Sinn der dem Alternden noch verbleibenden Zeit, dem Ganzen seine letztmögliche Form zu geben oder, wenn er dies in der Wirklichkeit nicht kann – und wer wagt von sich zu sagen, er könne dies –, dann wenigstens vor seinem Gewissen und vor seinem Gott bei allem Zurückbleiben hinter dem erkannten Anspruch deutlich zu sagen, wie die eingeräumte Freiheitsgeschichte eigentlich gemeint war; sie also nicht einfach versickern zu lassen, sondern ihre im tiefsten gemeinte Intention in Worte zu fassen. Solange wir bewußt leben, ist unsere Biographie noch nicht zu Ende, ist letztlich alles noch offen. Auch wenn die äußere Lebensdimension sich noch so sehr verengt, bleibt die innere Dimension, in der sich Freiheitsgeschichte zu allererst ereignet, noch wirklich offen für Zukunft; sie kann sich um so mehr öffnen, je mehr sich der Mensch vom Uneigentlichen zum Eigentlichen hinwendet, und geschähe dies auch in noch so karger Form.[7]

---

6 Meine endlich gewonnene Freiheit, in: H. J. Schultz (Hrsg.), Die neuen Alten 18–29.
7 Vgl. dazu auch P. Hünermann, Zeit und Zeiten des Menschen 156f.

III. Erfahrungsethische Konkretisierung

Was bisher grundsätzlich und allgemein gesagt wurde, erhält erst von der Erfahrung her sein volles Gewicht. Das sichere Wissen, daß die mir zugewiesene Lebenszeit endet, „bestimmt auf entscheidende Weise alle wesentlichen Handlungen meiner Existenz. Damit setzt das Bewußtsein von seinem eigenen Ende im Bereich des Gelebten und zu Lebenden genaue, notwendige und feste Grenzen. Innerhalb des so begrenzten Bereichs gibt es keine Handlung, keine Norm, keine Institution und keine individuelle und kollektive Hervorbringung des Menschen, seines Körpers, seines Denkens oder Träumens, die nicht auf die eine oder andere Art von der Erfahrung des Todes bestimmt, geformt oder angelegt wäre. Der Tod wirft seinen Schatten auf alles und auf jedes. Keine einzige Parzelle der sozialen Landschaft entgeht ihm. Kein Projekt kommt ohne ihn zustande. Er lebt selbst in unseren hintersten Gedanken".[8] Was hier als generelle These formuliert ist, gilt gewiß in besonderer Weise vom alternden Menschen. Wir fragen im folgenden zunächst nach den Impulsen, die ihn aus seinen speziellen Erfahrungen treffen, und versuchen in einem zweiten Schritt den in diesen Erfahrungen implizierten ethischen Anspruch aufzufinden.

Impulse aus der Erfahrung erreichen den Menschen aus dem Gesamt der Alterungs- und Rückbildungsvorgänge, die bereits im I. Teil dieser Untersuchung als natürliche Entwicklungen vorgestellt worden sind. Innerhalb dieser normalen Verläufe ereignen sich aber einzelne Zuspitzungen, die bereits als „partielles Sterben" gedeutet werden können: Ein Zahn fällt aus, ein Finger stirbt ab (bei Diabetesnekrose), bestimmte Funktionen etwa im Bereich der Herztä-

---

[8] Dieses Zitat aus J. Ziegler, Die Lebenden und der Tod, Darmstadt–Neuwied 1977, 24, stellen A. Nassehi – G. Weber, Tod, Modernität und Gesellschaft, Opladen 1989, 20, an den Anfang ihres (leider zu wenig beachteten) „Entwurfs einer Theorie der Todesverdrängung".

tigkeit, des Kreislaufs, der Atmung, des Gehirns können „nicht mehr durch Reanimation aktiviert" werden.[9] Wenn solche partiellen Sterbevorgänge ins Bewußtsein eingelassen werden, beginnt sich die tragende Gestimmtheit der menschlichen Existenz spürbar zu verändern. Bisher geltende Selbstverständlichkeiten zerbröckeln, eingebildete Sicherheiten werden enttäuscht, erste Spuren des bereits in Gang befindlichen Sterbens werden unübersehbar, die Rede von Endlichkeit und Vergänglichkeit, als eine längst vertraute pastoral unvermeidliche „Leerformel" bislang allenfalls gelegentlich als peinliches Nebengeräusch wahrgenommen, füllt sich mit immer schwerer zu verdrängenden Inhalten. Leiden und Krankheiten nehmen plötzlich bedrohlichen Charakter an: Gefühle von Ohnmacht und Hilflosigkeit stellen sich ein. Auch wer es durch lebenslängliche Bemühungen (nach eigener Meinung oder nach Einschätzung seiner Mitmenschen) zu einigermaßen ansehnlicher sittlicher und religiöser Statur gebracht hat, muß beim Ausbruch solcher Ernüchterung und Enttäuschung feststellen, daß unzähligemal Gedachtes, Gesprochenes, Gebetetes nun, wo es „gebraucht" wird, nicht „verfügbar" ist: Es greift nicht. K. Rahner bezeichnet es zu Recht gar als Illusion, „alle diese enttäuschenden Erfahrungen würden sich durch Tapferkeit, Nüchternheit usw. *so* umprägen und umwandeln lassen, daß die ‚Reife' der Person sich so greifen und genießen ließe und dadurch der Erfolg eines ‚heroischen' Fertigwerdens mit dem Tod festgestellt werden könnte".[10]

Die Impulse aus der eigenen Erfahrung verstärken sich durch aufdringliche Erfahrungen von außen her. Der alternde Mensch beobachtet, daß auch andere altern; er muß oft aus der Nähe mitansehen, in welchen konkreten Formen dies sich vollzieht und mit welcher Unerbittlichkeit dabei

---

9 Vgl. P. Becker, Art. Sterben, in: Wörterbuch medizinischer Grundbegriffe, hrsg. von E. Seidler, Freiburg 1979, 312–317.
10 Das christliche Sterben 468f.

auch scheinbar stabile seelische und geistige Strukturen allmählich zerfallen können. Er liest täglich Todesnachrichten von Gleichaltrigen und viel Älteren und kann nicht darüber hinwegsehen, daß „die Einschläge immer näher kommen". Wenn er früher Krankheiten, Verluste, Trennungen und Abschiede bei sich selbst und bei anderen rasch beiseite gedrängt und kaum als „Vorboten des Todes" verstanden hat, dann wird ihm bei der nunmehr zunehmenden unmittelbaren täglichen Wahrnehmung an sich selbst und an anderen deutlich, daß Sterben schon im Leben beginnt, daß Altern eine Anhäufung von Sterbenselementen („prolixitas mortis") mit sich bringt und daß vorläufiger partieller und endgültiger totaler Entzug von Gesundheit und mitmenschlicher Verbundenheit letztlich eben doch als „erlebnismäßige Parallelen"[11] bewertet werden müssen. Da und dort mag noch Zeit für einen Aufschub dieser Einsicht sein. Aber die Rede von der Begrenztheit ist eben alles andere als eine Leerformel; sie meint die zahlreichen konkreten Einschränkungen, die uns in unserem Lebensvollzug unerbittlich schmälern. P. Teilhard de Chardin spricht von ihnen unter dem Stichwort „Das Erleiden der Minderung" (im Unterschied zum „Erleiden des Wachstums") und schreibt dazu: „Menschlich gesprochen, bildet das Erleiden der Minderungen von innen her den dunkelsten und hoffnungslos unbrauchbaren Rückstand unseres Lebens. Die einen lauerten auf uns und packten uns schon beim ersten Erwachen: angeborene Fehler, körperliche, geistige oder moralische Mängel, wodurch das Feld unserer Tätigkeit, unseres Genießens und unseres geistigen Horizontes von Geburt an und für das ganze Leben unbarmherzig begrenzt wurde. Andere Minderungen erwarteten uns später, grob wie ein Unfall oder tückisch wie eine Krankheit. Uns allen kam eines Tages zum Bewußtsein oder wird eines Tages zum Bewußtsein kommen, daß irgendeiner jener zerstörenden Vorgän-

---

[11] M. Meesters, Zur Bedeutung des Faktors Zeit im Rahmen einer theologischen Ethik, Frankfurt 1981, 248.

ge sich mitten im Mark unseres Lebens eingenistet hat. Einmal sind es die Zellen unseres Leibes, die sich auflehnen oder zerfallen. Ein andermal sind es die Elemente unserer eigenen Persönlichkeit, die ihre Harmonie verlieren oder sich selbständig zu machen scheinen. Machtlos erleben wir dann Zusammenbrüche, Aufstände, innere Gewaltherrschaften in einem Bezirk, wo kein freundlich gesinnter Einfluß uns zu Hilfe kommen kann. Selbst wenn wir das Glück gehabt haben, mehr oder weniger allen gefährlichen Arten des Ansturms zu entrinnen ..., so wartet doch eine schleichende, aber wesentliche Veränderung auf uns, der wir nicht entrinnen können: die Jahre, das Alter, die uns von Augenblick zu Augenblick uns selbst entreißen, um uns dem Ende entgegenzutreiben ... Im Tode fließen die plötzlichen oder allmählichen Arten des Schwindens wie in einem Meer zusammen".[12]

Wie steht es nun um *den in solchen Erfahrungen implizierten ethischen Anspruch?*

Der im Jahre 1973 verstorbene österreichische Schriftsteller Albert Paris Gütersloh schreibt: „Wenn der Mensch schon sterben muß, so soll er auch sterben wollen. Für einen, der wahrhaft die Freiheit liebt, ziemt es sich, daß er die unaufhebbare Unfreiheit aus freien Stücken antizipiere, um, nach rühmlichem, aber vergeblichem Kampf in Gefangenschaft fallend, sagen zu können, er habe von Anfang an es auf sie abgesehen gehabt".[13] Das Sterbenmüssen muß also in ein Sterbenwollen umgewandelt werden. Statistische Erhebungen von J.M.A. Munnichs bestätigen die alltägliche Erfahrung, daß heute der Tod aus dem Leben weit-

---

[12] Der göttliche Bereich. Ein Entwurf des inneren Lebens, Olten – Freiburg 1962, 79–81.
[13] Der innere Erdteil. Aus den Wörterbüchern, München 1966, 204, zitiert in: Das Insel-Buch vom Alter 207. Der Autor sagt dies allerdings im Rahmen eines Plädoyers für den Suizid.

hin verbannt ist.[14] Als Begründung wird vorgebracht, daß extrem negative Vorstellungen über Tod und Leben nach dem Tod nicht mehr vermittelbar sind und daß sich die medizinisch-biologischen Aspekte des Sterbens stark in den Vordergrund gedrängt haben. Doch findet sich bei älteren Menschen mit reicher Lebenserfahrung und guten Sozialkontakten nicht selten eine erstaunlich positive Einstellung zum Lebensende und damit auch eine neue Sinngebung für das Alter. Menschen mit einem nichterfüllten Leben sind mit der Endlichkeit weniger vertraut. Erstaunlich ist der Befund, daß betagte Frauen der Endlichkeit fremder gegenüberstehen als betagte Männer. Für J.A.M. Munnichs selbst scheint die wesentliche Frage zu sein, „ob das ‚Leben' den Tod in sich integrieren muß, um ‚optimal' genannt werden zu können". Er neigt zu der Überzeugung, „daß das Leben geradezu verarmt, wenn der Tod aus dem Leben und – wie paradox es auch klingen mag – das Leben aus dem Tod verbannt wird".[15]

Man kann den ethischen Anspruch, der in sich häufenden Sterbeerfahrungen vernehmbar wird, durchaus mit A.P. Gütersloh so formulieren: „Wenn der Mensch schon sterben *muß* , so soll er auch sterben *wollen*". Vielleicht lösen wir unsere Freiheit zum größeren Teil überhaupt damit ein, daß wir unausweichlich auferlegten Notwendigkeiten innerlich zustimmen. Das Sittliche artikuliert den Anspruch der Wirklichkeit, sei sie auch noch so schmerzlich und sperrig. Wenn ein alter Mensch „mit dem Sterben lebt",[16] wird er vielleicht zunächst daran denken, daß er die Menschen, die ihm am nächsten stehen, vor unnötigen Problemen bewahrt.

---

[14] Vgl. J.M.A. Munnichs, Die Einstellung zur Endlichkeit und zum Tod, in: Altern. Probleme und Tatsachen, hrsg. von H. Thomae und U. Lehr, Frankfurt 1968, 579–612. Die sehr differenzierte Erhebung wurde an insgesamt 100 Personen in einer größeren Stadt Hollands (allerdings schon 1960) durchgeführt.

[15] A.a.O. 579.

[16] „Mit dem Sterben leben" – so lautet der Titel des „gnadenlosen" letzten Kapitels von J. Amerys Buch „Über das Alter".

Auch wenn er das Zeitliche nicht segnen kann, so kann er es doch ordnen. Er muß seinen „Letzten Willen" über das Begräbnis und über den künftigen Umgang mit seiner gesamten „Hinterlassenschaft" (einschließlich eventuell bestehenden Lebensversicherungen) rechtsverbindlich niederschreiben. Diese „vorgezogene" Wohltat sollte er seiner Familie zu einem Zeitpunkt erweisen, da er noch verantwortlicher Überlegung fähig ist. Für ihn selbst stellt sie über ihren sozialethischen Wert hinaus schon auch so etwas wie einen institutionellen Einstieg in eine neue Phase der inneren Lebensorientierung dar. Im Bewußtsein drängen sich Elemente nach vorne, die nicht neu sind, die aber nachhaltiger als bisher beachtet werden sollen.

Da ist zunächst die Qualität der Endlichkeit und Vorläufigkeit der irdischen Lebenszeit überhaupt. Der alternde Mensch hat nicht nur in seinem Kopf das sichere Wissen um deren Befristung, er erfährt vielmehr, daß diese Befristung nicht bis zum definitiven Ende hin ausgesetzt und aufgeschoben bleibt, sondern „in Raten" real eingeleitet wird und daß ihre Präsenz sich effektiv verdichtet. Die scheinbar in sich geschlossene und sich lange Zeit in kaum angefochtener Konsistenz präsentierende Lebenswirklichkeit beginnt ihrer beruhigenden Sicherheit von außen wie von innen her verlustig zu gehen. Daß menschliches Leben mit Sicherheit befristet ist, impliziert nun aber auf das Ganze gesehen nicht nur Beklemmung, Sorge und Angst, sondern auch Ermunterung zu neuer Orientierung.[17] Die letzten für uns gänzlich undurchdringlichen Probleme unseres Lebens, soeben mit dem Hinweis auf P. Teilhard de Chardins Ausführungen über „Das Erleiden der Minderung" angesprochen und durch die ganze Geschichte der Theologie hindurch unter dem Stichwort „Theodizee" (Rechtfertigung der göttlichen Gerechtigkeit und Barmherzigkeit) immer wieder ebenso ernsthaft wie letztlich vergebens reflek-

---

[17] Vgl. die mehrfach zitierten Beiträge von M. Meesters (mit weiterer Literaturangaben), H. Schipperges und P. Hünermann.

tiert, müßten uns alle in stumme Verzweiflung stürzen, wenn wir zum immerwährenden Verbleiben in einer geschichtlichen Existenz verdammt wären. Wir wollen „mit dem Sterben leben", nicht nur weil wir sterben müssen, sondern auch weil wir sterben dürfen. Sterben öffnet die Tür aus der Eingeschlossenheit in ein Dasein, das auf eine unabsehbare Länge hin in Langeweile, Verdrossenheit und Hoffnungslosigkeit versinken müßte. Sterben betrifft uns nicht nur unerbittlich als einzelne, sondern macht erst unübersehbar einsichtig, daß es das Individuum gibt und daß nur unter dieser Voraussetzung überhaupt einmaliges, unverwechselbar und unwiederholbar persönliches Menschenleben möglich ist.[18] Schließlich bricht der Gedanke an den näherrückenden Tod bei vielen Menschen der Frage nach dem eigentlichen Sinn ihres Daseins erst endgültig Bahn und läßt damit die noch verbleibende Zeit für seine optimale Durchsetzung erst in ihrer wahren Kostbarkeit schätzen. Von der Grenze des Todes her kann sich ein neues Lebens- und Zeitgefühl bilden, wie es sich etwa in einem Vers von Jochen Mariss artikuliert: „Heute ist der erste Tag vom Rest meines Lebens. Heut verlier ich meine Zeit und lebe in den Tag hinein. Ich nehme mir die Zeit, um gut zu sein zu mir, will mir Zeit lassen mit meiner Angst bis morgen. Heut nehm ich mir das Leben vor dem Tod".[19]

IV. Verwiesenheit auf Transzendenz?

Nun ist es nach dem Ausweis der Erfahrung für Alternde auch dann nicht unmöglich, das Sterben in das Leben hinein zu integrieren, also „mit dem Sterben zu leben", wenn sie nicht an ein Weiterleben nach dem Tod glauben. Doch

---

[18] Vgl. vor allem E. Minkowski, Die gelebte Zeit, Bd. I, Salzburg 1971, 136–153.
[19] Zitiert bei R. Boeckler – K. Dirschauer (Hrsg.), Emanzipiertes Alter, Bd. 1: Ein Sachbuch, Göttingen 1990, 171–173: Zeiterleben von der Grenze des Todes her definiert.

scheint es sehr viel schwerer für sie, wie etwa das Beispiel J. Amérys zeigt, der von sich selbst sagt, er habe nun einmal „keine Beziehung zur Absurdität des nur durch das Medium der Mythologie einigen Sinn gewinnenden Glaubens an ein Weiterleben nach dem Tode".[20] Das Eingeschlossensein in seine lebensgeschichtliche Immanenz endet zwar im Sterben, aber es öffnet sich nicht in eine wie immer zu denkende Transzendenz. Sein Standort zwischen „Revolte und Resignation" (so der Untertitel seines Buches) ist als sein authentischer Höchstwert unaufgebbar. Hier kann Hoffnung nicht eindringen, weil diese zur Entfremdung, zum Verlust letzter Identität führen würde. Paracelsus hat recht: „Von Natur aus – rein aus der Sache selber – ist da gar nichts zu machen. (Und da dem nun eben so ist, darum) sollt ihr als Ärzte merken und verstehen, daß ihr als Christen über der Natur seid und auf die Natur gewidmet" – was wohl heißt: dazu bestimmt, sie zu ordnen. Der Medizinhistoriker H. Schipperges interpretiert diese Stelle auf Altwerden und Sterben hin: „Hier werden biologische Strukturen überblendet durch soziale Funktionen. Das ‚Ens spirituale' des Paracelsus beginnt zu dominieren über das ‚Ens naturale'. Hier lassen sich durchaus eigenständige Aktivitäten erwarten und weitreichende Interaktionen erhalten. Befristete Lebenszeit fragt je nach dem Lebenslauf im ganzen, nach der Lebenseinstellung, die sich so aufdringlich im Alter zu wandeln vermag, womit auch der Horizont ausgewogener und fundierter Gesichtspunkte wächst, die Lebensoptik, das Empfinden für Stil und Proportion, für Rangordnung und Niveau. Man braucht wohl eine längere Zeit, eine recht lange Zeit, zu seiner Selbstentdeckung, zu einer Selbstannahme und zu einer wenigstens annähernden Selbstverwirklichung. Was für ein Glück aber auch – und davon war noch gar nicht die Rede! – welches Glück, alt zu werden".[21]

---

20 Über das Altern 132.
21 Altern als Provokation 201. Der Verf. belegt seine Interpretation mit weiteren Stellen aus dem Werk des Paracelsus.

Paracelsus spricht seine Ärzte ausdrücklich als Christen an. Sind auch in seiner Interpretation durch H. Schipperges Alte und Sterbende gemeint, die Christen sind? Im zitierten Text bleibt es offen wie in vielen anderen Texten auch, in denen nur genauere Kenner der Zusammenhänge bzw. der Autoren Bescheid wissen. Dafür einige Beispiele. Der erst fünfzigjährige Wilhelm von Humboldt hätte gerne, „bevor (er) stürbe, einige Jahre bloßer Ruhe, reiner Abgezogenheit von den irdischen Dingen der Welt". So meint er denn: „Es würde mir sein, als hätte mir im Leben etwas gefehlt, wenn ich nicht eine leere, rein müßige Zeit vor dem Tod gehabt hätte".[22] Kräftiger ist die Sprache des alten G. Clémenceau: Von Zeit zu Zeit müsse man sich über den Abgrund beugen, „um den Atem des Todes einzuatmen, dann kommt alles wieder ins Gleichgewicht". Ein französischer Publizist aus unserer Zeit, Raymond Aron, der bis zu seinem Ende seine Pflicht als Staatsbürger, als Intellektueller und als Freund erfüllte, mußte die letzten fünf Jahre vor seinem Tod nach einer schweren Krankheit mit seiner Zeit und seinen Kräften sehr haushalten. Nach einem Bericht von Thankmar von Münchhausen hat er in diesen Jahren entscheidend davon gelebt, daß der Tod für ihn „von einem abstrakten Wissen zum täglichen Lebenshorizont" geworden war.[23]

Von manchen Menschen wissen wir, daß sie, obwohl sie sich als engagierte Christen bekannt haben, ein „Mit dem Sterben leben" für sich als nicht hilfreich betrachtet haben.

---

[22] Dieses und das folgende Zitat (ohne genaue Nachweise) bei H. Schipperges, a.a.O. 201–203.

[23] Würdigung in der Frankfurter Allgemeinen Zeitung vom 19.10.1983, Seite 5. Die von mittelalterlichen Frommen geübte „ars moriendi" (Kunst des Sterbens) wollte die Menschen zu einem vertrauten und ethisch wirksamen Umgang mit dem Sterben anleiten; vgl. dazu R. Rudolf, Ars moriendi. Von der Kunst des heilsamen Lebens und Sterbens (Forschungen zur Volkskunde, hrsg. von G. Schreiber, Bd. 39), Köln–Graz 1957. Große Zustimmung fand neuerdings A. Mauder, Kunst des Sterbens. Eine Anleitung, Regensburg 1973, 5. Aufl. 1979.

So hat die liberale, aber engagiert katholische Publizistin Vilma Sturm es sich selbst verboten, an den Tod, das gänzlich Undenkbare, zu denken. Sie schreibt in ihrer Autobiographie „Bis zum letzten Atemzug": „Der gängigen Aufforderung an die Alten, sich ‚auf den Tod vorzubereiten‘, komme ich nicht nach. Wer könnte mir auch sagen, wie ich das machen soll? Was auch immer wir glauben über ein Fortleben nach dem Tode, über Auferstehung und ewiges Leben – der Tod ist zunächst das Auslöschen der Person – ihre mindestens vorläufige – Vernichtung. Damit in Gedanken umzugehen, ist grauenhaft und führt zu nichts. Nein, nicht auf unseren Tod laßt uns unsere Gedanken richten, sondern auf das Leben der anderen, auf ihr zukünftiges Wohl – bis zu unserem letzten Atemzuge".[24] Einer so persönlichen Äußerung kann nicht widersprochen werden. Im übrigen ist zuzugestehen, daß das christliche „Memento mori" in der Frömmigkeitsgeschichte oft auf das rein passiv verstandene Widerfahrnis des Sterbens fixiert war. Es wird sich im folgenden zeigen, daß dies nicht so sein muß, daß es angesichts unserer erhöhten Lebenserwartung auch nicht so sein darf und daß es auch keineswegs immer so ist. Doch hängt für unsere theologischen Überlegungen immer noch die Frage nach, ob es für eine Integrierung des Sterbens ins Leben hinein gegenüber einer rein humanistischen Einstellung einen spezifisch christlichen „Mehrwert" gibt.

Was die eben aufgeführten Beispiele zeigen, ist auch durch statistische Erhebungen, z. B. von A.M.J. Munnichs, ausgewiesen, „daß sowohl Religiosität als auch eine allgemein humane Einstellung mit einer positiven Haltung zum Lebensende verbunden sein kann".[25] Auch die folgenden Überlegungen kommen eher von der Erfahrung als von theoretischen Erwägungen her. Vor gut dreißig Jahren hat

---

[24] Zitiert in: Publik-Forum, Ausgabe Nr. 18/1983. Auch Erich Fromm antwortete auf die Frage, warum er in seinen Schriften kaum auf das Sterben eingehe: „Der Weise denkt an das Leben, nicht an den Tod."

[25] Die Einstellung zu Endlichkeit und Tod 609.

der verstorbene französische Psychotherapeut I. Lepp, von Haus aus „marxistischer Atheist", später Priester und Jesuit, eine „Psychoanalyse des modernen Atheismus" geschrieben.[26] Es sei – meint er – für religiöse Menschen kaum vorstellbar, daß metaphysische Fragen bei Atheisten keine Rolle spielen. Für ihn als 15jährigen habe es kein religiöses Problem gegeben; selbst als er später in den Gefängnissen Hitlers auf seine Hinrichtung warten mußte, habe er „keinen Gedanken an das Leben nach dem Tode" verloren.[27] Er kennt Atheisten, die kein Verlangen haben, an einen Gott zu glauben, und kein Bedürfnis, ihre Existenz durch irgendeine Sinngebung zu rechtfertigen; andere kämpfen für humane Werte, für die Durchsetzung der Vernunft oder für die Veränderung der gesellschaftlichen Strukturen.[28] Existentialistische Atheisten, zu denen Lepp auch A. Camus rechnet, finden in der Welt weder Ordnung noch Gesetz noch Ziel noch Sinn: „Man wird geboren, man ißt und arbeitet, man wächst, man mordet und stirbt – ohne daß es für all dieses Tun eine wahrhaft befriedigende Erklärung gibt. Es gibt nur ‚*ein* ernstzunehmendes philosophisches Problem: den Selbstmord'."[29] Es ist genauso bei Max Frisch in seinem Roman „Mein Name sei Gantenbein".[30] Er hat selbst gerade erst die Fünfzig überschritten, als er an einem anderen Fünfziger die Rolle des Alterns durchspielt. Nichts entgeht ihm, was dabei geschieht – im Gesicht, an der Haut, den Augen, den Zähnen und den Haaren, an der Art der Bewegungen und am ganzen Körper; wie seine Mitmenschen ihn beobachten, ihn schonen und ermuntern; wie sein Leben sich reduziert, wie das Gedächtnis nachläßt, die

---

[26] Die Originalausgabe ist 1961 in Paris, die deutsche Übersetzung ein Jahr später in Würzburg erschienen. Die Zitate sind der deutschen Übersetzung entnommen.
[27] A.a.O. 21–46: Der Atheist, der ich war.
[28] A.a.O. 75-320. Es gibt auch den „neurotischen Atheismus" (47–74).
[29] A.a.O. 226.
[30] Frankfurt 1964, 143f.

Ansichten sich verhärten; wie er täglich die Zeitung liest, um sich nicht in der Vergangenheit zu verlieren, sondern noch in der Gegenwart anwesend zu bleiben. „Gegenwart? Er weiß, wie es zu dieser Gegenwart gekommen ist. Manchmal wird er erzählen von seinen persönlichen Begegnungen mit Männern, die diese Gegenwart heraufgeführt haben, von seiner Zeit, die Geschichte ist, jedesmal dasselbe. Warum hat man sich nicht erhängt?" Mitten in einem Leben voller Engagement, voller geistiger und menschlicher Erfüllung spürt er schon das kaum noch beginnende Altern, aber ohne jede Aussicht auf wirkliche Zukunft.

Altern und Sterben widersprechen dem Lebenswillen des Menschen. Wenn sie in reine Innerweltlichkeit eingeschlossen bleiben, sind sie für den auf eigene Dauer hin angelegten Menschen letztlich undenkbar und unannehmbar. Er kann sie nur in Freiheit annehmen, wenn er seine „Grundkonstitution" anerkennt: „das Faktum eines Seins, das den Seinsgrund nicht in sich selbst trägt und das darum immer nur ‚hat', was es ‚ist'".[31] Ein Sein, das seinen Seinsgrund nicht in sich trägt, ist ein kontingentes, ein nichtnotwendiges Sein, das nur durch ein anderes Sein aus der Möglichkeit in die Wirklichkeit überführt sein kann. In der Tat ist nichtnotwendiges Sein ohne ein anderes begründendes Sein nicht zu denken. Wo wirklich Seiendes ist, das seinen Grund nicht in sich selbst trägt, muß das Denken sich weitertreiben lassen, bis das Seiende Grund findet. Von solchem Grund handeln auf je verschiedene Weise Metaphysik und religiöser Glaube.[32] Auch der christliche Glaube unterbreitet ein Angebot. Er sieht Welt und Mensch „gegründet" in der Liebe des Schöpfers, der sie aus dem Nichts in die Zeitgestalt hinauserschaffen hat und sie darin festhält, damit ihre Kontingenz aus der Zeitgestalt nicht

---

[31] E. Biser, Theologie als Therapie. Zur Wiedergewinnung einer verlorenen Dimension, Heidelberg 1985, 145.
[32] Vgl. E. Biser, a.a.O. 142–147: Die Kontingenzbewältigung.

wieder ins Nichts zurückfällt („Welterhaltung").[33] Der Glaubende braucht also nicht darum zu bangen, daß der Schöpfer sich von seiner Welt irgendwann wieder in den Abgrund seiner Verborgenheit zurückzieht. Doch findet „die Beziehungswilligkeit Gottes (ihren höchsten Ausdruck erst in) seiner Selbstoffenbarung in Christus Jesus, in dem Gott seine Schöpfung erneuert hat und in dessen Leben und Geschick die christliche Hoffnung gründet, Gott werde seine Schöpfung vollenden".[34] Alternde und Sterbende bedürfen dieser Hoffnung auf besondere Weise und in besonderem Maße. Sie wissen, daß in der letzten Konsequenz ihrer Kontingenz die Zeitgestalt ihres Daseins zerfallen muß, und erfahren zugleich, daß ihr innerster Lebenswille sich gegen diesen Zerfall auflehnt und in dieser Auflehnung ihr Glaube an die „Beziehungswilligkeit Gottes" in die schwerste Krise gerät. Eben darin aber können und sollen sie sich der Gemeinschaft mit Gott besonders gewiß sein, weil auch der am Kreuz sterbende Heiland aller Welt seine Todesnot nur noch in einem letzten unartikulierten Schrei (Mk 15, 37) auszudrücken vermochte, der dann in Mt 27,46 unerbittlich gedeutet wird mit den Worten: „Mein Gott, mein Gott, warum hast du mich verlassen?" Doch kann die christliche Botschaft „das Kreuz, verstanden als der sichtbar gewordene Todesschrei Christi", also als „Inbegriff aller Negativität, (nur deswegen) in das Zentrum (ihrer) Heilsaussage rücken, weil (sie) gleicherweise vom stellvertretenden Sinn des Kreuzesleidens Jesu und von seiner exemplarischen Bewältigung durchdrungen

---

[33] Vgl. dazu D. Sattler – Th. Schneider, Schöpfungslehre, in: Handbuch der Dogmatik, hrsg. von Th. Schneider, Bd. I, 120–238, hier 214: „Gott setzt das Kontingente (Nichtnotwendige) in die Zeit und erhält es in der Zeit. Die Verleihung von Zeitlichkeit als Voraussetzung des Dauernkönnens des Kontingenten ist selbst ein schöpferisches Wirken Gottes, das sich beständig ereignen muß, soll das Kontingente nicht wieder aus der Zeit fallen . . . ‚Erhaltung' meint ‚Erschaffung' im Hinblick auf das zeitliche Dauern des bleibend Kontingenten."

[34] A.a.O. 209.

ist".[35] Diese exemplarische Bewältigung ereignet sich darin, daß Jesus nicht im Tod geblieben ist, sondern aus seinem Sterben heraus unmittelbar zur endgültigen Gemeinschaft mit dem Vater auferweckt wurde. In seiner Auferweckung ist für alle Menschen das Tor zu jenem Leben aufgetan, in dem ihre Zeitgestalt in die ihr entsprechende Vollendungsgestalt aufgehoben wird.[36] In solcher Hoffnung erst erscheint das Ja zur Endlichkeit menschlicher Freiheitsgeschichte letztlich denkbar und vollziehbar. – Die christliche Botschaft ist hier nicht im einzelnen zu begründen und zu entfalten. Wohl aber ist heute in einer weithin säkularisierten Zeitgenossenschaft, der die Dimension der Transzendenz verschüttet scheint, die Frage einer möglichen Vermittlung dieser Botschaft neu gestellt.[37]

Exkurs: Die christliche Botschaft in einer säkularisierten Welt

In diesem Zusammenhang soll auf ein wenig beachtetes Werk von A. Nassehi und G. Weber, Tod, Modernität und Gesellschaft. Entwurf einer Theorie der Todesverdrängung, Opladen 1989, pass., besonders 327–432, wenigstens ausdrücklich hingewiesen werden. (Die Zahlen in Klammern verweisen auf Seitenzahlen des vorzustellenden Buches.) Eine gründliche Auseinandersetzung damit wäre lohnend. Die Verfasser, der erste ist Erziehungswissenschaftler, So-

---

[35] E. Biser, Theologie als Therapie 150.

[36] Vgl. B. Welte, Die Leiblichkeit des Menschen als Hinweis auf das christliche Heil, in: Beuroner Hochschulwoche 1948, hrsg. von F. Büchner und Th. Steinbüchel, Freiburg 1949, 77–109.

[37] A.E. Imhof, Unsere Lebensuhr. Phasenverschiebungen im Verlaufe der Neuzeit, in: P. Borscheid – J. Teuteberg (Hrsg.), Ehe, Liebe, Tod. Zum Wandel der Familie, der Geschlechts- und Generationsbeziehungen in der Neuzeit, Münster 1983, 170–198, hier besonders 195–198: Die verlorene Dimension.

ziologe und Philosoph, der zweite evangelischer Theologe und Philosoph, versuchen „quasi als Grenzgänger ... einen fundamentalen Aspekt menschlicher und gesellschaftlicher Realität in den gegenwärtigen kultur-und sozialwissenschaftlichen Diskurs zu bringen" (9). Ihre Ausführungen sind mit wissenschaftstheoretischen Reflexionen stark durchsetzt und darum nicht leicht zu lesen; ihre wesentlichen Thesen sind in kurzen inhaltlichen Hinweisen kaum adäquat zu fassen:

Rationalisierung, Individualisierung und Pluralisierung sind die wichtigsten Parameter, wenn d*ie Grundstruktur der Moderne* aufgezeigt werden soll. Aus dieser Grundstruktur ergibt sich zwangsläufig die Verdrängung des Todes, weil es den traditionellen universalen Sinnzusammenhang, aus dem er gedeutet wurde, nicht mehr gibt.

Der aus überwölbenden Sinnwelten und tragenden Gemeinschaften herausgelöste Mensch der Moderne ist auch hinsichtlich der Deutung des Todes auf deren Grundstrukturen verwiesen. Deutung des Todes kann letztlich nur von der Vernunft des jeweiligen *Subjekts* verstehbar gemacht werden, weil es den Tod als den unausweichlich seinen erfährt. „Je individueller ... sich die Person erlebt, d. h. je mehr sich der Mensch als autopoietischen Schöpfer seiner selbst versteht und je weniger er seine Existenz durch die Zugehörigkeit zu einer gesellschaftlich codierten Realität erklärt ..., desto unvorstellbarer ist der Tod. Denn dieser, verstanden als das Ende der Person und des Bewußtseins, muß unbegreiflich bleiben, wenn sich die Person autopoietisch konstituiert und ... die funktional differenzierte Umwelt keinerlei Bedeutung mehr für die existentiell relevante Sinnkonstitution des je eigenen Bewußtseins hat" (348). So wird in der modernen Gesellschaft angesichts des Ungenügens der Person die „*interpersonale Kommunikation* (zur) einzigen Möglichkeit der Kommunikation des Memento mori" (384). Leben und Sterben mit dem Anspruch auf Wahrheit deutende und solidarische Sicherheit für kritische Lebenssituationen vermittelnde Universalgemeinschaften etwa im Sinn herkömmlicher Kirchen und Religionsgemeinschaften verlieren hier ihre traditionellen Funktionen; sie sind anderen gesellschaftlichen, politischen, kulturellen wie auch ökonomischen und bürokratischen Teilsystemen oder Großorganisationen gleichgeordnet und werden in der *pluralistischen Gesellschaft* „aus Monopolen zu Wettbewerbsanstalten" (P. Berger): Glaube wird zur Privatsache, wie früher der Unglaube Privatsache war (N. Luhmann) (413). Wir sehen: Die Privatisierung des Todes ist eine Folge der Privatisierung der Religion. Traditionen mit bestimmter inhaltlicher Konkretisierung können nicht mehr universal geltend gedacht werden.

Dies ist der Rahmen, in dem allein auch christliche Kirchen ihre Sinndeutungen des eigenen Todes und des Todes anderer „in subjektive Bewußtseinsstrukturen zu integrieren und zu legitimieren" vermögen (414). Hier kann ihnen auch einiges gelingen. So kann etwa ein standardisierter Beerdigungsritus selbst kirchlichen Randsiedlern psychische und soziale Entlastung gewähren. „Das Unsagbare, nicht mehr Kommunikable, durch stärkste Kommunikationshemmungen Belegte kann so wenigstens für die Dauer der Zeremonie mitteilbar werden, selbst wenn der konkret erfahrene religiöse Erlebnishintergrund ... fehlt" (414). Auch christliche Vermittlung kann nur ans Ziel kommen, wenn sie bei ihren Versuchen die Strukturen der Subjektivität und der interpersonalen Kommunikation berücksichtigt und im Hinblick auf den modernen Pluralismus die Substanz der christlichen Religion „nicht mit zeitlosen theologischen oder anthropologischen Aussagen inhaltlich füllt und feststellt" (417). Durch Verabsolutierung bestimmer religiöser Sinnmöglichkeiten würde ein neues „Kanossa" etabliert (417). Letztlich läuft alles darauf hinaus, daß Kirchen sich als Institutionen zurücknehmen, weil nur so personale bzw. interpersonale Kontakte gestiftet werden können (420).

Die Auseinandersetzung mit solchen Thesen fällt vorwiegend in das Gebiet der Fundamentaltheologie und der Dogmatik und wird dort auch grundsätzlich geführt. (Vgl. etwa Handbuch der Fundamentaltheologie, hrsg. von W. Kern, H.J. Pottmeyer, M. Seckler, Freiburg–Basel–Wien, 4 Bände, 1985–1988.) Hier seien im Blick auf die Thematik unserer Überlegungen nur einige Bemerkungen angefügt. Die Position von A. Nassehi und G. Weber scheint auf den „Höhen der Menschheit" angesiedelt. Wer am Kranken- oder Sterbebett oder im Zusammenhang mit Beerdigungen einige Erfahrung gesammelt hat, wird es dem einzelnen Subjekt wohl selten zutrauen, unter völligem Verzicht auf inhaltliche Vorgaben sich seine Identität quasi ex nihilo aufzubauen. Schon hilfreicher kann – auch nach Meinung der Verfasser – „interpersonale Kommunikation mit signifikanten anderen" werden. Doch muß hier auf die vielfach auftretende Hilflosigkeit und Sprachlosigkeit auch noch, vielleicht sogar hier erst recht, im Umgang mit „signifikanten anderen" hingewiesen werden. Selten schätzt man so sehr wie in solchen Situationen eine in Jahrhunderten bewährte Tradition und die sie ermöglichende Glaubensgemeinschaft, die mit vorgeformten Gebeten, Liedern und liturgischen Riten hilfreiche Angebote machen. Häufig ergibt sich eine „ideale Sprechsituation" überhaupt erst aus der Wahrnehmung solcher Angebote.

Die Verfasser wissen natürlich um die Schwierigkeiten. Sie räumen ein, daß Interpersonalität, soweit es sich nicht um familiäre oder freundschaftliche Gemeinschaften handelt, „außerhalb jedes institutionellen Rahmens vergleichsweise schwierig ..., recht labil und unverbindlich" ist. Sie sehen mit Th. Luckmann für die traditionellen Kirchen sogar neue Perspektiven, „denn die Chancen für eine ‚Re-institutionalisierung' scheinen ... dort am günstigsten zu sein, wo sie unter der Schirmherrschaft traditioneller religiös spezialisierter Institutionen stattfinden kann". (Vgl. 420, Anm. 33: „Was denkbar wäre, ist eine Art ‚Wiederbelebung' ritueller Formen, die z. B. innerhalb traditioneller Religionsformen neu entdeckt werden ... Im Sinn einer offenen Zukunft muß selbstverständlich auch an ‚Erweckungsbewegungen' gedacht werden, wie sie etwa aus dem 19. Jh. bekannt sind.")

Jedenfalls müssen die christlichen Kirchen, wenn ihre gesellschaftliche Marginalisierung nicht wie bisher weiterschreiten soll, ihre Sinndeutungen so vermitteln, daß die „Strukturen der Moderne" dabei berücksichtigt werden. Auch sie werden die „Verhülltheit des Todes" nicht aufheben. Auch sie wissen über das sog. Jenseits viel weniger, als die Apodiktik ihrer Sprechweise leider allzuoft insinuieren soll. Der kürzlich in deutscher Sprache erschienene „Katechismus der katholischen Kirche" kann gewiß nicht als Speerspitze der gegenwärtigen theologischen und kirchlichen Bemühungen um ein erleuchtetes Glaubensverständnis gewertet werden, das den „Grundstrukturen der Moderne" entspricht. Man sollte sich wirklich im Bewußtsein halten, daß nach Thomas von Aquin sogar die Glaubensartikel – wieviel mehr konkrete biblische und dogmatische Aussagen und Vorstellungen – über den Rang von Interpretamenten des Glaubens nicht hinauskommen: Sie sind „perceptio divinae veritatis tendens in ipsam" (Erkenntnis der göttlichen Wahrheit, die auf diese selbst [noch oder erst] zustrebt, in: STh II–II, q. 1, art. 6). Manche nichttheologische Autoren sollten, ehe sie über Theologisches zu schreiben beginnen, sich einen Eindruck verschaffen, wie behutsam in heutigen Handbüchern – gerade im Hinblick auf die „Strukturen der Moderne" – über die christliche Lehre im ganzen und im einzelnen gehandelt wird. Ein „Kanossa" ist hier jedenfalls nicht in Sicht. (Vgl. z. B. Handbuch der Dogmatik, hrsg. von Th. Schneider, Bd. I und II, Düsseldorf 1992.)

10. KAPITEL

Die individual-ethische Perspektive: Altern als persönliche Herausforderung des einzelnen

I. Die Möglichkeit der Verweigerung

H. Marcuse beschimpft heutige Philosophie und Theologie als „Handlanger des Todestriebs", insofern sie nach seiner Meinung um die „Verherrlichung des Todes als existentieller Kategorie" miteinander wetteifern, anstatt „auf die Tatsache des Todes mit der Großen Verweigerung zu reagieren".[1] Was soll eine solche Beschimpfung? Statistiken bestätigen doch deutlich genug, daß die Menschen heute trotz der philosophischen und theologischen Anstrengungen das Sterbenmüssen aus ihrem Leben weithin verdrängen.[2] An dieser Stelle sei auf die breit angelegte Dokumentation der „Großen Verweigerung" in dem Werk „Das Alter" von S. de Beauvoir hingewiesen. Die Dokumentation setzt sich aus einer unabsehbaren Fülle von Selbstzeugnissen aus allen Jahrhunderten und von eigenen Beobachtungen der Autorin zusammen.[3]

(1) *Impulse zur Verweigerung* bedrängen den Menschen aus allen Dimensionen seiner Existenz. Leibliche Regressionsvorgänge des Alterns sind zwar als solche nicht von spezifischen Empfindungen begleitet wie etwa Krankhei-

---

[1] Triebstruktur und Gesellschaft, Frankfurt 1982, 233.
[2] Vgl. oben 9. Kap., Anm. 14.
[3] Vgl. auch zum folgenden S. de Beauvoir, a.a.O. 240–434. Es handelt sich erdrückend mehrheitlich um negative Erfahrungen. Das erste Erschrecken verhärtet sich zumeist – wenn auch in verschiedenen Graden – zur Resignation und zu definitiver Verweigerung.

ten. Doch wird es – wenn auch manchem vielleicht sehr spät – so gut wie jedem irgendwann bewußt werden, daß tiefgreifende Veränderungen in ihm vorgehen und daß er darin sich selbst immer mehr fremd wird, ohne daß er freilich aufhört, er selbst zu sein. Hundertfach ist belegt, daß Altern als endgültige, irreparable und schicksalhafte Erfahrung leiblich erlebt wird. Schon der Umgang mit der alltäglichen Lebenswelt wird in die leiblichen Minderungen einbezogen. „Der Feindseligkeits-Koeffizient der Dinge steigt: Treppen sind schwerer zu erklimmen, es dauert länger, Entfernungen zu überwinden, es ist gefährlicher, Straßen zu überqueren, und mühseliger, Pakete zu tragen. Die Welt ist voller Hindernisse und gespickt mit Drohungen". [4] Im Bereich der seelisch-geistigen Erfahrungen beginnt die Verweigerung oft schon damit, daß der alternde Mensch sich anhaltend selbst täuscht, daß er erst spät oder nie zugibt, was mit ihm geschieht. Und wenn er es vor sich selbst nicht mehr leugnen kann, scheinen angesichts der unabwendbaren Zumutung sich ungleich häufiger Abscheu, Resignation, Ressentiment, Angst und narzißtische Besorgtheit einzustellen als die Bereitschaft zur Annahme. Besonders bedrückend in S. de Beauvoirs Werk wirkt das Kapitel „Alter und Alltag".[5] Ein ganzes Syndrom von Elementen der Verweigerung stört und zerstört nicht nur das eigene Leben, sondern auch das Zusammenleben mit anderen; die wichtigsten seien noch einmal genannt: Dürre, Traurigkeit, Apathie, intellektuelle Appetitlosigkeit, Indolenz, Ehrgeiz, Eitelkeit, Gefühllosigkeit, Wirklichkeitsverlust, Ekel, Auflehnung, Egozentrik, Feindseligkeit, Tyrannei gegen die Umgebung u. a. Dazwischengeschaltete Zeugnisse von positiver Einstellung, von Befreiung, Entfaltung, Kühnheit und Zuversicht können den düsteren Gesamteindruck kaum mildern, zumal das Kapitel mit

---

[4] A.a.O. 258f. Das Kapitel über leibliche Erfahrungen (240–308) ist etwa zur Hälfte den Erfahrungen im sexuellen Bereich gewidmet.
[5] A.a.O. 384–433.

einem Abschnitt über altersspezifische Geisteskrankheiten schließt. Natürlich handelt es sich hier nur um eine einzelne Analyse, und mancher wird den Verdacht haben, die Verfasserin könnte selektiv beobachtet und gelesen haben. Aber wer kann die Gegenprobe dazu präsentieren, ohne sich dem gleichen Verdacht auszusetzen! Jedenfalls macht diese große Dokumentation deutlich, um wieviel stärker der Erfahrungsdruck alternde Menschen in Richtung auf Verweigerung als in Richtung auf Annahme drängt. „In der überwiegenden Mehrzahl erwarten die Menschen das Alter in Traurigkeit oder voller Auflehnung. Es flößt ihnen noch mehr Widerwillen ein als der Tod".[6]

(2) Selbst wenn dem so ist, *S. de Beauvoirs Irrtum* liegt darin, daß sie das Elend der Alten in den kapitalistischen Strukturen begründet sieht, in denen die arbeitende Klasse ihr ganzes Leben lang ausgebeutet und am Ende, ohne materielle Güter und ohne Zugang zu sinnvoller Bildung, als Abfall der Gesellschaft ausgespieen wird.[7] Geschichtlich spricht manches für eine solche Bewertung. Aber die materiellen und sozialen Verhältnisse haben sich in unserem Lebensbereich deutlich verändert, ein unübersehbarer Wohlstand hat breite Kreise erreicht. Doch die Verweigerung gegenüber dem Alter findet sich heute auch bei vielen, die sich schon während ihres Lebens über Mangel an materiellen Gütern und an Möglichkeiten persönlicher Freiheitsentfaltung nicht beklagen konnten. Sie erliegen allzuoft dem Machbarkeitswahn und lassen sich verführen, bei ihrem Streben nach einem „erfolgreichen Altern" nicht auf die Entfaltung ihrer personalen Potenzen, sondern auf die vermeintliche Automatik pharmazeutischer Produkte zu setzen. Der Verbrauch an Psychopharmaka hat bei alten Menschen besonders stark zugenommen. Der (auch philosophisch engagierte) Mediziner D.B. Linke spricht von einer

---

[6] A.a.O. 463.
[7] A.a.O. 463–467.

gefährlichen Liaison zwischen biochemischer Hirnforschung, Pharmaindustrie und Alterspsychologie und fragt, „ob (der Psychopharmaka-Konsum) nicht gerade durch die forcierte Darstellung des Erfolgreichen und Aktiven statt des Passiv-Schicksalhaften im Alter mitgenährt wird". Wirkliche Hilfe gebe es nur durch den frühzeitigen Erwerb von „Bildungsinhalten, die sich mit dem Sinn des Lebens (sei es literarisch, künstlerisch, religiös o. ä.) befassen"; nur so könne der Sinn der Welt und auch des unvermeidlichen Verzichts auf sie einsichtig werden.[8] Wo diese Hilfe nicht angenommen wird, bleibt der Mensch unfähig zum Loslassen und verfällt der Resignation, die in die Verweigerung treibt. Verweigerung ereignet sich nicht nur als stumme Isolation und Rückzug in das innere Elend, sie kann sich auch ereignen als Flucht nach außen, indem der alternde Mensch mit panischer Angst alles zusammenrafft, was ihm an Möglichkeiten der Selbstbestätigung oder des Selbstgenusses verbleibt: rastlose Tätigkeit, große Reisen, alkoholische Ausschweifungen, erotische Wichtigtuereien u. a. Nur ein Beispiel zur Veranschaulichung: Ein bekannter Publizist fliegt zusammen mit Rentnern aus deren Winterquartier zurück in ihre Heimat. Vor dem Abflug – erzählt er – „war abendlicher Bar-Unterhaltung nicht zu entrinnen, bei der sich unermeßlicher Haß mancher Alter gegen die Jugend offenbarte, Lebens-und Sexualneid, der sich als Moral verkleidet. Ausführungen von so kalkiger Schärfe könnten auch jemanden, der als konservativ etikettiert wird, noch zum Verständnis für Jugendliche drängen, die er in Abwesenheit der Alten abscheulich findet". Auf dem Rückflug gab es einen „unbeschreiblichen Andrang vor den Toiletten, Schwächeanfälle, medizinische Notfälle mehren sich, es wird nach Ärzten verlangt, die Stewardessen geben mehr Medizin als Essen und Trinken aus". Abschließend dann die Bewertung: „Für viele wird heute das

---

[8] Vgl. D. B. Linke, In Würde altern und sterben 25–33.

Alter zum Schiffbruch, weil sie länger leben, als sie zu leben hoffen durften, ihnen die Verankerung in Familie und Beruf genommen worden ist und sie die eigene Existenz in Langeweile und Nichtigkeit wahrnehmen – die mürrische und bösartige Alte, die kein Dankeschön mehr über die Lippen bringt, der aggressive Rentner, von Neid auf die noch wirklich Lebenden gepeinigt. Es ist gar nicht ihr Bötchen, das Schiffbruch erlitten hat, ein ganzes Menschengeschlecht ist losgesegelt, ohne das Ziel auszumachen. Die Überzähligen aller Altersklassen nehmen zu, solange der ökonomische Kompaß allein die Richtung bestimmt".[9]

(3) Ganz offensichtlich hat die „Große Verweigerung" *tiefere Wurzeln* als materielle Notlage und das bloße Empfinden von Minderungen in allen Dimensionen der menschlichen Existenz. Sie entsteht beim alternden Menschen immer dann, wenn er innerlich nicht dazu steht, daß sein Dasein ihm nunmehr endgültig die Vollendung seiner Freiheitsgeschichte abfordert. Es geht dabei nicht um Erreichung eines bestimmten Grades von Vollendung, sondern um seinen Aufbruch zu anhaltendem, sei es noch so bescheidenem Bemühen, den rechten Ort zwischen Vergangenheit und Zukunft zu finden und dadurch „Zeitsouveränität" zu entwickeln. Seine eigentliche Schwierigkeit besteht darin, daß seine Zukunft vom Ende her einer fortschreitenden Auflösung anheimzufallen und immer unwirklicher zu werden scheint. Die progressive Übermächtigkeit des Endes in seinem Bewußtsein läßt ihn fast vergessen, daß ihm immer noch neue Zeit gewährt und immer noch neuer Raum für Freiheitsentscheidungen eröffnet wird. „Angesichts des Endes der Zukunft, welches so dicht herbeigerückt ist, wird alles als belanglos deklariert, als unerheblich negiert. Es werden alle Beziehungen abgebrochen, der alternde Mensch vergräbt sich in seine Bitter-

---

[9] J. Groß, Glossen aus der FAZ, zitiert von E. Rommerskirch, Das letzte Kloster, in: Geist und Leben 58 (1985) 125–134.

keit und wird griesgrämig. Nichts ist ihm recht zu machen, nichts bereitet ihm Freude, nichts ist gut. Er kennt keine Güte, weil er selbst nichts empfängt. Die kostbaren Stunden, die ihm geschenkt werden, hat er je schon übersprungen in dem präsent gesetzten Ende der Zukunft".[10] Damit ist schon die zweite Dimension der Zeit im Spiel: Wer – mehr oder weniger durch eigenes Verschulden – keine Zukunft mehr zu sehen vermag, der verleidet sich auch die Gegenwart. Er liefert sie dem gleichen Prozeß der Auflösung und Entwirklichung aus wie seine Zukunft, weil er ihrer nicht mehr sicher und froh werden kann. Der dunkle Schatten, der aus der schon abgeschriebenen Zukunft in die Gegenwart hereinschleicht, verdüstert nicht nur das Gemüt, sondern lähmt auch Lust und Kraft zum Handeln. Er läßt den alternden Menschen nämlich erst wirklich empfinden, wie sehr er in seiner Gegenwart isoliert ist: Seine Gegenwart ist nur noch die seine, weil die kommende Generation, die von ihm selbst gezeugte, ihn darin zurückgelassen hat, weil sie längst aus ihr fortgezogen und in eine ihm unerreichbare Zukunft übergewechselt ist. Er kommt sich überflüssig vor. Die Gesellschaft im ganzen und oft auch die ehedem nahen und vertrauten familiären und beruflichen Gemeinschaften räumen nicht nur ihm selbst keinen „Kredit auf Zukunft" (J. Améry) mehr ein, es wird ihm vielmehr gesagt, und er redet es sich auch selbst ein, daß er sie in der freien Gestaltung ihrer eigenen Zukunft behindert. So bleibt dem aus Zukunft und Gegenwart Hinausgedrängten als Fluchtraum nur noch die Vergangenheit. Sie wird nun zum Ort seiner großen Taten, zum Maß aller Dinge, zum Reich der Ordnung, der Zufriedenheit, der Sittsamkeit und jeglicher nur erdenklichen Tugend hinaufstilisiert. In sie mauert er sich ein; und wo er selbst Halt zu fin-

---

[10] P. Hünermann, Zeit und Zeiten des Menschen 159; vgl. M. Meesters, Die Bedeutung des Faktors Zeit im Rahmen einer theologischen Ethik 238: „Wo Zeit stark unter dem Vorzeichen des Entzugs steht, wird sie negativ qualifiziert."

den meint, darin sollen auch seine Kinder wohnen bleiben; wenn aber die Kinder es nicht wollen, dann versucht er es erst recht mit den Enkeln. Und wenn er über die Familie hinaus noch irgend etwas zu sagen, noch irgend ein großes oder kleines Steuer zu lenken hat, umklammert er es mit beiden Händen. Er gibt die Vergangenheit nicht frei; er hält sie fest, weil er in dem Werk, das er darin getan hat, sich selbst festhalten will und weil er nur in dem von ihr gesetzten Maß Wohlergehen und Glück der Nachfahren gewährleistet sehen kann. Wenn er über kurz oder lang erfährt, daß nach dem Verlust der Zukunft und der Gegenwart auch die Vergangenheit unbewohnbar ist, dann wird die Angst, die jeden alternden Menschen heute mehr und morgen weniger plagt, in ihm übermächtig. Davor könnte er nur „verschont" werden, wenn er das Sich-Ängstigen mitsamt dem Staunen und der Neugierde und jeglichem Geschmack am Leben gänzlich verlernt oder gar nie gekannt und sich längst endgültig im „Reich der Langeweile" angesiedelt hätte. Man erinnert sich an Blaise Pascals „Pensées": „Nichts ist dem Menschen unerträglicher, als ohne Leidenschaften, ohne Geschäfte, ohne Zerstreuung, ohne Aufgabe zu sein. Dann spürt er seine ganze Nichtigkeit, seine Verlassenheit, sein Ungenügen, seine Abhängigkeit, seine Unmacht, seine Leere. Allsogleich wird dem Grund seiner Seele die Langeweile entsteigen und die Düsternis, die Trauer, der Kummer, der Verdruß, die Verzweiflung".[11] Vielfacher Ermunterung und allerlei verlockenden Angeboten folgend, suchen heute immer mehr alte Menschen in die Zerstreuung zu entfliehen. Aber auf die-

---

[11] B. Pascal, Über die Religion und über einige andere Gegenstände (Pensées), übers. und hrsg. von E. Wasmuth, Heidelberg (3. Aufl.) 1946, 75f (Fragment 131). Wenn man dazu das viel längere Fragment 139 „von den Zerstreuungen" liest, kommt einem die Abgründigkeit von Langeweile und Zerstreuung und der Zusammenhang zwischen beiden zum Bewußtsein. Vgl. den Kommentar zu beiden Fragmenten bei E. Wasmuth, Der unbekannte Pascal. Versuch einer Deutung seines Lebens und seiner Lehre, Regensburg 1962, 219–228.

sem Wege lauern Wahn und Trug, die in allen von der Zerstreuung Enttäuschten die Leere und damit auch die „Große Verweigerung" gegenüber den unumgänglichen Dringlichkeiten des Altwerdens nur noch vertiefen.[12]

II. Die Möglichkeit der Annahme

Die Grundentscheidung zur Vollendung der Freiheitsgeschichte darf nicht in die Verweigerung, sondern muß in
die Annahme des Alterns führen. Der Zukunftsforscher
R. Jungk, der für sich den „neuen Beruf des Ermutigers" gewählt hat, sieht das letzte Drittel des menschlichen Lebens
mit positiven Erwartungen besetzt, mit den Erwartungen
der „endlich erworbenen Freiheit", der „endlich erworbenen Übersicht" und der „endlich erworbenen Einsicht".
Von den „endlich erworbenen Freiheiten" handelt er ausdrücklich. Er zählt zu ihnen vor allem die Freiheiten vom
„Zwang der Zeit" (keine Einengung mehr durch „Stunden-
pläne"), vom Zwang zu bestimmten Beschäftigungen (Zuwendung zu bisher Versäumtem und Erprobung bisher un-
erweckter Talente), vom Zwang der täglichen Zweckhaftig-
keiten (Freilassung der oft verdrängten Impulse zu „den
Freuden der Nächstenliebe, der Genugtuung der Hilfe-
leistung, den Chancen der Solidarität, der Seligkeit des Ge-
bens"), vom Zwang selbstauferlegter Beschränkungen des
Redens oder Schreibens, vom „Zwang des Eigenlobs"

---

[12] E. Wasmuth, Der unbekannte Pascal 225: „Die Langeweile wurde in
dem Maße mächtig, wie die Wirklichkeit Gottes im Gefühl des Menschen
verblaßte". Der Verf. weist in diesem Zusammenhang darauf hin, daß der hl.
Benedikt auch seine Mönche vor der Langeweile beschützen wollte, vor dieser „dumpfen, dunklen, einlullenden Traurigkeit", die sie als daemon meri-
dianus, als die „Langeweile des Nachmittags" besonders bedrohte, als „die
Gefahr jener Stunden, wo die Gebete des Morgens verstummt waren und
die des Abends noch nicht begonnen hatten und also die Aufmerksamkeit
des Betenden auf Gott abgeschwächt und mitunter zu nichts geworden
war". Benedikt schickte seine Mönche nach dem Mittagessen zu körperlicher Arbeit aufs Feld.

(Mut zur Selbstkritik und zum Infragestellen der eigenen Leistung).[13] Eine faszinierende Vision des Alterns! Wer selbst im Prozeß des Alterns steht oder anderen, die darin stehen, beisteht oder auch nur zuschaut, weiß sehr wohl, daß der inneren Annahme dieses Prozesses ähnliche Stufen oder Phasen vorangehen, wie sie die Ärztin E. Kübler-Ross für die Annahme des Sterbens, also des Endpunktes, auf den dieser Prozeß zuläuft, herausgearbeitet hat: Nicht-wahr-haben-Wollen und Isolation, Zorn, Verhandeln, Depression und schließlich Zustimmung und Annahme.[14] Nur wo die Endlichkeit bejaht und das Einvernehmen mit der Sterblichkeit hergestellt ist, kann es freie Annahme des Alterns geben. Aus dieser freien Annahme bildet sich jene innere Distanz zur eigenen Lebenswirklichkeit heraus, in der neue Identität mit sich selbst und neues Engagement für andere entstehen können.

(1) Neue Identität aus der Distanz

(a) Die Bedeutung der Rede von Identität

„Mit den Fragen nach dem Alter stoßen wir unweigerlich auf die Identitätsfrage".[15] Während der von Sigmund Freud eingeführte Begriff „Identifikation" die Angleichung an fremde Werte, Personen oder Gruppen bezeichnet, zielt die soziologische und pädagogische *Rede von „Identität"* auf einen menschlichen Reifezustand, den man früher einer „in sich ruhenden Persönlichkeit" zugeschrieben hat. Sie meint das bleibende, einmalige und unverwechselbare Selbstsein eines Menschen, sein bleibendes Bei-sich-selbst-Sein und Mit-sich-selbst-gleich-Sein trotz aller Wandlungen oder besser durch alle Wandlungen hindurch, die seine lebensgeschichtliche Entfaltung in Bewegung hal-

---

13 Vgl. R. Jungk, Meine endlich erworbene Freiheit, in: H.J. Schultz (Hrsg.), Die neuen Alten 18–29.
14 E. Kübler-Ross, Interviews mit Sterbenden, Stuttgart (2. Aufl.) 1971.
15 L. Rosenmayr, Die Kräfte des Alters 67.

ten und zu ständiger produktiver Neuorientierung herausfordern. J. Habermas definiert „die gelungene Ich-Identität (als) jene eigentliche Fähigkeit sprach- und handlungsfähiger Subjekte, auch noch in tiefgreifenden Veränderungen der Persönlichkeitsstruktur, mit denen sie auf widersprüchliche Situationen antworten, mit sich identisch zu bleiben".[16] Was damit konkret gemeint ist, hatte E.H. Erikson schon zuvor als Konzept eines Bildungsziels pädagogisch konkretisiert, indem er einzelne Stufen der Selbstfindung in der Kindheit und im Erwachsenenalter herausgearbeitet hat. Der Erwachsene spätesten muß – trotz aller Regressionen in frühere Phasen – die zunehmende Dringlichkeit entfalteter und standfester Identität mitsamt der darin umschlossenen Bindung an andere und der Fürsorge für die kommende Generation wahrnehmen. Die gesamte lebensgeschichtliche Entfaltung, Umwege und Irrwege eingeschlossen, muß vom alternden Menschen in einem umfassenden ganzheitlichen Sinnverständnis so integriert werden, daß auch die noch ausstehende Lebenszeit an ihm teilhaben kann.[17] Die Findung solcher Identität mit sich selbst ist die unabdingbare Voraussetzung für eine gelingende Annahme des Alterns.

Die Treue zur eigenen Identität ist *ständiger Bedrohung ausgesetzt,* und zwar von innen und von außen. Die Bedrohung setzt ein, wenn beim Blick in den Spiegel die ersten grauen Haare und die ersten gelblichen Flecken im Gesicht bemerkt werden. Man wird sich selbst fremd in seiner sich verändernden Leiblichkeit, man empfindet Erschrecken, Grauen, vielleicht Ekel und Selbsthaß.[18] Aber die Identität

---

16 J. Habermas, Können komplexe Gesellschaften eine vernünftige Identität ausbilden? in: Ders.-D. Henrich, Zwei Reden, Frankfurt 1974, 27.

17 Vgl. E.H. Erikson, Einsicht und Verantwortung, Stuttgart 1966; vgl. auch Ders., Der vollständige Lebenszyklus, Frankfurt 1988.

18 J. Améry, Über das Altern 43–47, schildert solches „Sich fremd werden" mit verbissener Präzision – etwa an der Fünfzigerin A, die sich „der gelben Verschandelung wegen ohne rechten Humor Xanthippe nennt" und die in sich den Widerstand fühlt „gegen das Ich, das gelbverfleckt und, wie sie

ist auch von außen her bedroht. Dem alternden Menschen, „dem Geschöpf ohne Potentialität", bewilligt niemand mehr den „Kredit seiner Zukunft", ganz gleich, ob er Bankangestellter oder Postbeamter ist oder „der Provinznotar André, ein distinguierter Patrizier aus dem Pyrenäenland, Mann von Vermögen und einiger Geisteskultur, der sich nach vielen Jahren zum ersten Mal wieder ohne Familienbindung in Paris" befindet; an der Schwelle der Fünfzig lockt es ihn zu erfahren, ob seine Existenz noch die Legitimation seiner Mitwelt hat. Er wohnt im „Ritz", versucht es mit dem „Lido" auf den Champs Elysées, dann im Theater, dann mit einem Spaziergang und schließlich im Café, wo er nicht einmal einen Platz findet. „Das wäre aber noch hinzunehmen für A, hätte er nicht in steigendem Maße das Gefühl, daß er u n s i c h t b a r ist. Niemand beachtet ihn. Es scheint, so denkt er, daß man in dieser Stadt nicht existiert, wenn man älter als fünfundzwanzig ist. Am nächsten Morgen reist er in tiefer Verstimmung ab. Ein paar Wochen darauf erleidet er einen Herzinfarkt".[19] Ohne das „Einvernehmen mit der Sterblichkeit" gibt es für den alternden Menschen keine Identität mit sich selbst.

Aber es ist eben eine neue und andere Identität, die ihm aus solcher Erfahrung zuwächst und ihn seine Fremdheit gegenüber den Jungen ungleich stärker erfahren läßt als die Unterschiede hinsichtlich der Jahre und der äußeren Selbstdarstellung. Die Zeit schreitet voran und bildet neue Moden, neue kulturelle Stile, neue intellektuelle Muster[20] heraus, die er zur Kenntnis nehmen, mit denen er sich kritisch-produktiv auseinandersetzen und von denen er sich auch anregen und bereichern lassen kann, solange er sich von alledem nicht ins endgültige Abseits eines trotzigen Rückzugs abdrängen läßt. Aber er kann sie nicht mehr so in

---

manchmal etwas hochtrabend sagt, mit ‚geschändeten' Augen aus dem Glase ihr entgegenblickt".
[19] Vgl. J. Améry, a.a.O. 70–76.
[20] Vgl. J. Améry, a.a.O. 96–102.

seine Identität integrieren, daß er sich als vollwertiger Zeitgenosse fühlt. Die Zeit geht an ihm vorüber und läßt ihn zurück. Seine aus der Erfahrung von Endlichkeit gewonnene Weisheit paßt nicht in ihr Konzept. Sein konkretes Wissen ist weithin überholt, und er kann es sich nur von den Jungen ergänzen lassen.[21] Im übrigen hört er es nicht gern, wenn man ihm vorwirft, er habe mit all seinem Wissen und Können und mit seiner Leistung für die nächste Generation vor allem eine vielleicht irreparabel zerstörte Umwelt zurückgelassen.

Ehe die neue und andere Identität des alternden Menschen inhaltlich konkretisiert wird, soll kurz von den *Voraussetzungen* die Rede sein, ohne die sie nicht gefunden werden kann: von der Annahme des Unvermeidlichen und vom Wachwerden für das Wesentliche. Diese beiden Grundlagen der Identität des alternden Menschen, die im folgenden dargestellt werden sollen, gehen so sehr ineinander über, daß Überschneidungen unvermeidlich sind.

(b) Grundlagen der Identitätsfindung im Alter

Als erstes Element ist *die Annahme des Unvermeidlichen* zu nennen. Das „Einvernehmen mit der Endlichkeit" läßt sich gewiß nicht durch einen einzelnen asketischen oder spirituellen Akt herstellen; es bildet sich nur in einem andauernden Prozeß, der immer wieder neu angestoßen werden muß und der sich unvermeidlich als eine oft sehr leise, aber bleibende und die Altersidentität mitbestimmende Unterströmung von Traurigkeit im Grundgefühl des Daseins niederschlägt. Die spezifische Erfahrung des Alterns ist nun einmal der fortschreitende Entzug der Lebenszeit, „das Enden", „das Sinken des Lebensbogens". Diese Erfahrung gewinnt, wenn sie nicht verdrängt wird, zunehmend an Konsistenz; im Gegenzug können zustoßende Ereignis-

---

[21] L. Rosenmayr, Die Kräfte des Alterns 186: „Die Alten müssen von den Jungen lernen, wenn sie gesellschaftlich kompetent bleiben wollen".

se und selbstgesetzte bewußte Handlungen dünner werden und an spezifischem Gewicht verlieren. Impulse, die früher zu neuen Antrieben geführt haben, etwa lebensgeschichtlich anfallende Entscheidungen zur beruflichen Orientierung, zur Gründung einer Familie, zum Bau eines Hauses, zu einem gesellschaftlichen Engagament, stehen nicht mehr oder nur noch wenig an; die Ansehnlichkeit des im Leben Geleisteten nimmt ab. R. Guardini hat recht: Das Alter ist „die Lebensfigur des ernüchterten Menschen".[22] Aus dem Unterbewußtsein bauen sich zwar allerlei Abwehrmechanismen auf, um die aufdringliche Ernüchterung zurückzudämmen. Aber die Signale, von denen die Rede war, werden immer deutlicher und unübersehbarer: die Zeit wird kürzer, die Lebensdynamik schwächer, der Kreis der Freunde enger, die mühsam aufgebauten Sicherheiten werden gebrechlicher. Viele Alternde werden zunehmend den Bedürfnissen und Bedrängnissen ihrer Leiblichkeit ausgeliefert, ohne daß diese durch noch so vielversprechende Abhilfen verfügbarer wird. Das alles wird von außen her durch täglich neue Bescheinigungen des Überflüssigwerdens quittiert. Manches wird sich wieder bessern lassen, aber der Sachverhalt „Enden" kann nur angenommen werden. Das Sittliche ist das freie Ja zum Anspruch der Wirklichkeit an die menschliche Person. Darum kann Altern nur gelingen, wenn ungeheucheltes Einvernehmen mit der Endlichkeit angestrebt wird. Die Endlichkeit hält sich bei dem, der sich ihr verweigert, noch unerbittlicher in Erinnerung. „Qui n'a pas l'esprit de son âge, de son âge a tout le malheur – Wer nicht im Geist auf sein Alter eingestimmt ist, hat das ganze Ungemach seines Alters zu tragen".[23] Die Einlassung auf die Endlichkeit kann und soll das Engagament in der immer wieder neu gewährten Zeit nicht beenden oder gar aus-

---

[22] Vgl. R. Guardini, Die Lebensalter 50–52.
[23] Sances à Mme du Châtelet, eine Freundin Voltaires (1741); das Zitat kann nicht mehr nachgewiesen werden.

schließen.[24] Aber sie ist doch die Voraussetzung dafür, daß jemand fähig und bereit ist, sein Lebensgewicht vom Haben zum Sein hin in Bewegung zu setzen. Und weil diese Bemühung beim alten Menschen unter dem Randdruck vom Ende her geschieht, ist ein gewisses Maß an Resignation, Traurigkeit und Schmerz kaum zu vermeiden. Der Schmerz gehört zu den unvertretbaren Grunderfahrungen des Menschen überhaupt; ohne ihn gedeiht in seinem Leben nichts Wesentliches. Der Schmerz stimuliert die Reife, weil er uns drängt, im zentralen Bereich unseres Daseins vom Belanglosen zum Eigentlichen hinüberzuwechseln. Er erinnert uns an die Begrenztheit unseres Daseins, insofern er manche Illusionen zerzaust und uns den wahren Charakter unseres Daseins deutlich werden läßt. Und schließlich können wir in jedem Schmerz eine Voranmeldung des letzten Schmerzes erkennen, in jedem „vorläufigen" Schmerz einen Anteilschein des letzten einlösen. Die Einlassung mit der Begrenztheit wird jeder und jede in persönlich-unverwechselbarer Weise anstreben und in seine Identität integrieren. Niemand wird sie stets in gleicher Intensität vollziehen können; selten wird man damit seiner Gesamtentwicklung vorausein, oft wird man hinter ihr herhinken, weil die Schritte zu solcher Einlassung sehr beschwerlich sind. In manchen Phasen wird die Zuversicht stärker als die Besorgtheit. Der Schriftsteller (und Orgelbauer) Hans Henny Jahnn schreibt in seinem „Bornholmer Tagebuch": „Je genauer meine Überlegungen werden, desto freudiger wird mir das zukünftige Schicksal. Nicht als ob ich glaubte, Schmerzen könnten mir erspart bleiben, das

---

[24] E. Jüngel, Der Tod 102, hat recht: Auch „der Glaubende ist kein Sterbenskünstler. Er kann es schon deswegen nicht sein, weil das eigene Ich bei solchen Künsten unerträglich überschätzt wird." Er fährt dann fort: „Ars moriendi ist die raffinierteste Art, sich selber vor sich selber sozusagen im Modus der Aufhebung noch interessant zu machen. Nein: sterben zu können, ohne leben zu können, das geht nicht." Dem zweiten Satz wird man gerne zustimmen, der erste scheint doch eher eine Rarität im Auge zu haben.

Lästige würde nicht eng an mir sitzen. Ich sehe deutlich genug, ich schreite Stufen hinab. Aber das ist das Gesetz, an das ich gebunden bin. Ich werde älter. Ich habe schon mehr als die Hälfte meiner Daseinsgüter verloren. Die Zeit ist nur noch dünn vor mir. Es müssen schwere Hämmer geschwungen werden, die Schläge müssen dicht fallen, damit ich zu meinem Tod, der klein und elend genug sein wird, bereit bin".[25]

Der Schriftsteller H.H. Jahnn wird hier nicht herbeizitiert, um der Stimme des Ethikers als dröhnender Verstärker zu dienen. Einlassung mit der Endlichkeit ist nur eine der Voraussetzungen der Identität des Altwerdens. Aber sie muß als konstitutives Element in diese Identität miteingehen; darum kann nicht mit dem Hinweis, gerade den Alten stehe gelassene Heiterkeit besonders gut zu Gesicht, darüber hinweggegangen werden. K. Rahner hat zu Recht vor der „optimistischen Dauerfröhlichkeit" gewarnt, die manche Alte vor sich hertragen; er hält es für einen „frommen Schwindel zu sagen, man könnte auch im Alter ein junges und fröhliches Herz bewahren".[26] Gewiß wird bereits der junge Mensch, noch ehe er von der Welt recht Besitz ergriffen hat, anfangen müssen, Distanz von ihr zu halten und sie nicht um jeden Preis „haben" zu wollen. Der alternde Mensch aber kann in solchem Bemühen schon gar keine

---

[25] Wieder ein Sonntag, in: Bornholmer Tagebuch II (Werke und Tagebücher, hrsg. von H. Mayer, Bd. VII, Hamburg 1974, 707ff, zitiert in: Das Insel-Buch vom Alter 60f. Dessen Herausgeber, H. Bender, schreibt in seinem „Nachwort" (251–254): „Einverständnis und Abwehr tragen ihre Fehden aus ... (H. H. Jahnn) will sein Einverständnis erzwingen, indem er auf das verweist, was sowieso unabänderlich ist: ‚Aber da ist ja das Gesetz, an das ich gebunden bin'. Bei Hermann Hesse sind es ‚Stufen', hinab und hinauf. Sein Einverständnis wandelt sich zum ‚Ja', wie die Philosophie des Ostens es ihn gelehrt hat: ‚Kurz gesagt: um im Alter seinen Sinn zu erfüllen und seiner Aufgabe gerecht zu werden, muß man mit dem Alter und allem, was es mit sich bringt, einverstanden sein, man muß ja dazu sagen' ..."
[26] Von der eigentümlichen Resignation im Alter, in: Publik-Forum 10 (1981) H.1, 19, zitiert bei M. Blasberg-Kuhnke, Gerontologie und Praktische Theologie 295f.

Trockenübungen mehr sehen. Er ist endgültig in das „Grenzgebiet" zwischen dieser und der „jenseitigen" Welt vorgeschoben.

Die Bereitschaft zum „Einvernehmen mit der Endlichkeit" vermag, wenn sich der Mensch ihrer Dynamik erschließt, seine sittliche Kraft so sehr zu stimulieren, daß sich eine spezifische *Wachheit für das Wesentliche* seiner letzten Lebensphase einstellt. Das Gemeinte ist nicht leicht zu fassen. Man spricht von bleibenden Werten oder tragenden Einstellungen (Tugenden), die alternden Menschen besonders gut anstehen und die man bei ihnen durchaus auch erwartet. Zusammen entwickeln sie eine bestimmte Ausrichtung zur „ethischen Dominante"(R. Guardini) ihres ganzen Handelns und Erleidens. Freilich darf nicht das Mißverständnis aufkommen, man könne diese oder jene einzelne Einstellung oder Tugend oder gar die Bündelung mehrerer Tugenden zu einer „ethischen Dominante" wie irgendein greifbares Gut unmittelbar zweckhaft anstreben. Sittliche Einstellungen bilden sich „auf dem Rücken" bestimmter Entscheidungen und Daseinsorientierungen, d. h. sie stellen sich sozusagen von selbst ein, wenn ein Mensch sich in Freiheit und Liebe anhaltend für das Richtige und Gute entscheidet. M. Scheler hat in seinem Aufsatz „Zur Rehabilitierung der Tugend" darauf hingewiesen, daß die Tugend zu allen Zeiten nicht das eigentlich Angezielte war, „sie galt vielmehr als das nicht erstrebte ‚surplus', als das freie Geschenk der Gnade, für dessen feierlichen Empfang alle Bemühungen und Anstrengungen des Willens nur die notwendige Bereitschaft zur Aufnahme erzeugen sollten. Vor jenen, die ihr außer Atem nachlaufen, verbirgt sich die Tugend noch schnellfüßiger und geschmeidiger als ihre gemeinere Schwester, das Glück".[27] Nicht weniger feinsin-

---

[27] In: Vom Umsturz der Werte. Abhandlungen und Aufsätze (Gesammelte Werke, Bd. 3), Bern (4. Aufl.) 1955, 13–31, hier 16. Vgl. a.a.O. 15: Tugend ist uns unleidlich geworden, weil wir sie „nicht mehr als ein dauernd lebendiges, glückseliges Könnens- und Machtbewußtsein zum Wollen und Tun

nig hat ein anderer Philosoph, O. F. Bollnow, dieses Grundgesetz der Entstehung jeglicher Tugend beschrieben: „Die Tugenden sind gewissermaßen das Sediment, das sich im wiederholten sittlichen Verhalten des Menschen ablagert, die ungewollt sich ausbildende Form, oder in einem anderen Bild: der Pfad, der sich bildet, indem er begangen wird".[28]

Die hier gemeinten sittlichen Einstellungen enthalten zum einen Teil eher ein Element des „Erleidens", etwa die Fähigkeit des Loslassens, der Verabschiedung von Menschen (Kindern, Eltern, Lebensgefährten, Freunden), von Gewohnheiten, Lebensstilen, Milieus oder einfach von Dingen und Besitztümern, dann das Hinnehmen von Mängeln und Begrenztheiten jeglicher Art, auch das Zulassen von unüberwindlicher Trauer oder Vereinsamung. In solchem Klima gedeihen Einsicht, Weisheit, Geduld und Gelassenheit; R. Guardini spricht sogar von Überlegenheit: „Es ist die Überwindung der Angst, des Auskosten-Wollens, des Sich-Eilens mit dem Rest, der noch gelebt werden kann, des Voll-Stopfens der kürzer werdenden Zeit mit Stoff ..."[29] Dann gibt es Einstellungen, in denen eher ein Element des „Wachstums", ein „Könnens- und Machtbewußtsein" hervortritt. Da kann eine endlich gewonnene Unabhängigkeit von alltäglichen Handlungs- und Erfolgszwängen und schmerzlichen Beengungen verschiedenster Art erfahren werden und mit ihr die Freiheit, endlich zu tun, was lange ungetan bleiben mußte. Da kann eine neue Wachheit auftreten, die unter der alles verschüttenden Alltäglichkeit verborgene Kostbarkeiten entdecken hilft. Da kann das Handeln nachdrücklicher reflektiert und mit grö-

---

eines in sich selbst, und gleichzeitig für unsere Individualität allein Rechten und Guten verstehen, als ein Machtbewußtsein, das frei aus unserem Selbst hervorquillt, sondern bloß als eine dunkle, unerlebbare ‚Disposition' und Anlage, nach irgendwelchen vorgeschriebenen Regeln zu handeln".

[28] Wesen und Wandel der Tugenden, Frankfurt 1958, 24.

[29] Die Lebensalter 57.

ßerer Behutsamkeit vollzogen werden. Da kann sich das Auge für „neue Räume" öffnen – und dies um so mehr, als der Mensch „in der Nähe zum Ursprung heimisch" wird[30] und aus dieser Nähe Dankbarkeit, Vertrauen und Hoffnung erfährt. So meint es wohl Hermann Hesse in seinem Gedicht „Stufen":

> Es wird vielleicht auch noch die Todesstunde
> uns neuen Räumen jung entgegensenden.
> Des Lebens Ruf an uns wird niemals enden.
> Wohlan denn, Herz, nimm Abschied und gesunde."

Dieses Wachwerden für das Wesentliche ist – als Frucht, die aus der Annahme des Unvermeidlichen allmählich heranreift – eine zweite Voraussetzung dafür, daß der alternde Mensch seine spezifische Identität findet. – Nun kann gefragt werden, wie denn solche Identität sich konkret entfaltet.

(c) Elemente spezifischer Altersidentität

In dem Maße, als der alternde Mensch der Endlichkeit seines Daseins zustimmt und auf ihre Signale zu hören beginnt, kann sich in ihm allmählich eine neue Grundeinstellung – wir nennen sie die Tugend der *Zeitsouveränität* – als ethische Dominante herausbilden.[31] In einer modernen In-

---

[30] Vgl. M. Heidegger, Erläuterungen zu Hölderlins Dichtung, Frankfurt (3. Aufl.) 1965, 24, zitiert bei J. Splett, Zum Sinn des Alterns 362.

[31] H. Lübbe, Im Zug der Zeit, bes. Kapitel 8 und 9, zeigt, daß durch die Entwicklung zur neuzeitlichen Industriegesellschaft den meisten Menschen in unserem Kulturkreis ein Maß an freier Zeit zur Verfügung gestellt ist, das nicht mehr mit den herkömmlichen Bezeichnungen Freizeit und Urlaub abgedeckt werden kann. Im folgenden soll deutlich gemacht werden, wie sich diese Entwicklung im Leben alternder Menschen auswirkt. Vgl. auch A. Auer, Zeitsouveränität als Ermöglichung erfüllten Menschseins, in: heilen (Zeitschrift, hrsg. von der Niels-Stensen-Gesellschaft, Stenone-Verlag Köln) Jahrgang 1989, Nr. 3, 12–30.

dustriegesellschaft genießt der Mensch durchschnittlich ungleich mehr freie Zeit, als es früheren Generationen überhaupt vorstellbar war. Für einzelne Gruppen, die an diesem Zugewinn an freier Zeit nur geringen Anteil haben (Hausfrauen, handwerklich und freiberuflich Tätige und sozial besonders engagierte Menschen), ändert sich nicht allzuviel, wenn sie die sog. gesetzliche Altersgrenze erreichen. Für sie ist nach wie vor jede ihnen zufallende freie Zeit ein Geschenk. Nun gibt es freilich auch Zwangszuweisungen an freier Zeit, die in jedem Fall als schmerzliche Belastung empfunden werden, vor allem Krankheit und Arbeitslosigkeit. Für zahlreiche Menschen bedeutet auch der Beginn des Ruhestandes die Einweisung in eine Lebensphase, in der sie aus ihrer gewohnten Tätigkeit zwangsweise ausgeschlossen sind. Ihre berufliche Tätigkeit hatte bislang, ohne daß sie sich dessen vielleicht bewußt geworden waren, ihre Tage, ihre Jahre, ja das Leben insgesamt in einer Weise strukturiert, daß der Umgang mit der Lebenszeit als solcher kein ausdrückliches geistig-sittliches Engagement erforderlich zu machen schien. Die tägliche Arbeit hatte sie in ein soziales Netz eingebunden, das sie selbst mittrugen, von dem sie aber auch selbst mitgetragen waren. Die Einweisung in den Ruhestand beendet diese Automatik – ganz gleich, ob sie diesen Augenblick herbeigesehnt oder angstvoll auf sich haben zukommen sehen. In ihrem künftigen Leben wird sich jedenfalls nur noch ereignen, was sie entweder schicksalhaft überkommt oder was sie selbst durch eine bewußte und freie Entscheidung in Gang setzen.

Der allgemeine gesellschaftliche Zustand, in dem für den einzelnen mehr Zeit frei wird, als er für Erholung und kreative Eigentätigkeit braucht, verdichtet sich nun für viele alternde Menschen zu einem lebensgeschichtlich hochbedeutsamen Sachverhalt: Sie verfügen über eine Menge Zeit, und es ist allein in ihre Hand gegeben, ob daraus ein gefährlicher Leerraum oder ein sinnerfüllter Freiraum wird. H. Lübbe zitiert ein Wort, das er in den fünfziger Jahren von Th. W. Adorno gehört habe: „Zeit und Geld seien

Maße der Freiheit".[32] Er erinnert zu Recht daran, daß der endgeschichtliche Zustand der Fülle, den K. Marx von der zukünftigen kommunistischen Gesellschaft erhofft hat, durch die moderne kapitalistische Industriegesellschaft erreicht worden ist, daß nämlich der Mensch nicht sein Lebtag unter dem Joch fremdbestimmter Arbeit seufzt, sondern seine Zeit nach eigenen Wünschen und Befürfnissen verbraucht, wo es ihm möglich ist, „heute dies, morgen jenes zu tun, morgens zu jagen, nachmittags zu fischen, abends Viehzucht zu treiben, nach dem Essen zu kritisieren, wenn er gerade Lust hat, ohne Jäger, Fischer, Hirt oder kritischer Kritiker zu werden".[33] Um nicht mißverstanden zu werden, sei ausdrücklich daran erinnert, daß es auch in unserer Gesellschaft alte Menschen gibt, die weder Geld noch Zeit haben, sich solche „Freiheit" leisten zu können. Und es sei zugleich betont, daß Zeit und Geld nur „Maße der Freiheit" sein können, aber keineswegs immer sind und schon gar nicht automatisch sind. Sie erzeugen nur die Möglichkeit von Freiheit, sie erzeugen aber zugleich auch die Möglichkeit von Willkür und Unfreiheit. Aus „Zeit und Geld" Freiheit und Sinn hervorzubringen, dies stellt in der Tat Chance und Herausforderung zahlreicher alter Menschen in unserer Gesellschaft dar; und von diesen ist in unserem Zusammenhang die Rede. Der Blick auf die anderen, denen Zeit und Geld verwehrt bleiben, könnte hier nur als Alibi dienen. Darum sollte uns auch kein Moralist an die „Option für die Armen" erinnern; hier geht es um die Herausforderung an die „Reichen". Und dazu gehören alle, die so viel an materiellen Gütern haben, daß sie über die Erfordernisse der nackten Notdurft hinausdenken und hinausplanen können. Und deren gibt es in unserer Gesellschaft glücklicherweise mehr als in irgendeiner früheren Zeit unserer Geschichte. Und sie müssen bedenken, daß Zeit und

---

[32] H. Lübbe, a.a.O. 339.
[33] In: Marx-Engels Werke, Bd. 3, Berlin 1991, 9–530, hier 33, zitiert bei H. Lübbe, a.a.O. 336, Anm. 20.

Geld nicht Freiheit, sehr wohl aber eine Chance für die Freiheit darstellen. Die hier vorzustellende „Tugend der Zeitsouveränität" ist das eigentliche ethische Implikat jener reichlichen Gewähr von Lebenszeit, die vielen heute – zusammen mit der materiellen Sicherung ihres Daseins – zuteil wird. Auch jene, die an ihrer nicht mehr durch Arbeit strukturierten Lebenszeit zunächst wie an einer Zwangszuweisung leiden, sollten die in ihr angelegten verborgenen Möglichkeiten entdecken und nutzen. Was H. Lübbe für die Menschen heute ganz allgemein als gültig erachtet, gilt in besonderer Weise vom alten Menschen: Gewährte Lebenszeit kann nur in dem Maße als sinnerfüllte Freiheit erfahren werden, als der Mensch über diese Zeit tatsächlich so verfügt, daß seine Dispositionen wirklich zum Glücken seines Daseins beitragen.[34] Wir erinnern uns: Das Sittliche artikuliert den Anspruch der Wirklichkeit an die menschliche Person. Dem alten Menschen, von dem hier gesprochen wird, ist in der Regel eine lange Zeit gewährt, die er nicht damit zubringen muß, der materiellen Notdurft seines Lebens abzuhelfen. Er hat ja nicht nur Zeit, sondern auch Geld, d. h. Rente oder Pension, zu seiner Verfügung. Darum muß er der reichlich gewährten Zeit aus der Kraft seiner Vernunft und seiner Freiheit heraus jenen Sinn einstiften, der seinem eigenen Leben und der Gemeinschaft, auf die er hingeordnet ist, einen humanen „Mehrwert", einen Zugewinn an Menschlichkeit einbringt. Die Erwartung einer deutlich verlängerten Lebenszeit fordert dem alten Menschen zumeist mehr Spontaneität und Kreativität ab, als ihm sein bisheriges Leben abverlangt hat, wenn Lebenszeit wirklich vom Menschen zu erfüllende Zeit werden und nicht zu passivem Ablaufenlassen physikalischer

---

[34] H. Lübbe, a.a.O. 345: „Die These lautet nicht, die Voraussetzungen, von denen es abhängt, aus lebensträchtiger Eigenzeit tatsächlich Sinn machen zu können, stünden jederzeit gänzlich zu unserer Disposition. Aber das ändert nichts an der Feststellung, daß die Erfahrbarkeit jener Freiheit vom Gelingen der Zeitdispositionen abhängt, die Individuen tatsächlich treffen."

Zeiteinheiten verkümmern soll. In der Zeit der „späten Freiheit" (L. Rosenmayr) geschieht nichts personal Bedeutsames, wenn der Mensch sich nicht selbst zum Tun entschließt. „Je zeitfreier man subjektiv existiert, desto schwieriger ist es, sich als zeitsouverän zu erweisen. Die Niveaus der Zeitumgangskultur, die Individuen zu erreichen vermögen, driften immer weiter auseinander ... Das Problem, im Genuß der Zeitfreiheit Zeitsouveränität auszubilden, (ist heute) ein Problem von Millionen".[35] Der Reifegrad lebensgeschichtlich eingeübter Freiheit ist nun einmal sehr verschieden, wenn die Menschen an der Grenze des Alters ankommen, und von dieser Voraussetzung her stehen auch die Chancen weiterer Entfaltung von Zeitsouveränität sehr verschieden; man wird freilich nicht davon ausgehen dürfen, daß hier definitive Bestimmtheiten vorliegen, vielmehr können gerade von der Erfahrung der Grenze her ganz unerwartete Impulse ausgehen. Jedenfalls gewinnt angesichts der erhöhten Lebensdauer beim alten Menschen die Fähigkeit zur Selbstbestimmung immer höhere Dringlichkeit. Freilich darf man die Schwierigkeiten nicht unterschätzen. Ungeübt, wie allzu viele Menschen im personalen Vollzug ihres Daseins sind, schlägt die Lust am Gelingen freiheitlicher und sinnerfüllter Zeitverfügung nur zu oft unter der Last des Mißlingens in Unlust und Resignation um. Leider haben sich ja auch viele Menschen lange genug einreden lassen, ihre sog. Freiheit sei nicht mehr als das Ensemble der Eindrücke, die sie aus ihrer genetischen Vorgabe und aus den vielfältigen Einflüssen ihrer Mit- und Umwelt empfangen. Vielleicht hilft da dem wissenschaftlich sensibilisierten Zeitgenossen schon der Hinweis, daß nach Auskunft der Neuroanatomen und Hirnforscher die gegenwärtige Menschheit „erst etwa ein Fünftel der Gehirnzellen in ständigem Gebrauch hat, weil sich daraus schließen ließe, daß zukünftige Entwicklungen den Ge-

---

[35] H. Lübbe, a.a.O. 351.

brauch ungenutzter Hirnzellen verheißen (und darum) das Leben ... keineswegs mit dem Ruhestand, dem Lebensrückblick und dem passiven Abwarten des unvermeidlichen Endes abzuschließen braucht, wenn wir uns jener mühsamen Entwicklungsarbeit nicht entziehen, die uns auf der vorläufig letzten Lebensstufe auferlegt ist".[36]

Zum Frieden mit dem Dasein und zum Konsens mit sich selbst kommt der alte Mensch offensichtlich nur, wenn er die mit jeder neu gewährten Lebenszeit angebotenen Möglichkeiten wahrnimmt und einlöst. Wenn Zeitsouveränität als Tugend bezeichnet wird, dann ist damit auch schon gesagt, daß sie sowenig wie das Glück unmittelbar angestrebt werden kann (M. Scheler, O.F. Bollnow). Sie stellt sich als nicht gezielt intendiertes Geschenk wie selbstverständlich ein, wenn in einer dem Alter angemessenen Weise *anhaltend sinnvoll gehandelt* wird.

Hier findet der alte Mensch gerade die ihm gemäße Identität, die nicht vom Kind und nicht vom jungen Menschen erreicht werden kann; beiden wäre sie inadäquat, weil ihre Zeitperspektive noch nicht vom Bevorstand des Endes geprägt ist. H. Schelsky bezeichnet dieses spezifische Einssein des Alters mit sich selbst, diese innerlich engagierte Gelassenheit mit dem Ausdruck „Überidentität", weil dieses Einvernehmen mit dem Zu-Ende-Gehen zwar alle früheren Formen von Identität miteinschließt, sie aber zugleich um eine neue Dimension überschreitet.[37] Früheres wird nicht aufgegeben, immer schon tragende mitmenschliche

---

[36] T. Brocher, Stufen des Lebens, Stuttgart–Berlin 1977, 190. A.a.O. 188 berichtet der Verf., daß er in seinem Leben (und wohl auch in seiner psychotherapeutischen Praxis) zwei verschiedene Lebensstufen hohen Alters kennen gelernt habe: „die aufsteigende, erhellende und die absteigend-verdämmernde".

[37] H. Schelsky in seinem Vortrag „Die Paradoxie des Alters in der modernen Gesellschaft" in: Ders., Auf der Suche nach Wirklichkeit, Köln 1965, 198–221. Der Begriff „Überidentität" begegnet nicht im Vortrag selbst, sondern wurde nur „gesprächweise" in der Diskussion über ihn eingebracht. Vgl. H. Lübbe, Im Zug der Zeit 370. Der Vertrag von H. Schelsky über „Das

Beziehungen gewähren weiterhin Schutz und Geborgenheit, es hat keine Eile mit der Sinnerfüllung der immer wieder neu geschenkten Lebensphase, und es drängt sich vor allem keinerlei Hektik ein, weil es auf nichts anderes mehr ankommt, als daß das gewährte Jetzt mit Freiheit und Liebe angefüllt wird. Es ist genau dieser souveräne Umgang mit der immer nur „in Raten" wieder gewährten Lebenszeit, was die authentische Identität des Alters ausmacht, was ihm – wie Hermann Hesse sagt – „sein eigenes Gesicht, seine eigene Atmosphäre und Temperatur, eigene Freuden und eigene Nöte" einbringt. Um hier das menschlich Richtige zu tun, „muß man mit dem Alter und allem, was es mit sich bringt, einverstanden sein, man muß Ja dazu sagen".[38] In der eben zitierten Schrift „Über das Alter" stellt der Dichter etliche wesentliche Elemente spezifischer Altersidentität vor, die in längeren Zitaten vermittelt werden sollen; die Ausführlichkeit rechtfertigt sich von selbst aufgrund der inhaltlichen Aussagen und der Kostbarkeit der Sprache. H. Hesse schreibt:

„Jeder weiß, daß das Greisenalter Beschwerden bringt und daß an seinem Ende der Tod steht. Man muß Jahr um Jahr Opfer bringen und Verzichte leisten. Man muß seinen Sinnen und Kräften mißtrauen lernen. Der Weg, der vor kurzem noch ein kleines Spaziergängchen war, wird lang und mühsam, und eines Tages können wir ihn nicht mehr gehen. Auf die Speise, die wir zeitlebens so gern gegessen haben, müssen wir verzichten. Die körperlichen Freuden und Genüsse werden seltener und müssen immer teurer bezahlt werden. Und dann alle die Gebrechen und Krankheiten, das Schwachwerden der Sinne, das Erlahmen der Organe, die vielen Schmerzen, zumal in den oft so langen und ban-

---

Prinzip Erfahrung, Lebensgrundlage einer Generation" (15. 3. 1977) ist dem Verfasser nicht zugänglich.
[38] H. Hesse, Über das Alter, in: Ders., Eigensinn. Autobiographische Schriften (Bibliothek Suhrkamp 353) Frankfurt 1972, zitiert in: Das Inselbuch vom Alter 203–206.

gen Nächten – alles das ist nicht wegzuleugnen, es ist bittere Wirklichkeit. Aber ärmlich und traurig wäre es, sich einzig diesem Prozeß des Verfalls hinzugeben und nicht zu sehen, daß auch das Geisenalter sein Gutes, seine Vorzüge, seine Trostquellen und Freuden hat. Wenn zwei alte Leute einander treffen, sollten sie nicht bloß von der verfluchten Gicht, von den steifen Gliedern und der Atemnot beim Treppensteigen sprechen, sie sollten nicht bloß ihre Leiden und Ärgernisse austauschen, sondern auch ihre heiteren und tröstlichen Erlebnisse und Erfahrungen. Und deren gibt es viele.

Wenn ich an diese positive und schöne Seite im Leben der Alten erinnere und daran, daß wir Weißhaarigen auch Quellen der Kraft, der Geduld, der Freude kennen, die im Leben der Jungen keine Rolle spielen, dann steht es mir nicht zu, von den Tröstungen der Religion und Kirche zu sprechen. Dies ist Sache des Priesters. Wohl aber kann ich einige von den Gaben, die das Alter uns schenkt, dankbar mit Namen nennen. Die mir teuerste dieser Gaben ist der Schatz an Bildern, die man nach einem langen Leben im Gedächtnis trägt und denen man sich mit dem Schwinden der Aktivität mit ganz anderer Teilnahme zuwendet als jemals zuvor.

Menschengestalten und Menschengesichter, die seit sechzig und siebzig Jahren nicht mehr auf der Erde sind, leben in uns weiter, gehören uns, leisten uns Gesellschaft, blicken uns aus lebenden Augen an. Häuser, Gärten, Städte, die inzwischen verschwunden sind, sehen wir unversehrt wie einst, und ferne Gebirge und Meeresküsten, die wir vor Jahrzehnten auf Reisen gesehen, finden wir frisch und farbig in unserem Bilderbuche wieder. Das Schauen, das Betrachten, die Kontemplation wird immer mehr zu einer Gewohnheit und Übung, und unmerklich durchdringt die Stimmung und Haltung des Betrachtenden unser ganzes Verhalten. Von Wünschen, Träumen, Begierden, Leidenschaften gejagt sind wir, wie die Mehrzahl der Menschen, durch die Jahre und Jahrzehnte unseres Lebens gestürmt, ungeduldig, gespannt, erwartungsvoll, von Erfüllungen und Enttäuschungen heftig erregt – und heute, im großen Bilderbuch unseres Lebens behutsam blätternd, wundern wir uns darüber, wie schön und gut es sein kann, jener Hast und Hetze entronnen und in die vita contemplativa gelangt zu sein. Hier, in diesem Garten der Greise, blühen manche Blumen, an deren Pflege wir früher kaum gedacht haben. Da blüht die Blume der Geduld, ein edles Kraut, wir werden gelassener, nachsichtiger, und je geringer unser Verlangen nach Eingriff und Tat wird, desto größer wird unsere Fähigkeit, dem Leben der Natur und dem Leben der Mitmenschen zuzuschauen und zuzuhören, es ohne Kritik und mit immer neuem Erstaunen über seine Mannigfaltigkeit an uns vorüberziehen zu lassen, manchmal mit Teilnahme und stillem Bedauern, manchmal mit Lachen, mit heller Freude, mit Humor ...

Wenn die ganz jungen Leute mit der Überlegenheit ihrer Kraft und ihrer Ahnungslosigkeit hinter uns her lachen und unsern beschwerlichen Gang, unsere paar weißen Haare und unsere sehnigen Hälse komisch finden, dann ergötzen wir uns daran, wie wir einst, im Besitze der gleichen Kraft und Ahnungslosigkeit, ebenfalls gelächelt haben, und kommen uns nicht unterlegen und besiegt vor, sondern freuen uns darüber, daß wir dieser Lebensphase entwachsen und ein klein wenig klüger und duldsamer geworden sind."

Viele werden aus diesem Text reichen Gewinn schöpfen, andere werden ihn verwundert oder gar verärgert beiseite legen, weil er ihnen nicht hilfreich erscheint. (Nicht jedem schmeckt nun einmal das gleiche.) Jedenfalls kann der Text zum Nachdenken über die eigenen Grenzen wie über die eigenen Möglichkeiten anregen.

Das wachsende Einverständnis mit der verfügten Befristung des Daseins – so wurde gesagt – kann und soll sich zur Zeitsouveränität als ethischer Dominante der letzten Lebensphase entfalten. Der Randdruck vom Ende her, mag dieses auch faktisch noch viele Jahre ausstehen, ermuntert den Menschen, seine früheren Bemühungen um die Findung der persönlichen Identität weiterzuführen oder mit solchen Bemühungen jetzt wenigstens einzusetzen. Es ging und geht ja immer darum, durch alle lebensgeschichtlichen Wandlungen hindurch das unverwechselbar eigene Selbst zu finden und aufzubauen und eben darin mit sich identisch zu bleiben und immer mehr zu werden.

Nun erhebt sich die Frage, welche konkreteren Elemente neben dem Basiselement der Zeitsouveränität die spezifische Altersidentität konstituieren. Man wird drei Elemente benennen können: ein ganzheitliches Lebenskonzept, eine tragende gemeinschaftliche Einbindung und eine angemessene äußere Selbstdarstellung.

Zunächst ein *ganzheitliches Lebenskonzept.* Das Dasein des Menschen wird durch eine bunte und auseinanderstrebende Vielfalt von Impulsen und Motiven lebendig erhalten und vorangetrieben. Die zerstörerischen Tendenzen müssen aufgehalten, die als lebensdienlich erkennbaren müssen bejaht und zu einem überschaubaren Ganzen, zu einem umgreifenden Lebenskonzept zusammengefügt werden. Mag das Bemühen um Ganzheitlichkeit in früheren Lebensphasen immer wieder gescheitert sein, nun ist die letzte und höchste Zeit, eine Zielvorstellung zu entwickeln, in der alles seinen Platz findet: Veranlagung und Herkunft, weil sie die Grundlage des Ganzen sind, die Vergangenheit, weil sie auf die Zielgestalt hin aufgearbeitet, die Zukunft, weil sie daraufhin geplant, und die Gegenwart, weil in ihr allein das Ziel konkret angestrebt werden kann. Dem Hinweis auf den Randdruck des Daseins haftet vielleicht etwas Bedrohliches an. Aber er soll den alten Menschen gerade nicht „moralisch unter Druck setzen", er soll ihn vielmehr ermuntern, in Ruhe und Gelassenheit darüber nachzudenken, wie er sein bisheriges Leben bewerten und das ihm täglich neu angebotene im möglichst tiefreichender Übereinstimmung mit sich selbst voranbringen kann. Dies geht freilich nicht ohne eigenes Bemühen um individuelle Maßstäbe. Deren Auffindung wird erschwert durch das auch dem alten Menschen von seiner Umwelt, vor allen von den Medien täglich aufgedrängte Überangebot an Gelesenem, Gehörtem und Angeschautem. Die Sensibilisierung des Gewissens als des eigentlichen Wächters der persönlichen Identität trägt wesentlich dazu bei, daß der einzelne inmitten solcher Fremdbestimmung durch pluralistische, einander widersprechende Daseinsdeutungen zu einer ihm angemessenen Grundorientierung findet. Er muß die konkrete Situation und den lebensgeschichtlichen Augenblick, in denen er sich befindet, durchschauen lernen, damit er die ihm darin gestellte Aufgabe zu erkennen vermag. Diese allgemein menschliche Einsicht wird durch die christliche Lehre vom Menschen bestätigt. Hier heißt es: Jeder einzelne ist letztlich ein vom Schöpfergott in die Geschichte hineingesprochenes einmaliges und unverwechselbares „Wort"; darin ist sein Dasein begründet, und von ihm wird es fortdauernd getragen. Aus solcher Sicht ergibt sich die Aufgabe, dieses „Wort" in seiner konkret geschichtlichen Form möglichst rein zu vernehmen und über die ganze Lebenszeit hinweg die Antwort auf dieses „Wort" immer deutlicher zu artikulieren. Allzu viele resignieren vor einem solchen Anspruch oder weisen ihn in zynischer Überheblichkeit als Fremdbestimmung zurück oder geben sich einfach damit zufrieden, die endlich gewonnene „Freiheit" soweit als möglich auszukosten, komme nachher, was wolle. „Die unwürdige Greisin" Bert Brechts wird mit 72 Jahren endlich Witwe und kann zum ersten Mal in ihrem Leben tun, was sie will. Sie ist all die Konventionen und Zwänge los, denen sie bisher unterworfen war, und nimmt sich die Zeit, den Mut und die „Freiheit", alles zu tun, was ihr beliebt. Sie verschafft sich – zum späteren Entsetzen ihrer Familie – eine Hypothek auf ihr Haus und bringt die letzten zwei Jahre ihres Lebens unter dem Kopfschütteln ihrer Umgebung zu: Sie geht ins Kino und in anrüchige Lokale, ißt in teuren Gasthäusern und fährt mit einem Pferdegespann durch die Gegend, treibt sich gar noch bei einem beträchtlich jüngeren Flickschuster herum, trinkt bei ihm Rotwein und spielt mit dubiosen Personen Karten. Aber sie kümmert sich auch um ein debiles Mädchen. Während andere die ihnen vermittelten Werte treu durchhalten und sie auch noch an die kommende Generation weiterzugeben bemüht sind, geht Brechts „unwürdige Greisin" ihren eigenen Weg. S. de Beauvoir interpretiert ihn mit den Worten: „Das Ideal der Würde, das man ihr bisher aufgezwungen hatte, tritt sie mit Füßen. Sie zieht es vor, ihren Neigungen zu folgen". Und ihre Situation bietet ihr „eine Möglichkeit, die Entfremdung zu überwinden".[39] Man kann in der Tat der späten Protestlerin Originalität, Unbefangenheit und Liebenswürdigkeit nicht absprechen. Und überdies: Welches pralle Leben, jahrzehntelang niedergehalten, vermag, plötzlich freigelassen, in zwei Jahren zu edlen Formen zu finden?! Aber es ist doch auch nicht die pure moralische Überheblichkeit zu fragen, ob Brechts Greisin vielleicht doch nur von einer Entfremdung in eine andere hinübergewechselt ist, die sich von der ersten nur dadurch unterscheidet, daß sie durch eine Halluzination von Freiheit vor der Erfahrung von Entfremdung bewahrt wird. Spezifische Altersidentität im hier entwickelten Sinn wird man für die Greisin wohl auch nicht in Anspruch nehmen, zumal wenn man dermaßen geballte Moralität ohnehin schon wieder als „Entfremdung" empfindet. Hier fallen eben doch Optionen so sehr ins Gewicht, daß es keinen Konsens mehr gibt. Von der in diesen Überlegungen getroffenen Option her wird man sagen müssen, daß es alten Menschen mit hoher Dringlichkeit zukommt, aufgrund der Einsicht in ihre bisherige Lebensgeschichte eine klare und individuelle Grundvorstellung über ihr persönliches Dasein zu gewinnen und sogar den Versuch zu machen, diese auch noch zu formulieren. Die Formulierung einer Zielgestalt des eigenen Lebens kann durchaus so allgemein gehalten sein, daß auch andere sie sich „zu eigen" machen können, weil sie erst von der persönlichen Lebensgeschichte her eine un-

---

[39] Das Alter 419.

verwechselbar einmalige Note erhält. „Allen alles zu werden" kann von Millionen (nicht nur alter) Menschen als ganz persönliches Daseinsziel gewählt werden, weil es von den gründlich bedachten Lebensumständen her mit individuellen konkreten Inhalten gefüllt wird. Ähnliches gilt von der hier vorgeschlagenen Formel für geglücktes Altern: „die Chancen nutzen, die Zumutungen annehmen, die Erfüllungen auskosten". Und es gilt auch noch von einem so kostbaren Bekenntnis zur Grund- und Zielgestalt seines Lebens, wie es der Philosoph und Mathematiker Ewald Wasmuth in seiner späten Tübinger Lebensphase als persönliche Widmung in ein Exemplar seines Buches „Johannes oder der Mensch im Kosmos" mit seiner unverwechselbaren Handschrift hineingeschrieben hat: „Ich glaube an das Geheimnis des Stillen und des Schwachen. Ich glaube an die Kiesel aus der Schleuder Davids. Ich glaube an die Wurzeln des Steinbrech, die, so zart sie sind, die Felsen sprengen. Ich glaube an das Unausrechenbare der nur dem Guten dienenden und nichts außer ihm suchenden Handlung". Der Mensch, der im Altern mit sich selbst „ins reine" kommen will, braucht einen Halt, einen Rahmen, in dem er sein immer noch von Zerstreuung und Auseinanderfall bedrohtes Leben im Maße des ihm Möglichen zu einem Ganzen zusammenfügen kann. Er will ein letztes vor seinem Gewissen und seinem Gott gültiges Wort zu seinem Leben sprechen und dieses Wort auch einlösen, damit er die angemessene Ant-wort gibt auf das „Wort", durch das er Dasein und Bestimmung erhalten hat.[40] – Es wird offen bleiben müssen, wie vielen Menschen so etwas gelingt und ob es zu sol-

---

[40] H. Lübbe, Im Zug der Zeit 348, spricht (im Zusammenhang mit seinen Überlegungen zur Vielfalt des heutigen Bildungsangebots) von einem „höheren Seinsanspruch", wenn der Mensch „nicht einfach sehen und hören, sondern ,bewußt' sehen und hören möchte". Und er fügt dem einen bedeutsamen Hinweis hinzu: „Es wäre eine begriffshistorische Spezialstudie wert herauszufinden, seit wann und in welchem kulturellen Kontext es üblich wurde, Leben, das über es selbst hinaus authentisches Leben sein soll, ein

chem Gelingen so schwieriger ethischer Anstrengungen, wie sie hier zur Sprache gebracht werden, wirklich bedarf oder ob der für den Sinn des Daseins erschlosssene Mensch nicht lediglich seine Intuition oder seinen Instinkt walten zu lassen braucht oder ob viele andere, zu denen vielleicht auch wir selbst gehören, sich mit „Anleihen" aus dem sie mehr oder weniger tragenden und formenden allgemein menschlichen oder religiösen Ethos begnügen müssen und darum auch bescheiden und dankbar begnügen dürfen.

Neben dem Bemühen um ein alles zusammenfassendes ganzheitliches Lebenskonzept ist aus diesem als besonderes Element spezifischer Altersidentität *eine förderliche gemeinschaftliche Einbindung* herauszuheben. Identität erschöpft sich nicht in gewonnenem Selbstsein. Philosophie und Psychoanalyse vermitteln uns die Einsicht, daß der Mensch sein Selbstsein nur im Sein zum anderen und vom anderen her finden kann. Das Ich ist nicht als gänzlich in sich stehendes Selbst zu verstehen, das von sich aus souverän die Beziehung zum Du aufnimmt. Es konstituiert sich erst aus seiner Beziehung zum Du. Beziehungen zwischen Menschen sind aber – um dies noch einmal zu sagen – keine ruhenden Zuständlichkeiten, keine stehenden Gewässer. Sie werden durch fundamentale Spannungen ständig in Bewegung gehalten; sie leben aus Polaritäten, die sich aufgrund der lebensgeschichtlichen Entwicklung in stets wechselnden Konstellierungen zur Geltung bringen. Es wurde bereits erwähnt, daß der Psychologe H. Stierlin die Polaritäten von Augenblick und Dauer, von Verschiedenheit und Gleichheit, von Befriedigung und Versagung, von Stabilität und Stimulierung und schließlich von Nähe und

---

Leben zu nennen, das ‚bewußt‘ gelebt wird. Voraussetzung dessen ist jedenfalls die Konfrontation des Daseins mit einer objektiv wachsenden Fülle von Alternativen, zwischen denen man sich zu entscheiden hat, die es zu kombinieren und in dieser Kombination zu optimieren gilt und die in eins damit explizite temporale Organisation der Lebensverbringung erzwingen".

Distanz im einzelnen entfaltet.[41] Auch Altersidentität konstituiert sich wesentlich von der sozialen Einbindung her. Im Übergang zum Alter sollte darum bewußt überprüft werden, wie es im einzelnen damit bestellt ist: Sind da vielleicht unterwegs zerbrochene Beziehungen zurückgeblieben, deren Wunden durch die Zeit soweit abgeheilt sind, daß sie nun doch noch ausdrücklich befriedet werden sollten? Könnte dem aus verschiedenen Gründen ausgedörrten engsten Lebenskreis nicht durch beherztes Zugehen auf Menschen, die vielleicht schon der bisherige Umgang dafür besonders empfiehlt, neue Erquickung zugeführt werden? Wird das menschliche Potential einer bereits bestehenden Ehe oder bereits bestehender Freundschaften wirklich hinreichend gepflegt und ausgeschöpft? Spätestens beim Auszug der Kinder aus dem Haus und beim Erreichen der Pensionierungsgrenze wird deutlich, wie es um die Kultur einer Ehe bestellt ist. Männer sind plötzlich, und zwar Tag für Tag und auf Dauer, im verengten häuslichen Lebensraum allgegenwärtig und muten hier der ebenfalls älter gewordenen Frau allerlei aus der Pensionierung entstehende neurotische Konfliktsituationen zu. Je weniger der anfängliche Eros über die Jahre weg ethisch unterfangen wurde, desto mehr hat er an Lebenskraft eingebüßt. Er strebt dann leicht zurück in die unvergessene Dynamik seiner Anfänge und vertraut, durch keine Erfahrung belehrt, aufs neue blind der Automatik seiner physischen und psychischen Impulse. Hier bleibt auf die Dauer nur die Alternative zwischen dem endgültigen Bruch oder dem stummen, kraftlosen, nicht selten haßerfüllten Nebeneinanderhergehen. Solche Paare verkennen den Sinn und die positive Stoßkraft von Krisen, die aus den lebensgeschichtlich unvermeidbar anfallenden wechselnden Konstellierungen einer oder gar mehrerer der oben aufgeführten Spannungen

---

[41] Vgl. H. Stierlin, Das Tun des einen ist das Tun des anderen. Eine Dynamik menschlicher Beziehungen, Frankfurt 1971, bes. 38–65; vgl. oben Teil II, 6. Kapitel, Anm. 1.

nun einmal hervorgehen. Ohne bewußte Auseinandersetzung mit solchen Herausforderungen ist aber die gemeinsame Biographie zweier Menschen rasch zu Ende. Von der Lebensmitte an führen Gewöhnungseffekte immer mehr zur Abschottung gegenüber der kreativen Dynamik solcher Herausforderungen; sie werden immer weniger als Anstöße zur Kultivierung ehelicher Erotik empfunden. Wirkliche oder eingebildete Erfolgserlebnisse im beruflichen Milieu tragen besonders bei Männern schon früh dazu bei, daß Konflikte zusehends verdrängt werden. Aber es kann auch ganz anders weitergehen. Daß dem so ist, beweist die Tatsache, daß man immer wieder alt gewordenen Ehen von faszinierender Ausstrahlung und Anziehung begegnet. Weder der Zynismus der schuldhaft Gescheiterten noch Trauer und Schwermut der Überforderten sollten das Auge täuschen.[42] Im übrigen kann es nur Gewinn bringen, wenn Eheleute sich eingestehen, daß auch im optimalen Fall die gegenseitige Erfüllung an Grenzen stößt. Die Öffnung auf freundschaftliche Beziehungen verschiedener Nähe und Intensität kann alten Menschen Anregungen bringen, die ihr Zusammenleben vertiefen und verlebendigen. Wer sich nicht durch einen elitären Lebensstil von der Alltagskultur abzuheben versucht, wird auch in verschiedenen Formen gemeinschaftlichen oder gesellschaftlichen Zusammenseins auf kirchlicher oder bürgerlicher Ebene hilfreiche Unterhaltung, Bildung und Beheimatung finden. Nur darf nie-

---

[42] Jeder kennt geglückte Ehen, und in der Literatur wird oft genug von ihnen erzählt. Sybille Fritsch-Oppermann, Partnerschaft, Freundschaft, Sexualität 90–93, berichtet eindrucksvoll von „wunderbaren alten Menschen". Daß sie nicht bereit ist, das Elend der alten Leute als unausweichliches Schicksal hinzunehmen, ist, wie sie selbst bekennt, in der eigenen Lebenserfahrung begründet: Es liegt daran, „daß ich eben nicht nur innerhalb der Familie und in meiner Kindheit, sondern während meines ganzen bisherigen Lebens immer wieder auch Menschen getroffen und manchmal auch ein Stück des Weges mit ihnen gemeinsam verbracht habe, die sich dem gesellschaftlichen Klischee, daß nur wer jung ist etwas wert ist, nicht beugen" (A.a.O. 90).

mand erwarten, daß solche Lebenshilfe ihm aufgedrängt wird; man muß sich selbst auf die Suche machen und trotz mancher Enttäuschung dabei verbleiben. Je mehr Ichbezogenheit und Selbstgenügsamkeit in solchen Zuwendungen abgebaut werden, desto unbefangener meldet sich auch die Lust, dem materiellen, sozialen oder seelischen Elend anderer Menschen entgegenzutreten. Nicht selten wenden sich alte Menschen darüber hinaus auch den Tieren und der Natur insgesamt zu. Es sollte nicht wundernehmen, daß sich im Umkreis der „Grünen" sehr früh auch alte Menschen angesiedelt haben. Der amerikanische Religionswissenschaftler E.G. Bianchi hat vor einigen Jahren geschrieben: „Gerade die Herausforderungen des Alterns erinnern uns daran, daß wir Teil einer in Entwicklung begriffenen Naturordnung sind. Wir erfahren unsere Verwandtschaft mit dem Zyklus der Jahreszeiten der Natur. Daß wir neue Bande mit Tieren, Vögeln, Blumen und Flüssen knüpfen, bildet eine wesentliche Vorbedingung, um eine schöpferische ökologische Ethik zu entwickeln".[43] Es gibt heute eine Menge von Meditationsbüchern, die in ansprechenden Formen zum kontemplativen Umgang mit Menschen und Tieren, mit Räumen und Zeiten, mit Wüsten und blühenden Landschaften einladen. Der alternde Mensch bedarf solcher Einbindungen in zwischenmenschliche und natürliche Beziehungen.

Exkurs: Erotik und Sexualität im Alter

Ein paar Bemerkungen, wenn auch recht allgemein gehaltene, sollen mit der aus verschiedenen Gründen gebotenen Behutsamkeit zu diesem Thema vorgebracht werden.

Erstens: Die christlichen Kirchen haben vor allem in der abendländischen Geschichte nicht den einzigen, aber einen erheblichen Beitrag zur Abwertung von Sexualität und Ero-

---

[43] E.C. Bianchi, Eine Spiritualität des Alterns 222f.

tik geleistet. Sexualität galt weithin als ein „pudendum", als eine Sache, deren man sich generell und besonders im Alter schämt; sogar Kindern erscheint die Vorstellung von geschlechtlicher Vereinigung ihrer Eltern fast unheimlich. *Der theologische Ethiker hat hier etwas gutzumachen;* er muß zu einer Einstellung und zu einem Handeln ermuntern, zu denen er früher bestenfalls geschwiegen hat. Er muß jeder direkten Abwertung von Sexualität und Erotik widersprechen; er muß aber auch – selbst auf die Gefahr des Mißverständnisses hin – davor warnen, daß man die Ehe nur von der Familie her legitimiert – allein schon deswegen, weil Ehe (in der Regel) ohne Familie beginnt und die Partner nach ihrer familiären Entfaltungsphase häufig noch einmal um den Aufbau einer neuen Identität bemüht sein müssen. Der Sexualität und erst recht der Erotik kommen auch außerhalb des Bereichs der Zeugung von Kindern unbestreitbar authentische Sinnwerte zu.

Zweitens: Nach der Entwicklung der letzten Jahrzehnte ist für die Kultur des menschlichen Intimlebens *alles zugleich leichter und schwerer geworden.* Einstellungen, Erlebnismöglichkeiten und Verhaltensweisen haben sich grundlegend geändert; auch in kirchlichen Gemeinschaften hat sich ein früher undenkbarer Pluralismus durchgesetzt. Menschen, die körperlich weniger geschunden sind und insgesamt viel gesünder als früher die Altersgrenze erreichen, erfahren diese Entwicklung zu einem beträchtlichen Teil als Befreiung. Aber sie spüren zugleich neue Grenzen. Die „veröffentlichte" Meinung über Sexualität preist jugendliche Schönheit und Vitalität und setzt damit ungewollt oder gewollt ein Leistungsmaß, an dem die meisten Alternden scheitern müssen. Eine Rede wie die vom „Mut zur Anarchie eines erotischen Altwerdens"[44] muß schon sehr differenziert verstanden werden, wenn sie nicht

---

[44] S. Fritsch-Oppermann, Partnerschaft, Freundschaft, Sexualität, in: R. Boeckler – K. Dirschauer (Hrsg.), Emanzipiertes Alter, Bd. 1: Ein Sachbuch, Göttingen 1990, 88–104, hier 102.

den meisten Adressaten jenseits (bzw. diesseits) der Altersgrenze einen panischen Schrecken einjagen soll. Alles in allem aber wird man doch nicht übersehen dürfen, daß die wachsende Individualisierung des ganzen Lebensstils alte Menschen eher befähigt, sich ein eigenes Urteil zu bilden und sich Maß und Art ihrer Leistung und ihrer Lebenskultur nicht von anderen vorgeben zu lassen. Damit steigen auch die Chancen für eine bewußte Kultivierung altersspezifischer Sexualität und Erotik, wenn auch nur in dem Maße, als partnerschaftliche Wachstums- und Entfaltungsprozesse nicht auf alles harmonisierende Gemeinschaftsklischees hin ausgerichtet werden, sondern in der Auseinandersetzung mit den lebensgeschichtlich anfallenden Spannungen das Wachstum der Partner und ihrer Beziehung bewußt angestrebt wird.

Drittens: Nach der Meinung zahlreicher Fachleute gibt es noch keine „integrierte komplexe Theorie der Alterssexualität", aber es gibt eine kaum mehr überschaubare Menge von Versuchen ihrer einzelwissenschaftlichen Analyse und ihrer ganzheitlichen Deutung.[45] Hier sollen zunächst einige *humanwissenschaftliche* und dann (unter: Viertens) einige anthropologisch-ethische Aspekte angesprochen werden.

Im Bereich der physiologischen Voraussetzungen der Sexualität (vor allem der Keimdrüsen und der Hormone) scheint es im Alter Veränderungen zu geben, die gemein-

---

[45] Vgl. z. B. H.D. Schneider, Sexualität im Alter, in: D. Platt (Hrsg.), Handbuch der Gerontologie, Bd. 5, Stuttgart–New York 1989, 444–452; P. Lüth, Sexualität im Ruhestand, in: H.J. Schultz (Hrsg.), Die neuen Alten 184–198; zum folgenden vgl. vor allem L. Rosenmayr, Die Kräfte des Alters, Wien 1990, 103–189 (Abschnitt II: Liebe, Familie, Generationenzusammenhang) mit wertvollen Literaturangaben. L. Rosenmayr ist sich, ähnlich wie H.D. Schneider, der Schwierigkeiten sexualwissenschaftlicher Studien bewußt: Die Stichproben seien zahlenmäßig klein und aufgrund der Intimität recht problematisch; vor allem greife man oft auf Personen zurück, die sich selbst melden; dabei drängen sich solche nach vorne, die jede Gelegenheit zur Selbstdarstellung wahrnehmen, oder solche, die „in der Regel sexuell und erotisch wesentlich aktiver sind und dies zur Selbstbestätigung zum Ausdruck bringen wollen, also ,Selbstdarsteller' einerseits und ,Renommierer'

194

hin als „Abnahme" bewertet werden. Diese Veränderungen werden allgemein als Nachlassen der Libido erfahren. Sie treten bei Männern weniger stark hervor als bei Frauen; doch darf nicht übersehen werden, daß nach ihrer gebär-fähigen Phase auch viele Frauen ein unbefangeneres und darum freieres und aktiveres Sexualverhalten entwickeln. Jedenfalls kann sexuelle Aktivität bei älteren und auch al-ten Menschen nicht als Ausnahme gelten. Es ist im übrigen durchaus denkbar, daß die kulturelle Gesamtentwicklung für die Sexualität und vor allem für die Erotik alter Men-schen neue Chancen bringt. Dies wäre insgesamt auch zu begrüßen, weil unbefriedigte Sexualität und Erotik auch in den späten Lebensphasen sehr häufig zu den verschieden-sten Formen von Ersatzbefriedigungen und noch schlimme-ren Fehlformen führen.

Dies wird durch sozialwissenschaftliche Untersuchun-gen bestätigt. Berichte von Ärzten, Schwestern und weibli-chen Verwaltungsangestellten zeigen eindeutig, daß auch und zumal körperlich und geistig eingeschränkte Men-schen in Heim-und Pflegesituationen ihre Sexualität nicht verlieren, daß diese unter der Last der alltäglichen Monoto-nie und des Gefühls zunehmenden menschlichen Wertver-lustes eher noch gesteigert wird.[46] Das beengende Zusam-

---

andererseits". (A.a.O. 118.) L. Rosenmayr empfiehlt sich vor allem dadurch, daß er sich den Blick nicht einengen läßt – weder medizinisch-biologisch (der „klinische" Blick) noch soziologisch, noch psychologisch –, sondern in-terdisziplinär denkt und die alles umfassende „kulturelle Sicht" herausstellt. Er befaßt sich nicht nur mit den westlichen Kulturen der Gegenwart, sondern öffnet auch den Zugang zu ihrer Geschichte (über ihren Niederschlag in der Literatur) und zu außereuropäischen Traditionen. – Eine bemerkenswerte kritisch-produktive Ausgewogenheit in der Bewertung der Alterssexualität findet sich auch bei E. Ringel, Das Alter wagen 81–101.

[46] L. Rosenmayr, Die Kräfte des Alters 121: „Die Erscheinungsformen sind vielfältig. Während bei Männern Aggression, Neugier und exhibitioni-stische Tendenzen bestehen, einschließlich gewisser Annäherungsversuche an das Personal, kommt es bei den Frauen zu einer stärkeren Beschäftigung mit dem eigenen Körper und dadurch auch zu Selbstbefriedigung in den ver-schiedensten Formen". A.a.O. 125 berichtet der Verf. von einem bettlägeri-

menleben in Heimen erzeugt allerdings für die Enfaltung des intimen Lebensbereichs besonders ungünstige Bedingungen. Es wurde aber bereits darauf hingewiesen, daß langdauernde Alters-Partnerschaften auch bei günstigen äußeren Bedingungen mit besonderen Schwierigkeiten rechnen müssen. Spätestens jetzt kommt es unerbittlich heraus, wenn seinerzeit, bei der endgültigen Aufnahme der Partnerschaft, in der Prüfung der beiderseitigen Voraussetzungen nicht die nötige Sorgfalt gewaltet hat; es kommt allzuoft vor, daß nun auch bei gutem Willen beider Partner eine „Heilung in der Wurzel" nicht möglich ist. Außerdem wird öfters erst am Beginn der Altersphase einer solchen langdauernden Partnerschaft festgestellt werden, daß die beiden lebensgeschichtlichen Entwicklungen zu einem bis in die Fundamente reichenden „Auseinanderleben" geführt haben und ein weiteres Zusammenleben als unerträgliche Zumutung erscheint. Je mehr solche Entwicklungen in jahrzehntelanger familiärer und beruflicher Dauerhektik verdeckt geblieben oder verdrängt worden sind, desto schockierender muß die plötzliche Entdeckung frustrierender Leere wirken. Partnerschaft bedarf nun einmal der lebenslangen bewußten Pflege, sonst entsteht keine Kommunikation. L. Rosenmayr unterstreicht als Ergebnis umfangreicher Studien der amerikanischen Psychologin Carol Gilligan, daß die Frau „in ihrem Lebenszyklus ihre Identität immer in einem konstanten Beziehungskontext" sucht,

---

gen alten Mann, der zu einer jungen Schwester eine persönliche Beziehung aufgebaut hat, in der sexuelle, erotische und väterliche Gefühle ineinander übergegangen sind; als er sich in einer keineswegs dramatischen Situation von der Schwester vernachlässigt fühlte, schlug seine Zuwendung urplötzlich in härteste Aggression um. Die Tragik dieser Geschichte erfüllt sich darin, daß auch die Schwester sich zurückgestoßen fühlte, sich ihrerseits verschloß und durch ihre Unversöhnlichkeit schließlich in einen „Abschottungszynismus" hineingedrängt wurde, der ihre Entwicklung zu einer menschlichen Altenpflegerin verhinderte. – Eine ebenso meisterliche wie grausige Darstellung der hier anfallenden Probleme sieht der Verf., a.a.O. 122–124, in dem Theaterstück „Sibirien" von Felix Mitterer (1989).

während beim Mann „in der Identitätsbildung Trennung eine entscheidende Rolle" spielt.[47]

Abschließend sei auf zwei wichtige Aspekte aus dem Bereich der Psychoanalyse verwiesen.[48] Der erste betrifft die ästhetische Dimension der Alterserotik. Schon die Antike hat Schönheit und Eros aufs engste verbunden. Die leibliche Gesamterscheinung, von den körperlichen Merkmalen bis hin zu den Bewegungen und der Stimme, wird als erotischer Impuls zu allen Zeiten gepriesen; es hängt wohl damit zusammen, daß die Frau vielen Männern zum „Objekt" wird. Je einseitiger diese Idealisierung empfunden wird, desto stärker fällt der allmähliche Verlust der Schönheit ins Gewicht. Es liegt an bestimmten biologischen Entwicklungen, daß die ästhetische Anziehungskraft bei alternden Frauen früher und stärker betroffen ist als bei Männern. S. de Beauvoir hat es mehrfach beklagt: „Das Männliche ist nicht eine Beute des Alters; von ihm verlangt man nicht Frische, Sanftheit, Anmut, sondern die Stärke und die Intelligenz des Eroberers; weiße Haare und Falten stehen nicht im Widerspruch zu diesem männlichen Ideal".[49] Nun hat es zu allen Zeiten alte Frauen von höchster Anmut gegeben, und dies obwohl diese Frauen viele Kinder zur Welt gebracht und zumeist harte körperliche Arbeit geleistet haben. Vielleicht vermögen heute viel mehr Frauen Charme und Anziehungskraft bis ins Alter zu bewahren, weil sie weniger Kinder gebären und körperlich weniger geschunden werden als ihre früheren Geschlechtsgenossinnen. L. Ro-

---

[47] L. Rosenmayr, a.a.O. 137.

[48] L. Rosenmayr, a.a.O 126–134.

[49] Das Alter 252. (Die Lozierung des Zitats auf die Seite 52 statt 252 bei L. Rosenmayr, a.a.O. 129, ist ein Versehen, wie es unterwegs von der Lektüre zur Drucklegung immer wieder vorkommt.) Man braucht im übrigen bei S. de Beauvoir nur die 26 weiteren Stellen durchzulesen, die sie im Sachregister unter dem Stichwort „Frauen im Alter" S. 508 aufführt, um das Zitat mehrfach bestätigt zu finden. U. Lehr, Psychologie des Alterns 258–261 (Partnerbeziehungen im Alter), geht darauf nicht ein.

senmayr, der den bekannten Hite-Report[50] nicht sonderlich schätzt, weil er darin feministische Gruppen und Leserinnen sexuell progressistischer Zeitschriften überrepräsentiert sieht, stellt immerhin eine Reihe von Zitaten daraus zusammen, in denen zum Objektcharakter der Frau gegenläufige Tendenzen artikuliert werden, und bemerkt dazu: „Die älter werdenden Frauen beginnen ihren Subjektcharakter zu zeigen und sich als Personen zu erweisen, die aus eigenem Antrieb handeln".[51] Im übrigen stellt er im gleichen Zusammenhang auch selbst fest, daß mit der allmählichen Befreiung von einer einseitig auf jugendliche Schönheit fixierten Ästhetik „eine neue Form der Sexualität zur Diskussion (steht), wie sie im Alter gelebt werden kann. Diese Ästhetik gewinnt ihr Bild durch die Orientierung am *Erlebnis*". Dies hängt gewiß zusammen mit seiner Vermutung, „daß die Ästhetik für die Alterssexualität nur über *das Lieben des Partners* um seinetwillen (ihretwillen) sich entwickeln kann". – Der zweite angekündigte Hinweis aus der Psychoanalyse betrifft die unaufhebbare Spannung zwischen „Beweglichkeit und Konstanz der Libido".[52] Auch im alternden Eros sind – nach Persönlichkeiten verschieden – beide Tendenzen spürbar: der Wunsch nach „Abwechslung" mit anderen Partnern und der Wunsch nach „Zugehörigkeit" zum einen und gleichen Partner. Je älter der Mensch aber wird, desto sicherer wird er, daß er nicht beides zugleich haben kann. Die Lust der Abwechslung kann nur erkauft werden mit dem Risiko, damit nicht nur den Partner bzw. die Partnerin der sexuellen oder eroti-

---

50 Shere Hite, Hite-Report. Das sexuelle Leben der Frau, München 1977.
51 A.a.O. 129. Eine Probe aus diesen Zitaten: „Was mich betrifft, so wird Sex durch das Alter unter richtigen Bedingungen nur besser, und damit bin ich zur Zeit gesegnet: Mein Mann und ich haben uns seit Juni vorigen Jahres vom Berufsleben zurückgezogen, und dank der geistigen Freiheit, der vielen Freizeit und der Entspannung finden wir Sex um hundert Prozent besser, weil jetzt keine Kinder mehr im Haus sind und keine Verwandten und unsere Zeit nur noch uns selbst gehört. . ."
52 Vgl. L. Rosenmayr, a.a.O. 131–134.

schen Beziehung zu verlieren, sondern auch den Menschen, auf den man mit zunehmendem Alter vielleicht heute nicht mehr in wirtschaftlicher, aber in seelischer, gesundheitlicher und sozialer Beziehung angewiesen ist. Im Zweifelsfall führt „die Entscheidung für die Endlichkeit, der Kampf um das Bewußtwerden ihrer Realität ... eher zur Entscheidung für die Einschränkung". Solche „Aufrechnung" gibt es, und sie scheint der Liebe zuwider zu sein, aber eben nur auf den ersten Blick. Wer nur aufrechnet, kommt nicht auf seine Rechnung. Wer liebt, der braucht nicht zu rechnen, weil er des anderen gewiß ist – um so gewisser, je mehr diese Erfahrung in einer langen Lebensgeschichte gewachsen ist. „Erlebte Bindung ist die beste Sicherung für allfällig auferlegte Einsamkeit".

Viertens: So wird am Ende dieser Hinweise auf humanwissenschaftliche Erkenntnisse schon offenkundig, daß Alterssexualität und Alterserotik aus keiner wissenschaftlichen Einzelsicht voll verständlich sind. Weil das Alter als ganzes, wie L. Rosenmayr überzeugend herausstellt, „eine kulturell gestaltete und getragene biologische Größe" ist, darum können auch Sexualität und Erotik nur aus der ganzheitlich-menschlichen Perspektive richtig gewertet werden. So versteht es auch P. Lüth: Letzten Endes geht es um das große Problem der Kommunikation, und dieses drängt über „biologische und soziale Grundlagen und Tendenzen (hinaus zur Mitte) der reflexiven *Sinndeutung und Sinngebung*".[53] Deutung ist Sache der philosophischen und theologischen Lehre vom Menschen (Anthropologie), Sinngebung zielt auf die Durchsetzung des der Wirklichkeit eingestifteten und vom Menschen immer neu auszukundschaftenden Sinnes. Auch die durch Sexualität und Erotik gemeinte und angezielte spezifische Form freiheitlicher Bindung gehört zur Grundstruktur des menschlichen Daseins und stellt darum eine lebenslängliche Herausforderung

---

[53] Sexualität im Ruhestand 198.

dar. Diese Einsicht in die Fundamente geglückten Menschseins finden wir schon im ersten Buch der Bibel. „Es ist nicht gut, daß der Mensch allein bleibt. Ich will ihm eine Gehilfin machen, die ihm entspricht" (Gen 2,18). Gegenseitige Ergänzung im Einanderentsprechen und im Einanderhelfen bestimmt Menschsein von Anfang an. Zur Ergänzung kommt die Vereinigung: „Die Zwei werden zu einem Fleisch werden" (Gen 2,24). „Fleisch" meint nicht nur Leiblichkeit, sondern die Gemeinsamkeit einer umfassenden lebensgeschichtlichen Entwicklung. Nur in solcher Gemeinsamkeit gedeiht Erkenntnis, nur in ihr erfährt der Mensch, wer der andere und wer er selbst eigentlich ist und wie sehr sie beide in die umfassende Menschengemeinschaft eingebunden sind. Darum heißt es in Gen 4,1: „Adam erkannte Eva, seine Frau". Nun, wo das Wertgefüge der personalen Liebe zwischen Mann und Frau ausgebreitet vor uns liegt, ist der Grund gelegt für die Fruchtbarkeit dieser Liebe. Gott sprach: „Wachset und mehret euch und erfüllet die Erde" (Gen 1,27). Der Gott der Liebe will die Fortpflanzung menschlichen Lebens nur der Liebe anvertrauen. Alle diese Aussagen gründen und gipfeln darin, daß Gott den Menschen „als Mann und Frau" erschuf. „Wenn Gott selbst Liebe und Gemeinschaft ist, muß er den Menschen, der ihn abbilden soll, als einen erschaffen, der lieben kann und lieben soll".[54] Was damit hinsichtlich Sexualität, Erotik und Ehe alter Menschen im einzelnen gemeint ist, wird heute in zahlreichen Versuchen dargestellt.

Für L. Rosenmayr ergeben sich aus seiner umfassenden kulturellen Sicht elementare Grundforderungen wie Mitteilungsfähigkeit, Verständigung, Aufrichtigkeit und sogar noch eine Reihe konkreter „Regeln, dort wo keine möglich sind".[55] Auch der bekannte Direktor des Zürcher Instituts für Ehe und Familie, J. Duss-von Werdt, der selbst voller Mißtrauen gegen „Leitbilder" ist, kommt mit seinem Philo-

---

54 A. Auer, Wieviel Bindung braucht der Mensch? 271–287, hier 278.
55 L. Rosenmayr, a.a.O 135–147.

sophieren „über lange Wege in der Landschaft des Lebens" zu einem Gefüge von Weisungen wie Mut zur Gestaltung, Nüchternheit gegenüber den paradiesischen Erwartungen, Entscheidung für Ideale – nicht um sie zu erreichen, sondern um dorthin unterwegs zu sein –, Vermeidung von Routine und Trott, Schaffung von Räumen des fruchtbaren Zusammenseins und des Alleinseins, Einübung des Abschiednehmens u. a.[56] An dieser Stelle sei auch nachdrücklich auf das Buch von D. Mieth „Das gläserne Glück der Liebe" (Freiburg 1992) hingewiesen. Der Verfasser, einer der Familienväter im Kreis der katholisch-theologischen Ethiker, übrigens auch ausgewiesener Germanist, vermag hier schwierige anthropologische und ethische Fragen jedem aufgeschlossenen Menschen in sehr ansprechender Form zu vermitteln. Mit gleichem Ernst wird hier vom Gelingen wie vom Scheitern, vom Glück wie von den Spannungen und Konflikten in Liebe und Ehe gesprochen. Eine Menge eingestreuter literarischer Interpretationen trägt dazu bei, daß die Schwere des Daseins und „die Leichtigkeit des Seins" sich nicht zu Alternativen verhärten, sondern in der Schwebe bleiben. Das Ergebnis findet sich in einem einzigen Satz zusammengefaßt: „Die postmoderne Ehe wird in jedem Fall eine andere sein als die bürgerliche Ehe des 19. Jahrhunderts; sie wird eine andere sein als die vorübergehende Lebensgemeinschaft, die manchmal als Zugeständnis den Namen Ehe trägt; sie wird sich messen an der Humanität und an der Erotik der Liebe, und sie wird ihre Verbindlichkeit als ihre festliche Freude interpretieren können".[57]

---

[56] J. Duss-von Werdt, Die lange Ehe: Krise und Chance, in: H.J. Schultz, Die neuen Alten 170–182.
[57] A.a.O. 128. Die Empfehlung des Buches von D. Mieth gilt auch für alternde Menschen, obwohl es darin für sie ganz speziell nur den kurzen Abschnitt „Den perfekten Abend planen" (92–94) zu geben scheint. Der Verfasser interpretiert hier ein Gedicht von Rita Dove und schreibt gegen Ende des Abschnitts: „Die Perfektion liegt in den achtziger Jahren nach ermüdender Indoktrinierung der Alphabete und des Einmaleins orgasmusproduzieren-

Andere, die ebenfalls in erfreulicher Weise zur erotischen Kultur ermuntern, scheinen nicht auf sicherem an-
thropologischem Fundament zu stehen. Sybille Fritsch-Oppermann sieht sich bestätigt durch Christel Schachtner; beide bauen ihre Konzeption auf der sachlich und sprachlich
beeindruckenden Phänomenologie der Sexualität und des
Eros auf, die H. Ostermeyer vorgelegt hat.[58] S. Fritsch-Oppermann geht aus von Erfahrungen mit „wunderbaren alten
Menschen", von deren erotischer Begabung und Entschlossenheit sie schon als Kind fasziniert war. H. Ostermeyer be-
kräftigt ihre Erfahrungen: In der Zärtlichkeit, die Sexualität als Möglichkeit in sich schließt, „treten die Körper ... in
Verbindung, sie halten Zwiesprache mit Gliedern und Lei-
bern, sie erwecken und erleben Gefühle und Empfindungen und bereiten sich Freude durch Nahsein. Aus diesen
freudigen Empfindungen oder in ihrem Ausbleiben können
wir die Wahrheit ablesen über das, was wir wünschen und
mögen oder nicht. Die Wahrheit können wir annehmen
oder verleugnen und bekämpfen, ändern können wir sie
nicht. Wir sind nicht Herr der Gefühlsentscheidungen. Die
Stimme des Körpers läßt sich nicht überstimmen".[59] Dem
kann man – mit einem entscheidenden Vorbehalt, der
zunächst aber zurückgestellt werden soll – genauso zustimmen wie den weiteren Hinweisen von S. Fritsch-Oppermann, daß Menschen im Alter diese Fähigkeit nicht verlieren, auch wenn die sexuelle Aktivität nachläßt, daß Frauen
eine besondere erotische Begabung aufweisen und daß diese oft im Alter ihre lebendigsten Wirkungen zeitigt, daß
aber durch gesellschaftliche und kirchliche Traditionen vie-

---

den sexuellen Verhaltens längst wieder im gesamten Umfeld des Erotischen. Geblieben ist ein Stück direkter Sprache".
[58] H. Ostermeyer, Zärtlichkeit, Reinbek bei Hamburg 1990, Erstausgabe
1982; Ch. Schachtner, Störfall Alter, Frankfurt 1988; S. Fritsch-Oppermann, Partnerschaft, Freundschaft, Sexualität, in: R. Boeckler – K. Dirschauer (Hrsg.), Emanzipiertes Alter, Bd. 1: Ein Sachbuch, Göttingen 1990,
104–115.
[59] H. Ostermeyer, a.a.O. 38.

le alte Menschen an ihrer freien Entfaltung gehindert wurden und immer noch werden. Man kann weiterhin, wie es in diesem Exkurs bereits geschehen ist, eine reelle Chance sehen, daß alte Menschen heute den verschiedenen herkömmlichen und neuen Repressionen entkommen können und auch inmitten der sich verdichtenden Erfahrung von Endlichkeit den Mut zur Zärtlichkeit und, soweit es ohne Leistungsdruck möglich ist, zur Sexualität aufbringen. Man folgt der Verfasserin auch, wenn sie Eros und Tod wieder in Beziehung setzt. „Der kleine Tod der Liebe und der große Tod, mit dem unser irdisches Leben endet, sie könnten, richtig verstanden, Einübung in die Selbstlosigkeit und Versicherung der Zugehörigkeit zu einem größeren Ganzen sein". Und wenn man nicht nur in der Gesellschaft, sondern auch in der eigenen Sexualität „das repressive Element als Kehrseite" wahrnimmt, dann kann man in der Tat Erotik und Zärtlichkeit als „das wirklich anarchische und darum kreative Moment in partnerschaftlichen Beziehungen, ja in der ganzen Gesellschaft" bewerten.[60] So können alte Menschen mit vollem Recht ermuntert werden, sich Zärtlichkeit und Erotik zu bewahren, damit sie selbst der andrängenden Einsamkeit widerstehen können und damit wenigstens in ihrer Nähe die Welt ein wenig wärmer wird.

All dies kann *theologische Ethik* voll bejahen. Ihre Bedenken beziehen sich auf das anthropologische Fundament der Zärtlichkeit, von dem H. Ostermeyer ausgeht, das aber von den beiden genannten Autorinnen zumindest nicht ausdrücklich rezipiert worden ist. Mit Recht wird gewiß der Auffassung der Psychoanalyse bis hin zu W. Reich widersprochen, in der Zärtlichkeit als „förderliches Vorspiel" der

---

[60] S. Fritsch-Oppermann, a.a.O. 100f. Vgl. dazu die ausführlichere, sehr lesenswerte Darstellung zum Thema „Das Alter und die Alten: widerspenstig, sperrig, störend" bei Ch. Schachtner, Störfall Alter 15–99. Es geht hier um das „Aus-der-Reihe-Tanzen" der sinnlich-leiblichen Existenz beim alternden Menschen, um Alter als Grenzsituation und die Möglichkeiten ihres Überschreitens in „späten Freiheiten".

Sexualität untergeordnet wird. In der Zärtlichkeit kann Sexualität mitgemeint sein, sie kann aber auch eine eigenwertige und in sich vollwertige Form der Beziehung sein, und sie wird dies auch im Alter immer mehr werden. Das Bedenken richtet sich gegen die einseitige, fast totalitäre Form, wie H. Ostermeyer Zärtlichkeit in der körperlichen Berührung ansiedelt: „Mit der Berührung fälle *ich* eine Entscheidung, aber erst in der Berührung fällt *die* Entscheidung".[61] Sie wird allein vom Körper gefällt; er allein entscheidet, ob die Berührung angenommen oder abgelehnt wird, ob sich Zärtlichkeit und Liebe bilden können oder nicht. Dies ist die Stimme der Wahrheit, und es gibt keine andere Wahrheit in uns. Es fällt auch nicht in die Verfügung des Menschen, wie lang Zärtlichkeit und Liebe anhalten. Sie enden, wenn der Körper sie nicht mehr am Leben hält. „Die Geliebten binden sich, solange sie lieben. Was sollen sie sich binden, wenn die Liebe nicht mehr ist? ... Wozu sich dann noch an eine Beziehung klammern, die nicht mehr sie selber ist? Eine Leiche wird begraben, die Freiheit ist das Leben".[62] – Woher kommt auf einmal „die Freiheit"? Die Bindung hatte doch allein das körperliche Empfinden gestiftet – ohne jedes Mitverfügen menschlicher Freiheit. Niemand sollte das Positive an H. Ostermeyers Schrift herabsetzen; und es sollte auch niemand die Probleme leugnen, die sich hier auftun. Aber so, wie es hier gesagt wird, können sie gewiß nicht gelöst werden. Hier findet die ethische Kategorie keinen Stand mehr. „Treue", die sich über alle Unberechenbarkeiten der Zukunft hinweg bindet, wird hier wirklich zum „leeren Wahn". Zärtlichkeit, auf die auch ein verwelkter und sogar noch ein abstoßender Körper Anspruch erheben kann, findet hier keinen Ort mehr; sie ist wirklich am Ende. Es klingt fast wie ein Hohn: „Das Ende schmerzt, aber es tötet nicht. Ihre Selbständigkeit läßt die Liebenden – die doch gar keine Liebenden mehr sind; Ein-

---

[61] H. Ostermeyer, Zärtlichkeit 36f.
[62] A.a.O. 109 - auch zum folgenden.

schub des Verf. – weitergehen und weiterleben. Die Liebe hält ihre Freunde über ihr Ende hinaus an der Hand ..."

Falls sich eine solche Einstellung zum System verdichten würde, bekämen die Alten zusammen mit den Kranken und Behinderten zuallererst seine Ausstoßungstendenzen zu spüren. Der Würzburger Pastoraltheologe R. Zerfaß macht das christliche Gegenkonzept an der biblischen Geschichte von der Heilung des Mannes mit der verdorrten Hand am Sabbat anschaulich (Mt 12,9–14 und par). Er deutet den Mann mit der verdorrten Hand als den behinderten Alten, den seine Familie nicht mehr durchbringen kann und der deswegen unter den Armen sitzt. Nach der Darstellung bei Lk 3,8 „stellte ihn Jesus in die Mitte" – so wie er es mit Kindern tat, wenn er von ihnen sprach. Während das System ausstößt – sagt R. Zerfaß –, ist das Christentum eine Religion der herzlichen Zuwendung zum konkreten Bedürftigen.[63] Man könnte auch darauf hinweisen, daß Jesus unerschrockene Zärtlichkeit geübt hat, wenn er z.B. nach Mt 8,3 „seine Hand ausgestreckt und einen Aussätzigen, ehe er ihn heilte, mit seiner Hand berührt hat": Er gab der Zärtlichkeit den Vorrang vor der Heilung. Man kann darauf vertrauen, daß nicht nur Christen so handeln. Die Erfahrung zeigt, daß es dafür ausreicht, ein zärtlicher Mensch zu sein. Freilich wird man für solche Zärtlichkeit nicht auf körperliche Impulse warten dürfen. – Soweit zum Problem „Erotik und Sexualität" im Alter.

Zu den Elementen einer spezifischen Altersidentität kann man neben der ethischen Dominante der Zeitsouveränität, einem ganzheitlichen Lebenskonzept und einer tragenden mitmenschlichen Einbindung ohne Frage auch *eine indivi-*

---

[63] R. Zerfaß, Lebenserfüllung im Heim – welche Chancen haben Menschen in unseren Einrichtungen? in: Das Altenheim – eine Chance der Lebenserfüllung, hrsg. vom Verband kath. Heime und Einrichtungen der Altenhilfe in Deutschland, Freiburg 1985, 48–62. Zur Bewertung von Altenheimen vgl. die kritischere Position von E. Ringel, Das Alter wagen 139–175.

duell angemessene Kultur der äußeren Selbstdarstellung des Menschen rechnen. Leiblichkeit gehört zur konstitutiven Daseinsweise des Menschen, solange er in der Geschichte lebt. Nun wurde bereits darauf hingewiesen, daß die Erfahrung der Endlichkeit im Alter nicht länger vage Befürchtung bleibt, sondern unter anderem sich auch in den Realien schwindender Schönheit und zunehmender Gebrechlichkeit unerbittlich aufdrängt.[64] Weil unser Leib das Medium unserer Selbstdarstellung ist, verkommen in der Vernachlässigung seiner Pflege auch unser personales Selbstsein und unsere Würde vor den anderen. Pflege des Leibes betrifft nicht nur Reinlichkeit, sondern auch Gesundheit und, weil der Leib eben mit der Haut nicht einfach endet, auch Kleidung und Wohnung und sogar noch das alltägliche Lebensumfeld. Für seine *Gesundheit* muß besonders der alte Mensch durch maßvolle Ernährung und regelmäßige Bewegung in Gymnastik, Sport und leichten Tätigkeiten bewußt besorgt sein. Dies wird ihm oft sehr schwer, weil er vielleicht aus seinem früheren Leben schon mannigfache Formen von Kränklichkeit oder Behinderung mit sich bringt und nun zusätzlich, der eine mehr, der andere weniger, von allgemeinen oder spezifisch im Alter auftretenden Krankheiten angefallen wird.[65] Es gibt da eine Menge von Problemen, die hier nicht behandelt werden können, etwa das Auseinanderklaffen von subjektivem Gesundheits- bzw. Krankheitsbewußtsein und dem objektiven Befund, Annahme oder Verweigerung ärztlicher Anordnungen, persönliche Auseinandersetzung mit gesundheitlichen Störungen oder Vogel-Strauß-Verhalten. Aufgrund verschiedener Untersuchungen betont U. Lehr, wie wichtig

---

64 Vgl. Ch. Schachtner, Störfall Alter 23–59: Die schwindende Schönheit – der gebrechliche Leib.

65 Vgl. U. Lehr, Psychologie des Alterns 309–334, hier 310: In einer WHO-Studie über „Betagte in elf Ländern" wurde festgestellt, „daß bei über 75 Jahre alten Patienten in der Bundesrepublik (Deutschland) im Durchschnitt fast 10 Krankheiten pro Person diagnostiziert wurden ...“

es ist, daß der kranke alte Mensch sich in ein soziales Netz eingebunden, sich angenommen und unterstützt fühlt: Nur unter diesen Voraussetzungen kommt es zu einer wirklichen Auseinandersetzung mit der schwierigen Situation. Andernfalls besteht die Gefahr, daß die Ereignisse rein passiv hingenommen und die Kräfte der Selbstverteidigung gelähmt werden. Die ethische Grundeinstellung verlangt, daß der Mensch den Anspruch der Wirklichkeit wahrnimmt und sich ihm stellt.

Viele alte, vor allem modisch sensible Menschen haben es auch mit ihrer Kleidung nicht leicht. In der *Kleidung* findet der Mensch (nicht nur die Frau) eine neue Dimension für die Darstellung seiner Leiblichkeit. J. Améry stellt eine hilfreiche Überlegung an. Eine alte Dame, die er „A" nennt, kommt nicht zurecht mit der närrischen Extravaganz, die von den Modedesignern den Kundinnen heute angesonnen wird. Sie findet die von ihnen entworfenen Modelle für junge Mädchen genauso degoutant wie die für alte Damen. Ein Blick in ihr Photoalbum konfrontiert sie mit einem Bild aus ihrer eigenen Mädchenzeit; es zeigt ein Modell, das sie nicht weniger grotesk findet als die Modelle der kommenden Saison: „Da steht sie selbst unter einem Baum. Weiche, in die Wangen regelmäßig ondulierte Haarwellen, ein fast bis zum Knöchel reichender Rock, ein Jäckchen mit lächerlich konkav geschnittenen und ausgepolsterten Schultern, ein unbeschreiblicher Schlapphut und ein Augenaufschlag, den sie kopfschüttelnd nicht anders denn als kuhhaft bezeichnen kann. Wie hat dergleichen ihr und anderen je gefallen können?" Mode steht eben im sich wandelnden Kontext des „kulturellen Jargons". Wer sich nach rückwärts oder nach vorwärts vertrotzt, gibt sich der Lächerlichkeit preis. Aber das ist noch nicht alles. Wenn A die Bilder der Vergangenheit nicht nur anschaut, sondern sich „erinnert", dann wird sie auch ihrer Anmut wieder gewiß, findet sich selbst darin wieder, und „die Läsion ist abgeheilt". Im „Erinnern" findet die Mode von damals ihre „Authentizität" wieder. Nun darf „A", obwohl sie das Mädchen von damals bleibt, zwar dem Widerwillen gegen die neuen Modelle mißtrauen, aber doch das Zugeständnis an die neue Gesellschaft eingehen. Sie wird sich „demnächst ihre Kleider in mäßiger Abdämpfung den modischen Anforderungen entsprechend anfertigen lassen".[66] Dies ist gewiß eine extreme Situation, aber sie kehrt in vielfacher Abstufung wieder, weil jeder alte Mensch sich in diesem Bereich mit all der Freiheit oder Unfreiheit bewegt, die ihm zuzeigen ist. Manche kaufen, was kompetente Verkäufer/innen ihnen auf den Ladentisch legen; sie sind dabei vielleicht besser bedient, als wenn sie selbst die Auswahl treffen. Aber man wird niemanden schelten, sondern jedem zustimmen, der weiß, was Kleidung für ihn bedeuten kann, und der seine Einsichten im Maße des ihm Möglichen und Anstehenden einlöst.

Eine weitere Dimension seiner leiblichen Selbstdarstellung eröffnet sich für den Menschen im Bereich des Wohnens. Die *Wohnung* ist für ihn Ort der Geborgenheit und des Schutzes gegen elementare Ereignisse wie gegen die mannigfaltigen Formen mitmenschlicher Aggressivität; sie sichert ihn gegen das lärmende Getue und gegen die Neugierde der Welt, die immer wieder in Identität und Intimität der persönlichen Lebensgewohnheiten einzudringen droht. Sie stellt weiter ein Symbol der Beständigkeit dar, in die das Umhergetriebensein aus materieller Not oder einfach aufgrund der Anarchie des Herzens oder des Geistes sich hineinretten kann. Und Wohnung ist Zeichen des Besitzenden, der sie so persönlich gestaltet, daß sie ohne seine sinnstiftende Kraft leer und stumpf wirkt. Und schließlich ist sie Ort der Gastlichkeit und der Gemeinschaft, wo man

---

[66] J. Améry, Über das Altern 97f. A.a.O. 98: „A sieht die Mode von damals, wenn sie im Photoalbum blättert, innerhalb des Zeichensystems der Gegenwart, in das sie trotz ihres Widerstandes gespannt bleibt, und sie bezieht die gleichen modischen Fakten im Prozeß des Erinnerns auf das Zeichensystem von einst, dem sie gleichfalls, da sie doch ihr Ich aus Reminiszenzen aufgebaut hat, verhaftet bleibt".

Freunde aufnimmt, mit ihnen scherzt und weint, mit ihnen in lockeren Gesprächen oder in anhaltenden gemeinsamen Bemühungen um Bildung und Orientierung des Daseins über „Gott und die Welt" spricht. Dies alles muß man sich vergegenwärtigen, wenn man an die Probleme alter Menschen denkt. Viele werden vor die Entscheidung gestellt, in eine ruhigere oder kleinere Wohnung umzuziehen, die Einladung eines Sohnes oder einer Tochter zur Übersiedlung in sein/ihr Haus anzunehmen oder in ein Alten- bzw. Pflegeheim einzutreten. In jedem Fall haftet einem Wechsel der Charakter der Endgültigkeit, des Eintritts in die unerbittlich letzte Lebensphase an. Auch wenn alte Menschen in Wohnung oder Haus bleiben können, bringt die Anpassung an die neuen Möglichkeiten und Grenzen neben den äußeren Veränderungen beträchtliche Sorge und Beunruhigung mit sich. Vor allem hinsichtlich der Unterbringung in einem Heim bestehen, zu Recht oder zu Unrecht, allerhand Unklarheiten und Befürchtungen, die nur teilweise vorab einigermaßen geklärt werden können. Nach dem „Pflegebericht" der Bundesregierung (1988) leben in Deutschland 0,6 Prozent der 60–70jährigen, 2,4 Prozent der 70–80jährigen, 10 Prozent der 80–90jährigen und 20 Prozent der über 90jährigen (insgesamt 3–4 Prozent aller über 65jährigen) in Heimen.[67] Wissenschaftler und Praktiker warnen gleicherweise vor pauschalen Feststellungen und Bewertungen; Art und Struktur der Heime sind genauso verschieden wie die darin wohnenden Menschen je nach ihrer Herkunft, ihrer lebensgeschichtlichen Entwicklung, ihrem bisherigen sozialen Umfeld, ihrem Bildungsgrad u. a. Wenn wir uns an das erinnern, was eingangs über die Sinnwerte

---

[67] Genauere Informationen aufgrund verschiedener Erhebungen vermittelt U. Lehr, Psychologie des Alterns, vor allem 284–309. Hier finden sich auch Erfahrungsberichte über Probleme, die sich aus der Auseinandersetzung mit Problemen des Zusammenlebens in Altenheimen ergeben, etwa im Blick auf Gewinn und Verlust im Bereich des Selbtgefühls und der Selbstentfaltung. Vgl. auch hierzu E. Ringel, Das Alter wagen 139–175.

menschlichen Wohnens gesagt worden ist, ergeben sich die ethischen Implikationen der Wirklichkeit von selbst: Der alte Mensch muß wie Gesundheit und Kleidung so auch seine Wohnung im Maße des ihm Möglichen und Angemessenen pflegen und gestalten; Mängel dürfen nur hingenommen werden, wenn alles getan wurde, sie zu beseitigen; unaufhebbare Begrenztheiten müssen in gelassener Freiheit angenommen werden. K. Rahner meint dazu: Wir haben als alte Menschen auch in diesem Bereich „nur begrenzte Möglichkeiten und brauchen uns nicht illusioniert vorreden, wir könnten den alten Schwung des Lebens weiterbewahren, wenn wir nur wollen. Diesbezüglich gibt es hohle Parolen (‚Man ist so alt, wie man sein will' usw.), die man sich nicht anquälen sollte, sondern ehrlich und nüchtern zur Abnahme seiner Lebenskraft in allen Dimensionen (auch des Geistes) sich bekennen. Aber man lebt eben doch noch und sollte das Leben, das einem noch geblieben ist, wirklich leben und ausfüllen. Es gibt Alte, die ihre Körperpflege vernachlässigen, obwohl sie dazu durchaus noch in der Lage wären. Das ist dumm und feige. Die alte Dame, die sich bemüht, noch gepflegt auszusehen, ohne die jungen Mädchen zu kopieren, hat ganz recht. Man kann sich bis ins hohe Alter noch für vieles interessieren, Bekanntschaften weiterführen, sich ein neues Hobby zulegen und so weiter. Es kommt gewiß voraussichtlich eine Zeit, wo einem auf dem letzten Krankenlager die Möglichkeit zu solchem genommen wird ...".[68]

(d) Die Glaubensgestalt des alternden Menschen

Die *Entwicklungspsychologie* hat sich erst in den letzten Jahrzehnten den Entfaltungsphasen des moralischen und des religiösen Bewußtseins zugewandt. C.G. Jung hatte zwar großes Aufsehen erregt, als er 1932 in einem Vortrag

---

[68] K. Rahner, Zum theologischen und anthropologischen Grundverständnis des Alters 323.

behauptete, er habe unter seinen Patienten jenseits der Lebensmitte keinen einzigen angetroffen, „dessen endgültiges Problem nicht das der religiösen Einstellung" gewesen wäre.[69] Aber es dauerte fast ein halbes Jahrhundert, bis L. Kohlberg in seiner Stufentheorie des moralischen Bewußtseins für die Begründung ethischer Prinzipien auf die religiöse Dimension (siebte Stufe) abhob. Er tat es mit einem Rückgriff auf E.H. Eriksons Forschungen zur Identitätsfindung des Menschen. Nach diesen Forschungen stehen am Anfang des Lebensrhythmus das „Urvertrauen" und auf der achten und letzten Stufe die endgültige Verwirklichungsform der „Integrität", in der das menchliche Dasein sich gegen die andrängende Verzweiflung abzusichern vermag.[70] Mit „Integrität" ist, wie früher schon angedeutet, dasselbe gemeint, was hier „spezifische Altersidentität" genannt wird: die Annahme der ganzen persönlichen Lebensgeschichte aus einer umfassenden Lebensperspektive. Die Untersuchungen über die Entstehung des religiösen Bewußtseins kamen erst in Gang, als über die Stufen des moralischen Bewußtseins schon differenzierte Theorien vorlagen. Bei uns wurde vor allem die Lehre des amerikanischen Pastoraltheologen F. Fowler über die sieben Stufen der Glaubensentwicklung bekannt. Auf der letzten, selten erreichten Stufe des „universalisierenden Glaubens" löst der Mensch nach dieser Lehre endlich jede Zentrierung um das eigene Ich und transzendiert sich selbst in die Teilnahme an der alles umfassenden Seinsgemeinschaft hinein.[71] Zu erwähnen bleibt für einen kurzen Überblick noch das Sechs-Stufen-Schema von F. Oser und P. Gmün-

---

[69] C.G. Jung, Die Beziehungen der Psychotherapie zur Seelsorge, in: V. Läpple – J. Scharfenberg (Hrsg.), Psychotherapie und Seelsorge, Darmstadt 1977, 175–196, hier 182.
[70] Zu der in Teil III, 10. Kapitel, Anm. 17, aufgeführten Literatur vgl. noch E.H. Erikson, Identität und Lebenszyklus, Frankfurt (6. Aufl.) 1980.
[71] Eine knapp und präzis informierende Darstellung bietet J. Fowler, Theologie und Psychologie in der Erforschung der Glaubensentwicklung, in: Concilium 18 (1982) 444–447 (mit Angabe der einzelnen Untersuchungen).

der, bei dem freilich der Zusammenhang zwischen Lebensalter und Glaubensentwicklung gegenüber J. Fowler stark gelockert ist. Hier wird erst auf der allerdings nie erreichten höchsten Stufe die Distanz zwischen Gott und Mensch nicht mehr empfunden, insofern Gott im liebenden zwischenmenschlichen Handeln unmittelbar erreicht wird.[72]

Abgelöst von den sehr differenzierten Erkenntnissen der kurz referierten entwicklungspsychologischen Forschungen der bekannten Praktischen Theologen, soll hier – sozusagen mit bloßem Auge – der *lebensgeschichtliche Gestaltwandel des Glaubens* etwas genauer beobachtet werden. Der folgende Abschnitt ist in einem etwas aus dem Rahmen fallenden persönlichen Stil gehalten, weil er auf einer in einer konkreten Gemeinde vor zehn Jahren versuchten Meditation zu unserem Thema fußt.[73]

Exkurs: Gestaltwandel des Glaubens

Wie war es bestellt mit unserer Glaubensgestalt – damals, nach dem Krieg –, als die meisten von uns ihr Studium aufnehmen konnten? Unsere Erinnerung vermittelt uns das *Bild eines geschlossenen Glaubens*. Wir wußten, was wir zu glauben hatten, und wir wußten auch, was dieser Glaube für das Glücken unseres Daseins bedeutet. Unser Glaube er-

---

[72] F. Oser – O. Gmünder, Der Mensch – Stufen seiner religiösen Entwicklung, Zürich – Köln 1984. Vgl. zum ganzen A. Wittrahm, „. . . auch dort läßt Du mich nicht los . . ." – Glaubensentwicklung und Glaubensgesprächskreise im dritten Lebensabschnitt, in: Altenpastoral, hrsg. von A. Wittrahm, Düsseldorf 1991, 133–147, mit hilfreichen Beispielen und Vorschlägen für die Führung von Glaubensgesprächen; vgl. außerdem die ausführlichere wissenschaftliche Explikation der Forschungsentwicklung bei M. Blasberg-Kuhnke, Gerontologie und Praktische Theologie 53–69, und deren Würdigung, a.a.O. 69–79.

[73] Die folgenden Überlegungen sind in enger Anlehnung an R. Guardini, Vom Leben des Glaubens, Mainz (2. Aufl.) o.J., 101–123 (Der Gestaltwandel des Glaubens), und K. Rahner, Zur Situation des Glaubens, in: Schriften zur Theologie, Bd.5, 23–47, geschrieben worden. Jahrzehntelange seel-

schien uns als ein beruhigt einheitliches Weltbild, in dem alles seinen Platz hat, in dem keine uns quälenden Spannungen oder gar Widersprüche auftreten, sondern alle Einzelheiten sich gegenseitig erklären und im letzten wenigstens einsichtig machen. Wir erfuhren unseren Glauben als eine Art Weltformel, mit der wir in das Dickicht der Welt, der Geschichte und unseres persönlichen Lebens eine im wesentlichen durchschaubare Ordnung zu bringen vermochten.

Diese Einheitlichkeit und Geschlossenheit unseres Glaubens hat sich freilich *in vielfältigen konkreten Gestalten des Glaubens ausgeprägt.* Die persönlichen Einzelgestalten des Glaubens waren verschieden je nach der Begabung der einzelnen. Es gibt religiöse Begabung, wie es mathematische, sprachliche oder musikalische Begabung gibt. Bei den einen aus unserer Gemeinde erlebten wir die „Glaubensgestalt der Fülle", wie Romano Guardini es nannte. Dies waren die mit den fünf Talenten religiöser Begabung. Sie konnten mit innerer Selbstverständlichkeit alles annehmen, was ihnen das Evangelium vor Augen stellte; sie hatten anscheinend einen offenen Zugang zu den heiligen Gestalten, die ihnen der Glaube vorstellt, zu den Gestalten des Vaters im Himmel, seines in die Geschichte eingetretenen Sohnes, der Heiligen. Die anderen, die religiös weniger oder gar sehr karg Begabten, standen im Leeren, in der Empfindungslosigkeit. Sie wurden nicht von innen her bewegt, sie mußten sich aus eigener Spontaneität – wie es schien – in Bewegung bringen, sie mußten ihren Willen mit angestrengter Bemühung auf den Weg bringen und auf

---

sorgerliche Erfahrungen im heute noch anhaltenden Umgang mit der Katholischen Tübinger Studentengemeinde der Nachkriegsjahre und zahlreichen anderen aufgeschlossenen Menschen gingen in die Darlegungen mit ein. Die Darstellung fußt konkret auf einer Ansprache bei einem Treffen der ehemaligen Katholischen Tübinger Studentengemeinde in der Akademie Hohenheim im Jahre 1985. Der Charakter kommunikativer Meditation wurde beibehalten, weil darin deutlich wird, daß wir alle uns als Glaubende in einem fortdauernden gemeinschaftlichen Suchprozeß befanden und befinden.

dem Weg halten, damit er sich nach dem ausstrecke, was ihnen als Heil angeboten war. Die konkrete Gestalt des Glaubens war weiterhin verschieden je nach der seelisch-geistigen Grundorientierung, die wir im einzelnen als Vorgabe mitbekommen hatten. Die einen lebten ihrer natürlichen Neigung nach aus der Unmittelbarkeit des Herzens, andere waren getrieben durch eine tiefe Leidenschaft nach der Wahrheit oder durch besondere Wachheit für das Gute, wieder andere bedrängte ihr Sinn für Ordnung und Gerechtigkeit. Es konnte gar nicht ausbleiben, daß die Einheitlichkeit des Glaubens sich in vielfältigen konkreten Glaubensgestalten ausgefaltet hat.

Aber *die Gestalten des Glaubens waren immer im Wandel begriffen.* Viele von uns haben in den letzten Jahrzehnten deutlich wahrgenommen, daß wir verschiedene Wege geführt worden sind. Es konnte gar nicht bei dem Glauben bleiben, den wir damals hatten. Seine Wandlung war unausbleiblich. Glaube ist ja nicht eine von der Lebenswirklichkeit abgehobene Größe, die wir wie die Formel des Credo unverändert durch die Zeit tragen können. Glaube ist vom Stoff unseres Lebens her ständig unter Druck gesetzt; er muß sich damit auseinandersetzen und verändert sich darin. Wir haben zwar als Kinder das Credo gelernt, und die meisten von uns haben es durch ihre ganze Lebensgeschichte hindurch Sonntag für Sonntag in diesen oder jenen Gemeinschaften gesprochen. Aber die Schicksale, die ein jeder von uns hatte, haben uns gezwungen, die gelernten Formeln immer wieder zu überdenken, sie uns selbst und anderen aus unserer Erfahrung heraus neu verständlich zu machen.

Es gab verschiedene *Impulse*, die in den Wandlungen unseres Glaubens wie Katalysatoren gewirkt haben. Da sind die Erfahrungen unserer persönlichen Lebensgeschichte: die Ehe, die einer geschlossen oder nicht geschlossen hat; die Kinder, die mit manchmal quälenden Fragen unsere wirkliche oder vermeintliche Sicherheit angekratzt haben; der soziale Kontext, der den einen in eine lebendige Gemeinde oder in einen Kreis von Freunden hineingeborgen hat, wo die Probleme gemeinsam erfahren und ausgetragen wurden, der den anderen der Isolation und der Vereinsamung preisgegeben hat. Da sind die verschiedenen beruflichen Engagements, die uns menschlich geprägt und verändert haben. Ob einer Wissenschaftler war (Botaniker, Chemiker, Jurist, Philosoph oder Theologe) oder ob einer sein Leben lang am Krankenbett stand oder in der Schule oder in politischen Zirkeln oder auch zu Hause in der Familie – das alles hat unser Menschsein geformt, und wir sind mit diesem veränderten Menschsein auf je andere Weise dem Glauben gegenübergetreten, der uns alle verbunden hat und verbindet. Und da sind viele andere Impulse – das allmähliche Voranschreiten durch die Stufen des Älterwerdens, die sich zusehends beschleunigenden geschichtlichen Entwicklungen, die gesellschaftlichen und politischen Veränderungen, der Prozeß der Säkularisierung, der manchen von unserer Seite weggeschwemmt hat, und schließlich die kaum zu vollziehende Entwicklung der Wissenschaft und der Technik mit all dem, was sie für unsere persönliche Lebensgeschichte bedeutet. Unter diesen ständigen Einflüssen von außen her mußte sich die innere Gestalt unseres Glaubens wandeln.

Es versteht sich von selbst, daß verschiedene Glaubensgeschichten zu verschiedenen *typischen Ausprägungen* der Grundeinstellung führen. Da stoßen wir auf die allmähliche Aushöhlung und Verkümmerung des Glaubens, wo die Wirklichkeit des täglichen Lebens mit ihren Faszinationen und ihren Belastungen die innere Konsistenz seines Vollzugs nach und nach aufgelöst und schließlich gänzlich aufgehoben hat. Da gibt es das demütige, dankbare und entschlossene Mitglauben mit der Kirche – nicht in dem Sinn, als ließe man einfach die Kirche stellvertretend für sich selber glauben, sondern in dem ganz anderen Sinn, daß jemand in der Kirche seine Heimat gefunden hat und daß sie ihm nun zur tragenden Gemeinschaft geworden ist, die ihm für sein Dasein einen Sinn vermittelt, die ihm hilft, diesen Sinn durchzusetzen, indem sie ihm Grundmuster richtigen menschlichen Lebens anbietet, und die ihn einlädt, diesen Sinn auch mit anderen zusammen festlich zu begehen. Und dann gibt es das heimliche Heranreifen des Glaubens durch viele Anstrengungen hindurch zu ansehnlicher Mündigkeit – zu einer Gestalt also, die „tragfähig wird für den Zweifel" (J.H. Newman), die unbeirrt auch die Loslösung durchsteht von denen, die einst den Kinderglauben vermittelt haben, von der gesellschaftlichen Umwelt, deren Atmophäre ihn lange Zeit getragen hat, und auch von den vielen Hilfsvorstellungen, die uns Hl. Schrift und Kirche an die Hand geben, um uns das Unbegreifliche nahezubringen. Und da gibt es noch eine letzte typische Prägung, auf die wir gerade in diesen Tagen der Begegnung immer wieder stoßen: Es ist die Gläubigkeit jener, die das, was uns einst vermittelt wurde, entschlossen festhalten, obwohl sie das, was sie heute erleben, mit dem einst Vermittelten nur schwer oder kaum noch in eins zu bringen vermögen.

Dieses letzte soll noch deutlicher gesagt werden. Als wir nach dem Krieg mit dem Studium anfingen, gab es ein verhältnismäßig gesichertes System von wissenschaftlichen Wahrheiten. Auch wenn man diese nicht im einzelnen aufarbeiten konnte, hatte man doch in seinem Kopf eine Vorstellung, die ein Art Synthese des im einzelnen nicht durchschaubar Vielfältigen darstellte. Diese Form des Wissens und dann auch des Sprechens über Wahrheit haben wir damals in verstärkter Form auch in der Kirche gehabt. Sie hat durch ihr Lehramt klare Positionen bezogen und uns damit deutlich gemacht, was wir glauben und tun sollen. In beiden Bereichen also, in Wissenschaft und Kirche, hat es ähnliche geistige Strukturen und damit auch ähnliche Vorstellungen und Erfahrungen von Sicherheit gegeben.

Vielleicht liegt darin die entscheidende Veränderung, die sich zugetragen hat, daß sich diese Sicherheiten in Erfahrung und Vorstellung aufgelöst haben. Es hat sich eine förmliche Explosion des Wissens auf fast allen Gebieten ereignet. Wir sind nicht mehr in der Lage, auch nur aufzunehmen, was da an Erkenntnissen auftaucht, geschweige denn daß wir es in einem umfassenden Gesamtverständnis synthetisieren könnten. Darum spricht man heute im Bereich der Wissenschaften weithin im Stil der Vorläufigkeit, der Fragwürdigkeit, des Hypothetischen. Wir leben nicht mehr – so formuliert es K. Rahner – „in den festen Häusern absolut richtiger, allgemein gesellschaftlich gültiger, überall als selbstverständlich vorausgesetzter Überzeugungen, sondern in flüchtig aufgeschlagenen Zelten auf einer Reise ins Unvorhersehbare". Das hat Rückwirkungen auf unser Verständnis von Kirche. Jedenfalls ist es nicht verwunderlich, daß ihr zentrales Lehramt mit seiner gewohnten Sprechweise und seinen stets verfügbaren Positionen auf Vorbehalte auch bei vielen wirklich Glaubenden stößt. Manche von uns können die geforderte „unbedingte und über alles feste Zustimmung zu Glaubenswahrheiten" nicht mehr wie früher vollziehen; sie nehmen die Zustimmung vielleicht auf die grundlegende Entscheidung, auf die fundamentale Option für den „Kern" der christlichen Botschaft zurück. Auch wer so glaubt und seine Unfähigkeit bekennt, alle Erkenntnisse, Erfahrungen und Gegebenheiten in seinen Glauben zu integrieren, und diese Unfähigkeit geduldig durchträgt und dabei doch dem in Jesus Christus uns nahegekommenen Gott und seinem unbedingten Anspruch zugewandt bleibt, der ist mit diesem seinem Glauben ein katholischer Christ und gehört unzweifelhaft zur Gemeinde des Heils.

Von diesen recht persönlichen Erfahrungen her lassen sich einige allgemeine *Einsichten in die Glaubenssituation des alten Menschen* formulieren. *Erstens:* Die sog. Stufen der Glaubensentwicklung sind nicht schematisch auf die einzelnen Lebensphasen festgelegt; sie sind in jedem Alter anzutreffen. Auch der alte Mensch wird keineswegs immer „frömmer"; er scheint nicht selten sogar ohne Glauben auszukommen. Auch in der letzten Lebensphase begegnet die totale Ausblendung der transzendenten Dimension im Bereich der Reflexion wie der Praxis; in einer Untersuchung von R.G. Kuhlen und G.H. Johnson über „Veränderungen der Lebensziele mit zunehmendem Lebensalter" (bis zum 65. Lebensjahr) tauchen nur innerweltliche Zielsetzungen auf.[74] Es gibt im Alter auch einen Glauben, der offensichtlich gänzlich unentwickelt geblieben ist. Wenn es dann jemandem noch vergönnt ist, bis weit in die Altersphase hinein gesund, fit und lebensfroh zu sein, wird er vielleicht die Kümmerlichkeit seines Glaubens erst entdecken, wenn Krankheit und Tod sich ihm offensichtlich und endgültig nähern. *Zweitens:* Wenn in der zweiten Lebenshälfte keinerlei Mühe auf die Entfaltung des Glaubens aufgewendet wird, kann im Alter sich die Stagnation vielleicht gar in Regression verhärten. Das Nachlassen der natürlichen Lebensdynamik wird nun auch religiös nicht mehr aufgefangen. Dann entstehen die trostlosen Gestalten alter Menschen, die im Werk S. de Beauvoirs die deutliche Mehrheit ausmachen. Sie leben mit sich selbst in Unfrieden und Verbitterung und können ihre eigene Lebensgeschichte nicht mehr annehmen. *Drittens:* Alter kann nur gelingen, wenn der Mensch der Endlichkeit seines Daseins innerlich zustimmt und aus dieser Zustimmung heraus sich immer wieder aufs neue der noch einmal gewährten Lebenszeit zuwendet. Das redlich versuchte geistliche Ja zur Endlichkeit ist das letztlich entscheidende, weil alles tragende Element einer spezifischen Altersidentität. Ganz gleich, in welcher konkreten Gestalt und auf welcher Reifestufe sich der Glaube eines alten Menschen darstellt – wenn er die lebensgeschichtlich anfallenden Anmahnungen der Endlichkeit wahrnimmt und zuläßt, wird sein Glaube sich nach und nach zur altersspezifischen Authentizität entfalten. *Viertens:* Der Glaube des alten Menschen bedarf wie der des jungen der ständigen Einübung in der unmittelbaren Auseinandersetzung mit den täglichen Erfahrungen. J.H. Newman spricht von „realisation" und meint damit das „Wirklichwerden", die

---

[74] In: Altern. Probleme und Tatsachen, hrsg. von H. Thomae und U. Lehr, Frankfurt 1968, 461–468.

zunehmende Konsistenz eines Glaubens, der sich in die Lebenswirklichkeit einläßt und nicht aus ihr aussteigt oder sie umgeht. Glaube vollendet sich als Gebet, indem der Mensch seine konkrete Lebenswirklichkeit anhaltend vor Gott zur Sprache bringt – auch wenn keine Antwort vernehmbar wird. Eine große Hilfe können gemeinsame geistliche Gespräche sein, in denen mit der gehörigen Diskretion die einzelnen ihre Erfahrungen mit der Not und dem Segen ihrer persönlichen Glaubensgestalt austauschen und so einander ermutigen.[75]

(2) Neues Engagement aus der Distanz – Aufwertung des Handelns

Ein Großteil derer, die heute in unserem Land zwischen 60 und 65 Jahren in den Ruhestand eintreten, erfreut sich gesicherter materieller Verhältnisse und beachtlicher Gesundheit und Leistungskraft. Die folgenden Überlegungen richten sich zuallererst an sie; für die anderen haben sie den Umständen entsprechend abnehmende Bedeutung. Dem Bereich des Naiv-Utopischen können sie nur zugerechnet werden, wenn verkannt wird, daß sie unter dem Aspekt altersspezifischer Identität angestellt werden. Jedenfalls muß denen entschieden entgegengetreten werden, die in jeder Aktivität alter Menschen nur den Versuch sehen, vor den unerbittlichen Anforderungen altersspezifischer Identitätsfindung sich selbst aus dem Wege zu gehen und in die Zerstreuung zu flüchten.

---

[75] Vgl. die wertvollen Berichte und Vorschläge zu Glaubensgesprächskreisen bei A. Wittrahm, „. . . auch dort läßt Du mich nicht los . . .“. A. Wittrahm, Ein Leben lang im Aufbruch. Biblische Einsichten über das Altwerden, Freiburg–Basel–Wien 1991, 112–128, zeigt in einer Interpretation des Psalms 71, wie der alte Mensch hier alle seine Situationen und Stimmungen – vor Gott ins Wort gebracht – wiederfindet. K. Rahner, Glaube und Altersstufen, in: Praxis des Glaubens. Geistliches Lesebuch, hrsg. von K. Lehmann und A. Raffelt, Freiburg–Basel–Wien (3. Aufl.) 1982, 192–198, bleibt hier speziell hinsichtlich des Glaubens im Alter merkwürdig blaß.

(a) Es sei nur nebenbei, aber nachdrücklich an das *anthropologische Fundament des Handelns* erinnert, wie es z. B. von Thomas von Aquin, einem gewiß unverdächtigen Gewährsmann, vorgestellt wird. Er sieht die Gesamtheit des geschaffenen Seins mit einer vitalen Intentionalität auf Entfaltung und Entwicklung ausgestattet. Alle Dinge sind nicht nur dazu da, daß sie sind, sondern daß sie ihre Möglichkeiten entfalten und sich darin erfüllen. Nicht nur der Mensch, sondern jedes Ding ist also seiner Tätigkeit und seiner Vollendung wegen da.[76] Warum sollte nicht gerade der alte Mensch, der erst recht weiß, wieviel noch zu tun ist, diesem „Anspruch der Wirklichkeit" nachkommen? Goethe hat recht: „Wenn man alt ist, muß man mehr tun, als da man jung war ... Altwerden heißt, selbst ein neues Geschäft antreten; alle Verhältnisse verändern sich, und man muß entweder zu handeln ganz aufhören oder mit Willen und Bewußtsein das neue Rollenfach übernehmen".[77] Man stößt in der einschlägigen Literatur immer wieder auf grandiose Altersleistungen von Wissenschaftlern und Künstlern.[78] Aber es gibt ungewöhnliche und respektabel gewöhnliche Leistungen alter Menschen auf anderen Gebieten; nur ist für sie weniger Platz in der Literatur. Der sog. Ruhestand, zumal das erste Drittel dieser Phase, muß jedenfalls neu und gründlicher bedacht werden. Es müssen „neue Wege ausfin-

---

[76] Belege bei A. Auer, Theologische Aufwertung des tätigen Lebens, in: Moral zwischen Anspruch und Verantwortung (Festschrift W. Schöllgen, hrsg. von F. Böckle und F. Groner), Düsseldorf 1964, 27–51. E. Welty, Gemeinschaft und Einzelmensch, Salzburg–Leipzig 1935, 87, formuliert genau die Auffassung des Thomas von Aquin: „In allem Geschaffenen wohnt ein unaustilgbarer Naturdrang, sich zu entfalten, eine naturgegebene Hinneigung, seine Anlagen auszunützen und durchzubilden, ein naturhaftes Streben, die in ihm ruhenden und schlummernden Möglichkeiten zu verwirklichen und sich dadurch zu verbessern."

[77] In: Maximen und Reflexionen, zitiert von M. Gregor-Dellin, Radikalität im Spätwerk der Künstler, in: H.J. Schultz (Hrsg.), Die neuen Alten 57–70, hier 58–60.

[78] Vgl. etwa M. Gregor-Dellin, a.a.O. 59, oder U. Lehr, Altern – ein Gewinn? in: H. J. Schultz (Hrsg.), Die neuen Alten 31–43, hier 32f.

dig gemacht werden, um die noch im Alter vorhandenen Tätigkeitspotentiale zu entwickeln".[79] Es bedeutet eine Bestätigung des angedeuteten anthropologischen Hinweises, wenn alte Menschen in Tätigkeiten, die ihrem Vermögen entsprechen und vielleicht auch noch einen einsichtigen Nutzen für die Gesellschaft erbringen, eine persönliche Erfüllung finden. Nur lebensferne Rigoristen können dagegen Einwände erheben. Man kann doch nicht fordern, daß das Handeln ständig in ausdrücklich ethischer Reflexion und in ausdrücklich spirituellem Vollzug thematisiert wird. Es gibt eine Beziehung zum menschlichen Leben, in der Ethos und Spiritualität so selbstverständlich verinnerlicht sind, daß sie auf weite Strecken ohne angestrengte Ausdrücklichkeit auskommen. Weil dies für unseren Zusammenhang sehr wichtig ist, sei es an einem Beispiel ausführlich veranschaulicht. Es gibt im Kaukasus ein Orchester, dessen rund dreißig Mitglieder sämtlich über 100 Jahre alt sind. Sie arbeiten noch auf dem Feld, bauen Tabak an, reiten Pferde zu oder treiben sonst etwas, halten aber regelmäßige Proben und geben Konzerte. Pablo Casals (1876-1973) hat von Astan Schlarba, dem Präsidenten dieses Orchesters, einen Brief überreicht bekommen, in dem der alte Spaßvogel mit ihm einen Scherz getrieben hat. In diesem Brief war folgendes zu lesen: „Lieber, hochverehrter Maestro, ich habe die Freude, Sie im Auftrag des Georgisch-Kaukasischen Orchesters einzuladen, eines unserer Konzerte zu dirigieren. Sie werden der erste Musiker Ihres Alters sein, dem diese Auszeichnung zuteil wird, unser Orchester zu leiten. Niemals in der Geschichte dieses Orchesters haben wir es einem Manne gestattet, uns zu dirigieren, der weniger als 100 Jahre alt war ... Aber wir haben von Ihrem Dirigententalent gehört und meinen in Ihrem Falle, unbeschadet Ihrer Jugend, eine Ausnahme machen zu sollen ... Hochachtungsvoll Astan Schlarba, Präsident, 123 Jahre alt". P. Casals bemerkt

---

[79] W.H. Burghardt, Altwerden, Leiden und Sterben 221.

dazu, die Leistungsfähigkeit dieser Leute möge auf ihrer Konstitution, der Gunst des Klimas u. a. beruhen, aber doch wohl in hohem Maße einfach auf der Tatsache, daß sie noch arbeiten. Und dann schreibt er von sich selbst: „Meine Arbeit ist mein Leben. Sich zur Ruhe setzen heißt für mich soviel wie sich zum Sterben anschicken. Ein Mann, der arbeitet und sich nicht langweilt, ist auch nicht alt. Nie im Leben! Arbeit und das Interesse für Dinge, die Interesse verdienen, sind die besten Heilmittel gegen Alter. Jeden Tag fühle ich mich wie neugeboren, jeden Tag fange ich wieder ganz von vorne an. Die letzten achtzig Jahre habe ich jeden Morgen auf dieselbe Weise begonnen, nicht etwa mechanisch, aus bloßer Routine, sondern weil es wesentlich ist für meinen Alltag: Ich gehe ans Klavier und spiele zwei Präludien und zwei Fugen von Bach. Anders kann ich es mir gar nicht vorstellen. Es ist so etwas wie ein Haussegen, aber es bedeutet mir noch mehr: die immer neue Wiederentdeckung einer Welt, der anzugehören ich mich freue. Durchdrungen von dem Bewußtsein, hier dem Wunder des Lebens selbst zu begegnen, erlebe ich staunend das schier Unglaubliche, ein Mensch zu sein . . .".[80] Es muß offensichtlich nicht sein, daß seelisches und geistiges Altern mit dem biologischen Altern automatisch voll synchronisiert verlaufen. Die lebensgeschichtliche Entwicklung kann auch „gegenläufige Dynamiken" beinhalten.[81] Der eine bewältigt die darin liegende Spannung mit der (scheinbar) leichten Hand des für menschliches Leben erotisch oder charismatisch Hochbegabten, der andere muß sie auf seine Maße zurücknehmen und kann sie darin doch menschlich genauso, wenn auch weniger ansehnlich, bestehen.

---

[80] Vgl. H. Bender (Hrsg.), Das Insel-Buch vom Alter 169–171.
[81] Vgl. W. Mader, Frühe Weichenstellungen? Altern und Lebensgeschichte, in: R. Boeckler – K. Dirschauer (Hrsg.), Emanzipiertes Alter, Bd. 1, 116–135, hier 120f. Vgl. auch a.a.O. 118: „Platon gründete die Akademie. Améry nahm sich das Leben. Frühe Vorentscheidungen durch die Art, das Altern zu erfahren bzw. sein Verhältnis zum Leben zu gestalten"?

(b) Was hier gesagt wurde, ist für Menschen aus allen Klassen der Bevölkerung *durch empirische Erhebungen belegt* worden. R.J. Havighurst sieht die „Aktivitätstheorie" bestätigt durch die Tatsache, daß sinnvolle Tätigkeit wesentlich zu einem „erfolgreichen Alter" (successful aging = „Zufriedenheit mit dem gegenwärtigen und vergangenen Leben") führt.[82] Als sinnvoll wird eine Tätigkeit erachtet, wenn sie Einstellungen und Aktivitäten aus dem mittleren Lebensabschnitt möglichst lange weiterführt oder, falls der Lebensberuf aufgegeben werden mußte, ersatzweise Tätigkeiten in Clubs und Vereinen oder ein intensiverer Umgang mit Freunden und geliebten Personen gepflegt werden. Auf der Grundlage anderer Studien haben S.S. Tobin und B.L. Neugarten das Verhältnis zwischen „Zufriedenheit und sozialer Interaktion im Alter" untersucht.[83] Die angefragten Tätigkeiten beziehen sich auch hier auf die Familie, den Kreis von Freunden, Kollegen und Nachbarn, Kirchengemeinden und sonstige Organisationen und auf die loseren Kontakte mit Verkäuferinnen und Postboten. Die Einschätzung der Zufriedenheit berücksichtigt fünf Aspekte des Verhaltens: 1. das Ausmaß der Freude an den täglichen Beschäftigungen, 2. die Sinnerfüllung in den tatsächlichen Ereignissen des Lebens, 3. das Bewußtsein, die wesentlichen Lebensziele erreicht zu haben, 4. die positive Selbsteinschätzung und 5. eine allgemein optimistische Grundstimmung. Das Ergebnis wird klar herausgestellt: „. . . das Ausmaß der sozialen Interaktion und dasjenige der Zufriedenheit innerhalb aller Altersgruppen (von 50-80 Jahren) gehen parallel. Mit höherem Alter nimmt der Zusammenhang sogar eher zu als ab".[84] Den Verfassern scheint mit zunehmendem Alter das psychische Wohlbefinden eher mit Engagement als mit Disengagement verknüpft.

---

[82] Vgl. R.B. Havighurst, Ansichten über ein erfolgreiches Altern, in: H. Thomae – U. Lehr, Altern. Probleme und Tatsachen 567–571.
[83] In: H. Thomae – U. Lehr, Altern. Probleme und Tatsachen 567–578.
[84] A.a.O. 578.

Nicht jedes Handeln ist mit altersspezifischer Identität kompatibel bzw. ihr förderlich. Vielmehr muß das Handeln bestimmte Kriterien aufweisen. Es gibt zwei negative Kriterien: Ein blinder Aktionismus führt gewiß schon kurzfristig in Frustration und Resignation. Nicht besser steht es – Ausnahmen bestätigen die Regel – mit dem Versuch, ohne jede Not die ganze Lebenskraft für Erhaltung oder gar Ausweitung der bisherigen beruflichen Kompetenz einzusetzen. In fast allen Tätigkeitsbereichen schreiten Theorie und Praxis so rasch voran, daß der allmähliche Kompetenzverlust auf Dauer nicht aufzuhalten ist. Altersspezifische Identität kann nur gewonnen werden, wenn ein neues ganzheitliches Lebenskonzept entwickelt wird. Die Ziele müssen neu definiert werden. Wenn sie wirklich erreicht werden sollen, müssen Prozesse der bewußten Einschränkung und Ablösung eingeleitet werden. Dies aber ist nur möglich, wenn der alternde Mensch seine Gesamtsituation klar erkennt und richtig einschätzt. Der Vorrang liegt nunmehr bei Tätigkeiten, die soweit als möglich sich von eingefahrenen Leistungszwängen freimachen, die der Spontaneität und Kreativität einen sei es auch bescheidenen Raum öffnen und die den Schwerpunkt bewußt vom Sachlich-Funktionalen zum Menschlichen hin verlagern. Jeder einzelne ist herausgefordert, sein eigenes Altern hervorzubringen, ehe er „seinen eigenen Tod" (R.M. Rilke) sterben kann. L. Rosenmayr definiert die im Alter neu anzustrebende Kompetenz so: „Das Selbst konstituiert sich in schöpferischen Akten und jeweils erneuerten Leistungen, indem die Zukunft vor dem Hintergrund der bisherigen Erfahrungen und der angestrebten Ziele gestaltet wird. Deswegen muß der Mensch, der seine wahre Entwicklung bejaht, im fortgeschrittenen Alter über Perspektiven für die Zukunft, sowohl über definierbare ‚Lebensziele' und konkretere Lebenspläne als auch über Daseinstechniken zu ihrer Realisierung verfügen". Im übrigen ist er der Meinung, daß bei dieser Bemühung um eine neue Kompetenz trotz aller Säkularisierung „die christliche Auffassung von der inneren Erneuerungsfähigkeit des Menschen" durchaus wieder Bedeutung gewinnen könnte.[85]

(c) Diese Eigenkompetenz drängt danach, sich *in verschiedenen Bereichen des Handelns zu konkretisieren.* Wissenschaftlich, künstlerisch und kulturell interessierte Menschen finden im Alter verhältnismäßig leicht angemessene Formen des Handelns; sie haben sich vielfach schon früh darin geübt. Andere fühlen sich zufrieden mit dem Züchten von Brieftauben, dem Sammeln von Briefmarken oder der Pflege ihres Gartens. Wieder andere verausgaben sich in sportlichen oder in karitativen Vereinigungen. Wenn die Kraft für ein Wirken nach außen nachläßt und der Umkreis des Lebens sich verengt, verbringen viele ihre Tage unterhaltend oder anregend mit Lesen oder gezielter Annahme medialer Angebote. Wenn alte Menschen bei alledem stiller und reifer werden, überdenken sie auch ihr Leben, das Leben der ihnen Nahestehenden und das Auf und Ab der sich ihnen aufdrängenden täglichen Ereignisse. Solange die Kraft reicht, ist auch für die eigene innere Befriedung und Befreiung kaum etwas hilfreicher als der Dienst an Mitmenschen, sei es in der eigenen Familie, in einem „Netzwerk" von Freunden, wie es gottseidank immer häufiger versucht wird, oder bei der Betreuung von Kranken und der Begleitung von Sterbenden. Nächstenliebe kann zum wirksamsten Therapeutikum für bedrückende Gefühle und Stimmungen werden, wenn kein Gebet mehr „greift" und jede Zerstreuung nur noch tiefer ins Leere führt. Leo Tolstoi schreibt in seinen Tagebüchern, gegen Zustände von Taurigkeit, Wehmut und unerfüllbarem Zärtlichkeitsbedürfnis gebe es nur ein Mittel: „irgend jemandem dienen in ganz einfacher Weise, wie es sich gerade trifft, für jemanden arbeiten".[86] Für jemanden, dem seine Phantasie nicht auf die Sprünge hilft, kann es hilfreich sein, sich an die in

---

[85] Die Kräfte des Alters 98f.
[86] Zitiert in: Das Inselbuch vom Altern, hrsg. von H. Bender, 247f.

trüben Stunden eines altmodischen Religionsunterrichts auswendig gelernten „Werke der Barmherzigkeit" zu erinnern; es geht um sieben leibliche Werke: Hungrige speisen, Durstige tränken, Nackte bekleiden, Fremde beherbergen, Kranke besuchen, Gefangene erlösen, Tote begraben, und es geht um sieben geistige oder geistliche Werke: Unwissende lehren, Zweifelnden recht raten, Trauernde trösten, Sünder zurechtweisen, Beleidigern gerne verzeihen, Unangenehme ertragen, für Lebende und Tote Gott bitten.[87] Es wäre schon seltsam, wenn einem da nichts einfiele. Es gilt wohl in besonderer Weise für alte Menschen, was Albert Schweitzer allen empfiehlt: Jeder sollte sich ein unscheinbares „Nebenamt" schaffen, in dem „sich eine Anlage für sein Menschentum findet".[88] – Im folgenden Kapitel, in dem es um die soziale Dimension des Handelns geht, wird mehr darüber gesagt werden. Hier steht im Vordergrund die Frage, was Handeln im Alter für den Handelnden selbst bedeuten kann.

---

[87] Der Verf. erinnert sich sehr lebhaft daran, wie zu DDR-Zeiten sein Erfurter Kollege W. Ernst ihn zum Dank für eine Gastvorlesung durch seinen Assistenten an einem nebeligen Novembermorgen zur Wartburg fahren ließ. Wir beide gehörten als einzige Zivilisten zu einer Besuchergruppe aus lauter Vopos. Eine Studentin erklärte die Darstellung der Werke der Barmherzigkeit im Obergeschoß mit einer Eindringlichkeit, die offensichtlich alle Zuhörer zutiefst ergriffen hat.

[88] „Schafft euch ein Nebenamt, ein unscheinbares, womöglich ein geheimes Nebenamt. Tut die Augen auf und sucht, wo ein Mensch ein bißchen Zeit, ein bißchen Teilnahme, ein bißchen Gesellschaft, ein bißchen Fürsorge braucht. Vielleicht ist es ein Einsamer, ein Verbitterter, ein Kranker, ein Ungeschickter, dem du etwas sein kannst. Vielleicht ist's ein Greis, vielleicht ein Kind. Wer kann die Verwendungen aufzählen, die das kostbare Betriebskapital, Menschsein genannt, haben kann! An ihm fehlt es an allen Ecken und Enden. Darum suche, ob sich nicht eine Anlage für dein Menschentum findet. Laß dich nicht abschrecken, wenn du warten oder experimentieren mußt. Auch auf Enttäuschungen sei gefaßt. Aber laß dir ein Nebenamt, in dem du dich als Mensch an Menschen ausgibst, nicht entgehen. Es ist dir eines bestimmt, wenn du nur richtig willst". Zitiert bei H. J. Schultz (Hrsg.), Die neuen Alten 7.

(d) Ein abschließendes Wort zur *Bewertung der Theorien*. Die dargelegte Position neigt wie die der meisten Gerontologen der Aktivitätstheorie, nicht der Disengagementtheorie zu. Das will sagen: Zufriedenheit im Alter stellt sich eher ein, wenn die Menschen aktiv sind, als wenn sie sich zurückziehen. Man kann aber nicht darüber hinwegsehen, daß es auch viele Menschen gibt, die ihre Zufriedenheit offensichtlich in einem enger gezogenen Lebenskreis suchen und finden. Man wird in der Tat den beiden gerontologischen Theorien weniger eine normative als eine deskriptive Bedeutung zumessen. Die Mehrzahl der Menschen neigt in ihrer frühen Altersphase zur Aktivität und findet eben darin auch ihr Gleichgewicht. Wer seine sozialen Beziehungen reduziert, hört ja auch nicht auf aktiv zu sein; er grenzt nur sein Tätigsein ein. Die Lage wird nicht einfacher, wenn man in die Bewertung auch noch die Kontinuitätshypothese und die Kulminationshypothese einbezieht. Erstere stellt eine positive Korrelation zwischen dem Lebensstil der mittleren und der späteren Lebensphase fest: Je mehr sich die tragenden Motive bei aller unvermeidlichen Transformation durch die verschiedenen Lebensphasen durchhalten, desto leichter bildet sich eine ganzheitliche Perspektive aus. Die Kulminationshypothese sieht um den Beginn des Alterns herum noch einmal die große Möglichkeit, die Sinngestalt des Lebens in einer großen Bemühung abschließend zu strukturieren.[89] Es bleibt aber auch hier offen, ob es nicht „frühe Weichenstellungen" gibt, die etwa um das 50. Lebensjahr soweit festliegen, daß damit im Grunde die Entscheidung über die „Sinngestalt" des

---

[89] W. Mader, Frühe Weichenstellungen? Altern und Lebensgeschichte, in: R. Boeckler – K. Dirschauer (Hrsg.), Emanzipiertes Alter, Bd. 1, 116–135, der die beiden Hypothesen vorstellt, beruft sich für die Kulminationshypothese auf ein nichtveröffentlichtes Werk des Berliner Historikers R. Engelsing, Geistige Produktion und Lebensalter, der aufgrund der Biographien geistig produktiver Menschen aus Vergangenheit und Gegenwart den Versuch macht, „das Leben als Sinngehalt" zu begreifen.

eigenen Alterslebens gefallen ist. Damit ist kein Determinismus statuiert, aber es scheint Dispositionen zu geben, die bestimmte Reaktionsneigungen des Menschen implizieren. Da dem einzelnen Maß und Art seiner genetischen und frühen lebensgeschichtlichen Prägungen genau so unbekannt sind wie die wirkliche Reichweite seiner Freiheit, muß er seine Verantwortlichkeit unverkürzt wahrnehmen und den Raum der Freiheit im Maße des Möglichen lebenslang auszuweiten versuchen.

11. KAPITEL

Die sozialethische Perspektive: Altern als Herausforderung der Gesellschaft

Die Unterscheidung zwischen individualethischer und sozialethischer Perspektive mag altmodisch anmuten und ist in der Tat dem Mißverständnis einer dualistischen Aufspaltung des Menschen ausgesetzt. Doch ist in den bisherigen Darlegungen ein ganzheitliches Verständnis des menschlichen Daseins so nachdrücklich hervorgehoben, daß die Gefahr eines Mißverständnisses als hinreichend abgewehrt gelten darf. Einem anderen Mißverständnis kann nicht so leicht entgegengetreten werden. Die sozialethische Perspektive des Alterns wird nämlich im folgenden viel knapper behandelt als im vorausgehenden die individualethische; es werden nur einige wesentliche Grundlinien skizziert. Dem Verfasser geht es nun einmal in erster Linie darum, dem einzelnen bei seiner Suche nach dem Sinn des Alterns und nach seiner Verwirklichung im eigenen Leben eine Orientierungshilfe zu geben. Um die vielfältigen sozialpolitischen Desiderate im einzelnen zu behandeln, bedürfte es einer besonderen gründlichen Untersuchung, die vom Verfasser nicht beabsichtigt ist, weil sie den vorgesehenen Rahmen dieser Untersuchung bei weitem überschritte. Eine informative Hinführung hat M. Blasberg-Kuhnke erarbeitet.[1] Im folgenden soll gezeigt werden, wo die haupt-

---

[1] Gerontologie und Praktische Theologie 180–236. Hier ist ein Überblick gegeben über die gesetzlichen Grundlagen der Altenarbeit und Altenhilfe, ihrer Ziele und ihrer Träger sowie der von diesen entwickelten Programme. Die wichtigsten Hilfen: H. Gottschick – D. Giese, Das Bundessozialhilfegesetz. Kommentar, München (6. Aufl.) 1977, und H. Narr, Soziale Probleme des Alters. Altenhilfe – Altenheim, Stuttgart 1976.

sächlichen Aufgaben der Gesellschaft gegenüber den alten Menschen und wo deren mögliche Dienste an der Gesellschaft zu sehen sind.

I. Einige geschichtliche Vorbemerkungen

Die Gesellschaft kann für ihre Alten keine paradiesischen Lebensverhältnisse heraufführen. Aber es ist in den letzten Jahrzehnten viel für sie getan worden. Man ist eher geneigt, dies anzuerkennen, wenn man auch nur ein wenig in der Geschichte zurückblättert. Der badische Sozialwissenschaftler und -politiker F.J. Buß (1801–1878) teilte nicht die naive Meinung der Aufklärung, alte Leute seien nicht rehabilitationsbedürftig, weil sie aufgrund ihrer Lebenserfahrung und ihrer menschlichen Reife für sich selbst aufkommen könnten.[2] Er kennt aber auch die Problematik einer allgemeinen öffentlichen Versorgung. Das Mittelalter, das er als „Weltalter des körperschaftlichen Geistes" preist, scheint ihm die Verhältnisse richtiger geordnet zu haben, als es im Zeitalter des neuzeitlichen Individualismus möglich ist. „Es fragt sich, ob das System des Zusammenlebens nicht die Absichten der Vorsehung störe, indem es an die Stelle natürlicher Bande der Familie das Gebäude

---

[2] Vgl. Art. restitutio in: Universallexikon, 31. Band, Johann Heinrich Zedler, Leipzig und Halle 1742, 775–826, und H. Schipperges, Alter als Provokation 195f. Zum folgenden vgl. F.J. Buß, Die öffentliche Armenpflege. 3 Theile, Stuttgart 1842–1846 – eine imponierende, 2000 Seiten umfassende, leider nie angemessen gewürdigte Darstellung des „Systems der gesammten Armenpflege". Dem Werk liegt eine französische Bearbeitung des Themas zugrunde; der Verfasser bringt diesen Sachverhalt auf dem Titelblatt mit großer Selbstbescheidung zum Ausdruck. Der Wortlaut des Titelblatts heißt: „Die öffentliche Armenpflege. Von dem Herrn von Gérando, Pair von Frankreich, Mitglied des Instituts und des Generalraths der Armenhäuser von Paris u. a.– Im Auszug übersetzt und mit Anmerkungen begleitet von Dr. F. J. Buß . . ." – Die folgenden Zitate stammen aus Band I, XXX (Vorwort des Bearbeiters) und Band III, 430–441: Von den Versorgungsanstalten für die Greise und die Preßhaften.

einer rein künstlichen Association setze. Soll man die Verwandten eines Greises von den Pflichten seiner Pflege entbinden"? Aber F.J. Buß steht auch zur Verpflichtung des Staates, für schwere Notfälle Sorge zu tragen. Er hat nichts gegen „die edle und gerechte Pracht jener Asyle ..., in welchen die Könige die Invaliden aufnehmen, welche im Dienste des Staats in den Heeren ihre Kräfte eingebüßt haben". Aber – so fragt er – „haben nicht die Greise, die Unheilbaren, welche in die bürgerlichen Pflegehäuser aufgenommen werden, ähnliche Rechte? Sind sie nicht Invaliden der Künste des Friedens?" Dabei weiß F.J. Buß sehr wohl, wie kümmerlich es um die Möglichkeiten des Helfens bestellt ist, wie es im „Invalidendom der Greise" tatsächlich zugeht: „Die meisten dieser Invaliden erscheinen gleichsam in einen lethargischen Schlaf gesunken, von der Langeweile, Traurigkeit gedrückt, gierig nach den wenigen sie noch erregenden sinnlichen Genüssen greifend. Die Einen leben dem Trunk, die Anderen alten Gewohnheitslastern; die Meisten gegenseitig im Zank. Selbstsucht und Apathie streiten um die Reste eines verfallenen Daseyns. Die Vorstände erhalten allerdings die Disciplin, halten die hauptsächlichsten Mißbräuche nieder, sorgen für die sinnlichen Bedürfnisse: allein darauf beschränkt sich ihre ganze Sendung. Auch bedrückt der Anblick des hier anticipierten Todes mehr als der des hier angesammelten Elends. Man glaubt auf dem Giebelfeld dieser Anstalten Dantes Inschrift auf dem Höllentor zu lesen: ... Ihr, die ihr eintretet, lasset jede Hoffnung". Zwar bleibt auch in den Familien das Elend des Alters nicht verborgen. Aber „versammelt geben sich diese Greise und Preßhaften den gegenseitigen Anblick des Verfalls, der Trauer; schon an und für sich zur Unzufriedenheit geneigt, verstimmen sie einander noch mehr, und sehen einen Genossen nach dem anderen ins Grab steigen". Im übrigen ist F.J. Buß im Unterschied zu zeitgenössischen Aufklärern durchaus bewußt, daß es für alte Menschen keinen pädagogischen Neubeginn gibt. Bescheiden und realistisch plädiert er für Zerstreuung und Trost, für das Angebot ausgewählter Lektüre, für religiöse Übungen und für Arbeit als sittliches Mittel für gesundheitliche Stärkung, Abwechslung, Vermeidung von Streitereien und vernünftige Disziplinierung – nicht also für Arbeit um ihres Ertrages willen. Die durchschnittliche Lebenserwartung war damals noch viel niedriger als heute – so niedrig, daß das Altern in einem solchen Heim eben vor allem anderen als Vorbereitung auf den Tod erschien: „Hier grüßt der Greis, der Welt den Abschied gebend, eine bessere Zukunft; hier verläuft für ihn der Noviciat der Ewigkeit". – So war es vor 150 Jahren. Wie steht es heute?

II. Die Besorgtheit der Gesellschaft um die Alten

(1) In unserem Umkreis wird vielen Menschen die Chance eines „dritten Lebensalters" zuteil. Sie sollte von möglichst vielen in angemessener Souveränität und Würde wahrgenommen werden. Die Voraussetzungen dafür müssen zunächst von den Betroffenen selbst und ihren Angehörigen geschaffen werden. Doch wird dies nur für wenige in ausreichendem Maße möglich sein. Auf jeden Fall ist die *Sozialpolitik* auf den Plan gerufen. Sie muß zunächst darum besorgt sein, daß möglichst wenige alte Menschen unter die Armutsgrenze fallen, wenn sie ihren Unterhalt nicht mehr selbst verdienen können, und daß den unvermeidlich Armen wirksame Sozialhilfe zugesichert ist.[3]

---

[3] Gegenüber unentwegten Klagen muß eben auch gesehen werden, daß „die materielle Absicherung unserer Alten . . . heute besser (ist) als je zuvor. Unser Rentenniveau hat einen Höchststand erreicht: Die Rentner verfügen nach Angaben des Deutschen Sparkassen- und Giroverbandes durchschnittlich über Guthaben, die doppelt so groß sind wie die der übrigen Sparer. Wo noch materielle Defizite bestehen, werden sie Schritt für Schritt ausgeräumt . . ." So N. Blüm, Für eine neue Altenkultur, in: Die Welt für morgen. Ethische Herausforderungen im Anspruch der Zukunft (Festschrift F. Böckle), hrsg. von G.W. Hunold und W. Korff, München 1986, 241–249. Diese Feststellung liegt allerdings acht Jahre zurück. Neueste differenzierte Aus-

Staatliche Hilfe ist weiterhin bei der Beschaffung von altersgerechten Wohnungen unverzichtbar, weil der private Wohnungsbau keineswegs ausreicht, um die berechtigten persönlichen Bedürfnisse aller alten Menschen zufriedenzustellen. Hier bleibt noch viel zu tun, bis alle Wünsche nach einer Einzelwohnung oder einem Heimplatz erfüllt werden können. Wenn schon vielen das Alleinsein zugemutet werden muß, sollte es ihnen nicht durch eine unzumutbare Wohnsituation noch erschwert werden. Es gibt heute interessante Angebote für alte Menschen – von der noch möglichen Selbstversorgung bis hin zum Pflegeangebot, von der Abgeschiedenheit am Stadtrand bis zur zentralen Lage mit leichtem Zugang zu Besorgungen, Begegnungen und zur Teilnahme an verschiedensten Veranstaltungen. Mehr als früher wird heute in Altenheimen auf die Bedürfnisse persönlicher Freiheit und Selbständigkeit Rücksicht genommen. Förderungswürdig sind auch die Versuche, drei oder gar vier Generationen wieder in einer Wohneinheit zusammenzuführen und doch dem Bedürfnis nach

---

künfte über Ausgaben, Vermögen und Austattung älterer Menschen finden sich in: Statistisches Bundesamt (Hrsg.), Im Blickpunkt: Ältere Menschen, Stuttgart 1991, 134–144; der Bericht des Statistischen Bundesamts informiert insgesamt über die familiären, sozialen und ökonomischen Verhältnisse älterer Menschen sowie über ihre politischen und gesellschaftlichen Interessen. Vgl. auch die von der Friedrich-Ebert-Stiftung in Auftrag gegebene Studie der Institute Infratest Sozialforschung, Sinus und Horst Becker: Die Älteren. Zur Lebenssituation der 55- bis 70jährigen, hrsg. von F.-D. Karl, Bonn 1991, hier 15–27: Die soziale und materielle Situation der Älteren. Vielfältige Informationen über gegenwärtige Tendenzen in der Sozialpolitik bietet H.-U. Klose (Hrsg.), Altern der Gesellschaft. Antworten auf den demographischen Wandel, Köln 1993 (u. a. A.B. Pfaff, Sozialbudget des Alters 121–150; B. Riedmüller, Umbau des Sozialstaats 151–171; H.J. Krupp, Mindestsicherung im Alter 172–187; M. Dieck, Entwicklungslinien der Altenpolitik 187–212). Vgl. auch die neuen Überlegungen von M. Brauchbar – H. Heer, Zukunft Alter 217–250. 251–303. – Schließlich kann man sich über die laufende Entwicklung ständig aktuell informieren durch den Presse- und Informationsdienst des Kuratoriums Deutsche Altershilfe. Wilhelmine-Lübke-Stiftung, An der Pauluskirche 3, 50677 Köln.

Alleinsein noch Raum zu lassen.[4] Für manche alten Menschen ist das Zusammenleben freilich kaum leichter zu lernen als das Alleinsein; doch darf man in jeder Lernbemühung einen Beitrag zur Einübung gesellschaftlichen Zusammenlebens sehen. Ein drittes sozialpolitisches Problem ist der Übergang von der Berufsarbeit in den Ruhestand. Für viele, die gegen ihre Neigung und Eignung vierzig bis fünfzig Jahre lang eine monotone fremdbestimmte Arbeit auszuüben gezwungen waren, ist es hinsichtlich ihres Zugewinns an Zeitsouveränität von entscheidender Bedeutung, daß sie rechtzeitig und in zumutbaren Formen aus ihrem Arbeitsleben entlassen werden.[5] Auch wenn die „Vorruhestandsregelungen" nicht alle Erwartungen erfüllen, sollte man doch nicht verkennen, daß sich die Politik zusammen mit Arbeitgebern und Arbeitnehmern auf den Weg gemacht hat. Ein Großteil der Menschen, die während ihres Arbeitslebens eigene Spontaneität und Kreativität kaum oder gar nicht zu entfalten vermochten, kann nach seiner Zurruhesetzung mit seiner Zeit nicht sinnvoll umgehen. Noch viel wichtiger, als auf eigenen Wunsch das Arbeitsleben vorzeitig zu beenden, ist darum ein gleitender Übergang in den Ruhestand. Ein solcher Übergang kann durch Tarifvereinbarung geregelt und durch ein Rahmengesetz abgestützt werden. Es gibt dafür bereits verschiedene Modelle. So ermöglicht etwa das Pieroth-Modell auf freiwilliger Basis, daß 60jährige 5 Stunden weniger arbeiten und davon 2 1/2 Stunden bezahlt erhalten und daß 63–65jährige 10 Stunden weniger arbeiten und daß man ihnen 5 Stunden davon bezahlt. Das Modell sieht vor, daß auf der Grundlage neuer Arbeitsverträge einzelne

---

[4] Vgl. z. B. die interessanten „Gedankenspiele" zu einem Projekt „Das Experimentierfeld Innenstadt" bei Ch. Schachtner, Störfall Alter 229–239, und die ausführliche kritische Stellungnahme zu den Problemen der Altersheime bei E. Ringel, Das Alter wagen 139–175.
[5] Vgl. F. Vilmar, Lebensarbeit statt Arbeitsleben, in: H.J. Schultz (Hrsg.), Die neuen Alten 108–126.

auch über das 65. Lebensjahr hinaus im Betrieb arbeiten.[6] Solche Experimente sind von größter Bedeutung, weil im Gefolge der technologischen Entwicklung die Arbeitszeit und damit der Bedarf an Arbeitskräften noch viel mehr schrumpfen wird. Wenn durch solche Innovationen mehr Arbeitskräfte für kürzere Arbeitszeit eingestellt würden, könnte die Bundesanstalt für Arbeit sich an der Finanzierung solcher Modelle beteiligen; es würden auf diesem Weg ja Ausgaben für Arbeitslosenunterstützung entfallen. F. Vilmar, der sich seit langem mit den Problemen der Humanisierung der Arbeitswelt und der Gesamtgesellschaft – vorwiegend aus der Sicht der Gewerkschaften – befaßt, betont mit guten Argumenten die großen Vorteile des gleitenden Einstiegs in den Ruhestand, die für unsere spezielle Thematik erhöhte Bedeutung gewinnen: „Ältere Leute wären nicht von heute auf morgen in den Ruhestand zwangs-

---

[6] Vgl. F. Vilmar, a.a.O. 114f; a.a.O. 112f wird der bekannte Döding-Plan der Gewerkschaft „Nahrung, Genuß, Gaststätten" vorgestellt, der in ähnlicher Form – freilich mit spürbar kargerer Bemessung der finanziellen Zuwendung – im Vorruhestandsgesetz von 1984 zum Tragen kam. Ein besonders interessantes Modell, über das A. Wittrahm, Ein Leben lang im Aufbruch 152f, berichtet, sei ausführlich erwähnt: „Die von der Universität Dortmund angeregte Initiative ZWAR (Zwischen Arbeit und Ruhestand) hat ein nachahmenswertes praktisches Modell entwickelt, das sich auch im kirchlichen Zusammenhang eignen könnte, Menschen allmählich eine Ahnung zu vermitteln, daß ihr Leben, zumal im Alter, mehr bedeutet als Arbeitsfähigkeit und Funktionsbereitschaft. Im Zusammenhang mit den Vorruhestandsregelungen einer großen Stahlhütte im Dortmunder Raum entstanden zunächst stark von Sachinteresse und Hobby geprägte Werkgruppen, in denen vor allem Handwerk gepflegt wurde, aber auch lokalgeschichtliche und politische Fragen auf der Tagesordnung standen. Allmählich bekamen die Aktionen einen anderen Charakter: Die Treffen in den kleinen regionalen Gruppen, bei denen auch die Ehefrauen der Frührentner teilnahmen, gewannen einen Wert an sich, (indem) man das Zusammensein pflegt und dann erst überlegt, was man denn gemeinsam tun will. Darüber hinaus existieren überregionale spezielle Gruppen, die größere Aktionen auf die Beine stellen. Wichtig ist vor allem, daß die jungen alten Stahlwerker eine Möglichkeit erhielten, das gemeinsame Tun als Konsequenz des gemeinsamen Lebens zu erfahren und nicht umgekehrt Kontakte zwischen Menschen als Abfallprodukt des gemeinsamen Schaffens".

versetzt. Eine gleitende Ruhestandsregelung böte (ihnen) die Möglichkeit, langsam neue Interessen zu entfalten und für vorhandene Interessen mehr Zeit zu haben. Sie hätten auch die Zeit, außerhalb der Arbeit Kontakte zu knüpfen und aktiv zu werden. Der Arbeitsstreß wäre reduziert, die Erschöpfung hielte sich in Grenzen, und die Menschen hätten tatsächlich die Möglichkeit, Eigeninitiativen zu entwikkeln, statt am Biertisch oder vor dem Fernseher passiv zu bleiben".[7] Und wenn sie Lust haben, könnten sie auch nach dem 65. Lebensjahr noch in einem begrenzten Umfang weiterarbeiten. – Inwieweit die gesetzliche Regelung der Pflege alter und kranker Menschen, die sog. Pflegeversicherung, tatsächlich, wie versprochen, den krönenden Abschluß der großen Werke sozialpolitischer Besorgtheit unserer Gesellschaft für eine große Gruppe von endgültig zu schwerem Leiden bestimmten Menschen darstellt, kann heute noch nicht gesagt werden. Man wird klarer sehen, wenn das Gesetzeswerk in konkrete Anordnungen für die Verwaltung übersetzt ist.

(2) Neben der Sozialpolitik im engeren Sinn des Wortes sieht sich durch die wachsende Zahl alter und hochbetagter Menschen *die Medizin* herausgefordert. Sie kann und will sich nicht mehr mit prophylaktischen Ermunterungen wie der Erstellung von Verbotstafeln (kein Salz, kein Fett u. a.) begnügen. Forschung und Therapie kommen den alten Menschen insofern entgegen, als sie sich den bei diesen am häufigsten auftretenden organischen Krankheiten (Diabetes und Arthrosen) und Todesursachen (häufigste Ursache: verminderte Durchblutung der Herz- und Kreislaufgefäße, zweithäufigste: Krebs) heute mit Nachdruck zuwenden. Außerdem kommt den alten Menschen zugute, daß die in der Medizin lange vorherrschende physiologisch-biologisch verengte Bewertung von Gesundheit und Krankheit

---

[7] F. Vilmar, a.a.O. 114.

zugunsten einer psycho-somatischen Betrachtung zusehends überwunden wird. Die psychischen Faktoren der Alterskrankheiten, vor allem bei Hypertonikern, werden in ihrer wachsenden Bedeutung immer intensiver beobachtet. Ständige Anspannung, verdrängte Aggression und mangelnde Integration oraler und sexueller Antriebe sind längst als Hauptursachen des Herzinfarkts und der Angina pectoris erkannt; sie sind ätiologisch schwerwiegender als Tabakabusus und Diätfehler. Nach sorgfältigen statistischen Erhebungen sind dreißig Prozent der über Fünfundsechzigjährigen psychisch gestört, davon die Hälfte behandlungsbedürftig.[8] Und schließlich kommt den alten Menschen auch zugute, daß heutige Medizin Gesundheit und Krankheit nicht nur als physiologisch-biologische und psychische, sondern auch als soziale Harmonie bzw. Disharmonie des Menschen mit den ihn umgebenden Mitmenschen und als ökologische Harmonie bzw. Disharmonie mit der Umwelt bewertet. Gesundheit ist nicht nur Befindlichkeit des Wohlseins, sondern Fähigkeit zur Kommunikation, Krankheit aber ist Unfähigkeit zur Kommunikation oder gar deren Verlust. Beide haben wesentlich mit menschlicher Kommunikation zu tun. Der ethisch engagierte Medizinhistoriker H. Schipperges fordert darüber hinaus: „Wir sollten ... von der bloßen Ökonomik des Alters mit Fürsorgen und Hobbydenken loskommen und zur Ökologie des Alterns finden, zu einem Gleichgewicht mit einer konstruktiven Lebensordnung. Im Übergang auf eine ökologisch orientierte Heilkultur wird sich auch die Geriatrie wieder auf die ‚res non naturales' besinnen, die mit ‚cibus et

---

[8] Vgl. W. Bitter, in: Ders. (Hrsg.), Alter und Tod – annehmen oder verdrängen? Ein Tagungsbericht, Stuttgart 1974, 14 (Einleitung). A.a.O. fährt der Verf. fort: „Der Reifungs- und Selbstfindeprozeß, der spätestens in der Lebensmitte einsetzen sollte, bildet den besten Schutz gegen Vergötzung von Erfolg, Ehrsucht, Leistung und Übergewissenhaftigkeit". Vgl. H.-J. Thilo, Seelische Störungen im Alter, in: K. Dirschauer (Hrsg.), Emanzipiertes Alter, Bd. 2, 66–83.

potus', mit ,motus et quies' über die ,excreta et secreta' bis hin (zu den) auch für das Alter so wesentlichen ,affectus animi' reichen".[9] Was sich hinter diesen lateinischen Formeln verbirgt, ist das Grundmuster der klassischen Diätetik, das gerade H. Schipperges wieder nachdrücklich in Erinnerung gerufen hat. Es stammt von Hippokrates und Galen und ist über die arabische und lateinische Scholastik durch die Jahrhunderte hindurch vermittelt worden. Die klassische Diätetik gründet, wie schon mehrfach angedeutet, in der Natur, in den natürlichen Lebensbeziehungen (res naturales), diese aber müssen durch und durch kultiviert werden. Eine vernünftige Lebensordnung wird konstituiert durch die sechs „res non naturales", durch die nicht mehr rein natürlichen, sondern eben menschlich kultivierten Lebensbeziehungen. Es sind erstens der gebildete Umgang mit der Umwelt im weitesten Sinn, also mit Licht und Luft, Wasser und Wärme; zweitens die Kultur von Speise und Trank (Tischsitten, Fastenregeln u. a.); drittens die Wahrung des Gleichgewichts zwischen Ruhe und Bewegung, Muße und Arbeit; viertens die Respektierung des kosmischen Rhythmus von Tag und Nacht im rechten Rhythmus von Wachen und Schlafen; fünftens die rechte Regulierung der Stoffwechselvorgänge, von den banalen Ausscheidungen bis hin zum Geschlechtsleben, und sechstens die Kultivierung des Affekthaushalts.[10] Diese sechs Grundfragen, in denen die klassische Diätetik die konstitutiven Elemente einer menschenwürdigen Lebenskultur gesehen hat, sind allesamt heutiger ökologisch orientierter

---

[9] Alter als Provokation 197f.

[10] Vgl. H. Schipperges, Tugend und Gesundheit im hohen Mittelalter. Ein Beitrag zur Physiologie der „virtutes", in: ... und deshalb für den Menschen, hrsg. von G. Struck (Festschrift St.E. Szydzik), Regensburg 1980, 267–277; Ders., Die Medizin – eine Wissenschaft von der Gesundheit? in: Gesundheit und Lebenssinn, hrsg. von der kath. Ärztearbeit Deutschlands. Regensburg 1979, 10–26; Ders., Eine „Summa medicinae" bei Albertus Magnus, in: Jahres- und Tagungsbericht der Görresgesellschaft 1989, Köln 1981, 5–24.

Medizin neu gestellt; und wenn man die Programme der verschiedenen Bildungswerke verfolgt, ist die Medizin in der Tat schon seit einem guten Jahrzehnt daran, auch den alten Menschen ein plausibles Konzept für eine diätetische Lebensführung, ein „Regimen sanitatis", zu vermitteln.[11] Dies bedeutet gewiß nicht die Verabschiedung der medizinischen Technologien, wohl aber ihre humane Verwendung. In keinem Beruf prallen das Technische und das Menschliche so unmittelbar aufeinander wie im ärztlichen. In diesem Bereich wird exemplarisch und repräsentativ entschieden werden, auf welche Weise die technische Selbstmanipulation den Menschen befreit und nicht vergewaltigt. Dem Arzt kommt hier eine wahrhaft „kybernetische" Funktion zu. Kybernetik heißt ursprünglich „Steuermannskunst". In unserem Zusammenhang meint der Begriff die Kunst der Führung: Dem Arzt kommt heute eine Möglichkeit und eine Verpflichtung zu geistiger Führung zu wie vielleicht nie zuvor. Er wird sie nur einlösen können, wenn sein Handeln nicht bloß auf biologische, psychische, soziale und ökologische Sachverhalte zielt, sondern an den tragenden Sinnwerten des menschlichen Daseins orientiert ist. K. Jaspers hat einen Vortrag über „Wege der Heilung" mit den Worten geschlossen: „Der Arzt, der den Forscher in sich zum Bewußtsein seiner Grenzen zwingt, und der dem Philosophen in sich durch Besinnung die Führung gibt, könnte angesichts der tödlichen Gefahren durch die Folgen der Technik stellvertretend für alle den Weg finden heraus aus dem Gefängnis beschränkten Verstandesdenkens. Vielleicht sind die Ärzte berufen, das Zeichen zu ge-

---

[11] H. Schipperges, Alter als Provokation 198, weist darauf hin, daß es solche „Regimina sanitatis" im Mittelalter durchaus gegeben hat: „Die Spätscholastik ist voll von solchen ‚Regimina senium'", in denen die allgemeinen Regeln einer diätetischen Lebensführung auf die Situation alter Menschen hin spezifiziert wurden. Im Jahre 1489 hat Gabriele Zerbi, Professor zu Bologna und Padua, eine „Gerentocomia" (sic) veröffentlicht, die immer noch als „Pionierwerk der Gerontologie" gilt.

ben".[12] Dies muß an dieser Stelle mit Nachdruck betont werden, weil die alten Menschen mit Sicherheit zu den großen Gewinnern einer solchen Entwicklung zählen würden.

(3) Einer dritten Herausforderung durch die Alten sieht sich die Gesellschaft auf dem *Gebiet der Bildung und der Unterhaltung* gegenüber.[13] Bildung für das Alter beginnt schon in der Erziehung der Kinder und setzt sich fort in der gesamten Erwachsenenbildung. Das bereits bestehende reichhaltige Angebot verschiedener öffentlicher Einrichtungen (Volkshochschulen, Theater, Konzerte, Kino), besonders der Seniorenakademien und Altenwerke hat in der Regel unmittelbar die Bedürfnisse und Interessen alter Menschen im Blick. Altenbildung zielt in zwei Richtungen. Sie will dazu beitragen, daß die alten Menschen mit ihren persönlichen Problemen in den Bereichen des unmittelbaren Zusammenlebens und im Umgang mit Gesundheit und Krankheit, mit Haushalt und Versorgung, mit bürgerlichen Rechten und Pflichten, mit den Schwierigkeiten bei der Festlegung von Vermächtnissen, mit alltagsrelevanten technologischen Neuerungen, mit allgemeinen politischen Entwicklungen, aber auch mit psychischen, ethischen und religiösen Problemen besser zurechtkommen. Zum anderen geht es darum, daß die alten Menschen sich nicht in ihre Vereinsamung zurückziehen, sondern sich ihrer persönlichen Fähigkeiten bewußt werden und in qualifizierter Weise an den ihnen naheliegenden Formen gemeinschaftlicher und gesellschaftlicher Kommunikation teilnehmen und sich darin auch einbringen.[14] Eine besonders an-

---

[12] Das Zitat kann nicht mehr verifiziert werden.

[13] Vgl. M. Blasberg-Kuhnke, Gerontologie und Praktische Theologie 197–211 (mit reichen Literaturangaben); G.-H. Sitzmann (Hrsg.), Lernen für das Alter, Diessen 1970; Ders., Die Organisation der Vorbereitung auf das Alter als pädagogisches Problem, in: Aktuelle Gerontologie 3 (1973) 695–713.

[14] Vgl. die systematische Zusammenstellung der Ziele aufgrund der einschlägigen Literatur bei M. Blasberg-Kuhnke, Gerontolologie und Praktische Theologie 209f.

spruchsvolle Einladung an alte Menschen stellt die Idee einer „Universität für alle" dar.[15] Hier können sie sich mit den geistigen Problemen der Zeit auseinandersetzen, Informationen und Wegweisung für die Bewältigung persönlicher Lebenskrisen einholen, sich für geplante neue Engagements gründlich vorbereiten, Sprachen lernen, sich zweckfrei auf irgendeinem Gebiet der Natur oder Geisteswissenschaften weiterbilden und nebenbei neue Kontakte mit ihresgleichen aufbauen. Nach dem Bericht von S. Keil arbeitet die „Universität für alle" in Dortmund, die erste auf deutschem Gebiet, als eine Art „Volkshochschule in der Regie der Universität" recht erfolgreich. In Frankreich gibt es etwa 60, in anderen Ländern insgesamt ca. 90 ähnliche Einrichtungen. In den Berichten wird die Kritik nicht ausgespart. Diese kritischen Stimmen zu den Chancen von Bildung und gehobener Unterhaltung bei den Ruheständlern werden von R. Schmitz-Scherzer aufgrund gründlicher sozialwissenschaftlicher Untersuchungen bestätigt.[16] Er kommt zu dem ernüchternden Ergebnis, daß das Freizeitverhalten nach der Pensionierung kaum noch eine gravierende Umgestaltung aufweist. Es gibt keine neuen Hobbies, vielmehr lassen sich lediglich bereits vorhandene Interessen und Beschäftigungen aktivieren und intensivieren.[17] „Kulturelle Aktivitäten wie Besuche im Kino, Konzert, Theater oder in der Volkshochschule stehen auch bei (der älteren Generation) am Ende der Skala der untersuchten Freizeitaktivitäten".[18] Sie nehmen im Alter nach der vorliegenden Untersuchung offensichtlich sogar ab; nur vorher schon gepflegte Freizeitbeschäftigungen nehmen

---

[15] Vgl. die ausführliche Darstellung bei S. Keil, Universität für alle, auch für Alte, in: H.J. Schultz (Hrsg.), Die neuen Alten 127–141, und L. Rosenmayr, Die Kräfte des Alters 84–92, bes. 88–92.
[16] Freizeit im Alter, Düsseldorf 1973.
[17] Nach J.B. Nash, Philosophy of recreation and leisure, St. Louis 1953, sind 90 Prozent aller Hobbies bereits vor dem 19. Lebensjahr ausgebildet; im späteren Leben entwickeln sich nur noch ganz wenige.
[18] R. Schmitz-Scherzer, Freizeit im Alter 28.

im Alter noch zu. Von Aktivierung oder gar neuer Kreativität kann nicht die Rede sein. Wo keine Freizeitinteressen da waren, ziehen entweder Unzufriedenheit oder Langeweile ein oder werden allgemeine Tätigkeiten wie Zeitunglesen, Fernsehen oder Spazierengehen übernommen.[19] Man wird hier freilich mit der Bewertung zurückhaltend sein; vor allem sollte jeder moralische Rigorismus vermieden werden. Menschen lassen sich nun einmal nicht zu Bildung und gehobener Unterhaltung abkommandieren. Doch sollte Resignation nicht das letzte Wort sein. Die Untersuchungen von R. Schmitz-Scherzer liegen zwanzig Jahre zurück. Es liegt kein zwingender Grund vor, die herkömmlichen negativen Erfahrungen definitiv festzuschreiben. Das Bewußtsein, daß auch das Altern eine Lebensphase mit authentischem Sinngehalt darstellt, beginnt sich erst langsam durchzusetzen. Die „neuen Alten" sind erst im Kommen, sie formieren sich erst. Die positiven Erfahrungen nehmen offensichtlich zu: Tagungen und Seminare für ältere Menschen finden großen Zuspruch; Gleiches gilt von den überall entstehenden „Akademien für ältere Mitbürger". Eine entschiedene gemeinsame Anstrengung ist dringlich und gewiß auch lohnend.

(4) In der ersten Phase nach der Zurruhesetzung ist ein Großteil der alten Menschen noch bei guter Gesundheit und vermag sich selbst zu versorgen. Die meisten freilich kommen früher oder später in eine Situation, in der sie *besonderer gesellschaftlicher Dienstleistungen* bedürfen. Obwohl auch diese Dienste allmählich in die sozialpolitische Regelung einbezogen werden, weisen sie eine darüber hinausreichende gewichtige ethische Dimension auf, zu der abschließend einiges zu sagen ist. Man hat bereits mit einem vermehrten Ausbau von Altenpflegeschulen begonnen. Die Ausbildung von Altenpflegern/innen und Altenpflege-

---

[19] Vgl. a.a.O. 44f.

helfern/innen soll bald in jedem Landkreis möglich sein. Aber man kann im Augenblick noch nicht abschätzen, wie der tatsächliche Bedarf an zusätzlichen 40 000 Hilfsdiensten damit abzudecken sein soll. Die Ausbildung muß das übliche Minimalprogramm überschreiten und neben Alten- und Krankenpflege auch Alterssoziologie und -psychologie, Beschäftigungstherapie und Gruppendynamik, Gymnastik und Ernährungslehre wenigtens insoweit umfassen, daß die Möglichkeit der oben angedeuteten diätetischen Lebensführung vermittelt werden kann. Sonst kommt es zu keiner neuen „Alterskultur", vielmehr bleiben als Resultate unserer programmierten Gesellschaft nur jene „hedonistischen Gettos", als die man die eingefriedeten Seniorenheime bezeichnet hat.[20] Auf jeden Fall ist es wichtig, daß alte Menschen nicht nur sozial verwaltet und fürsorgerisch betreut oder gar traktiert werden. Wenn Fürsorge menschenwürdig sein soll, müssen alle ihre Formen Hilfe zur Selbsthilfe sein und soweit als möglich Spontaneität und Aktivität wecken. Den vielleicht schmerzlichsten Ernstfall mit außergewöhnlichen Ansprüchen an Pfleger(innen) stellt der ganz alte und senile Mensch dar. Hier ist das Leben ohne jede äußere Anregung und Überraschung, es versinkt in belastende Eintönigkeit, sodaß die Gefühle vertrocknen und die Neigung, sich in allem gehen zu lassen, zunimmt. Kaum ein Dienst fordert soviel ethische Disziplin wie der am senilen Menschen; er bedarf auch eines gewissen Humors, weil ohne ihn die Fähigkeit zu angemessener innerer Distanz kaum möglich ist und der Blick für die Kümmerlichkeit des Menschseins verlorengeht. R. Guardini meint, die Unerträglichkeit des senilen Menschen könne eine böse Wirkung haben: daß seine Umgebung ihm den Tod wünscht, daß der Wunsch sogar grob ins Wort oder ins Verhalten kommt. „In frühen Zuständen wird der senile Mensch als Gefahr empfunden und getötet. In modernster

---

[20] H. Schipperges, Alter als Provokation 199.

Zeit ist aufgrund einer offiziellen Theorie mit wissenschaftlicher Exaktheit und genauer Organisation das Gleiche geschehen".[21] Die Idee, alte Menschen in Heimen an möglichst ruhigen Orten fernab von Unrast und Betriebsamkeit
heutigen Lebens zu versorgen, war vielleicht gut gemeint.
Aber sie hat sich als falsch erwiesen. Alte Menschen wollen in der Regel im gleichen oder in einem ähnlichen sozialen Raum leben wie bisher. Darum muß man die Bestrebungen begrüßen, statt Altersheimen offene Wohnsiedlungen
zu bauen, wo Menschen in Haus, Garten oder Werkstatt anregende Beschäftigungen und selbstverständliche Kontakte finden – noch besser, wenn diese Wohnsiedlungen in der
Nähe von Kinderdörfern liegen, wo sich für „Großväter"
und „Großmütter" allerhand Aufgaben, Beschäftigungen
und Möglichkeiten der Unterhaltung, manchmal auch nur
hilfreicher Zerstreuung und Ablenkung von eigenen Fixierungen wie von selbst anbieten. Auch die Vorstellung, daß
sich eine kleinere oder größere Gruppe von alten Menschen „in Form von Wahlverwandtschaften" (H. Schipperges) zusammentun, sollte sehr energisch bedacht werden.
Wo persönliche Interessen, soziales Niveau, Bildungsstand
oder ausgeprägter Individualismus eher für eine eigene,
nicht zu kleine Wohnung sprechen und die Versorgung
gewährleistet ist, muß man von allen Formen gemeinschaft-

---

[21] Die Lebensalter 72. Ähnlich kritisch zur Unterbringung alter Menschen
im Heim äußert sich auch H. Schipperges, Alter als Provokation 199 f:
„Man sollte die Asylierung, alle Heimideologie, jede Sonderstellung überhaupt aufgeben, vor allem aber die karitative Betütelei mit adventlichen Kaf-
feekränzchen und österlicher Meditation auf ein christliches Sterben". Hier
scheint der Verf. in die Nähe des Rigorismus zu kommen und die „allzeit gebrechliche Einrichtung der Welt" (H. Kleist) aus dem Auge zu verlieren.
Voll zustimmen aber kann man seinem Eintreten für „eine neuartige Kon-
struktion von Großfamilien, die den alternden Menschen ihren natürlichen
Ort bis zuletzt böten, ob man dies nun in Kommunen aufzieht oder als moderne Form von Wahlverwandtschaften oder wie immer man das nennen
will. Jedenfalls gilt auch heute noch das alte chinesische Sprichwort: ‚Das
Leben eines einzigen Menschen zu retten ist besser als eine Pagode in Stock-
werken zu bauen'".

licher Unterbringung abraten, weil die hier herrschende Atmosphäre sowie der unvermeidliche Verzicht auf mancherlei Freiheit und Selbständigkeit in solchen Fällen auf die Dauer schwer zu verkraften sind.

III. Das Angebot der Alten an die Gesellschaft

(1) Alte Menschen wollen Dienstleistungen nicht nur annehmen, sondern auch anbieten. Ein Großteil derer, die ihren Schatz an Kenntnissen, Erfahrungen und Fertigkeiten ohne nennenswerten Verlust bis in ihr neuntes Lebensjahrzehnt bewahren, können sich nicht nur als Objekte von Versorgung, Betreuung und Respekt betrachten. Im Umkreis der freien Berufe zeigt sich, daß bis ins hohe Alter hinein schöpferische Leistungen möglich sind – etwa bei Ärzten (C.G. Jung, A. Maeder), bei Politikern (Adenauer, Churchill), bei Künstlern (Picasso, Chagall), bei Dichtern (Fontane, Shaw). In zahlreichen Büchern und Artikeln findet man solche Listen. Natürlich handelt es sich hier um Ausnahmen. Ihnen steht ein Heer von Arbeitern, Angestellten und Beamten gegenüber, die auf jeden Fall zu einem bestimmten Zeitpunkt automatisch ausgegliedert werden und die aufgrund bedrückender Erfahrungen in ihrer aktiven Zeit einfach ihre Ruhe haben und mit nichts mehr belästigt werden wollen. Aber es gibt auch eine Menge anderer, die zu jedem bescheidenen Dienst bereit wären. Bedenkt man nun die ständigen Wehklagen über Doppel-und Mehrfachbelastungen, etwa bei beruflichen und familiären Überforderungen (z. B. bei berufstätigen Müttern), dann fragt man sich, warum *das Angebot an Diensten alter Menschen* nicht angenommen wird. Sie könnten bescheidene Dienste tun in Schulen oder Krankenhäusern (stundenweise Aushilfen, Portiersaufgaben, Botengänge u. a.) und ihre Erfahrungen je nach Kompetenz in freiwilliger Bewährungshilfe, in kleinen oder mittleren Betrieben (Finanzberatung, Organi-

sation, Einstellung von Mitarbeitern, Berufsberatung auf Arbeitsämtern) einbringen. Bald wird ein Drittel der Gesamtbevölkerung für unsere Gesellschaft wie eine „riesige soziale Reserve-Armee" für solche Einsätze bereitstehen, ohne daß dies in der gesellschaftlichen Öffentlichkeit bedacht wird.[22] Jedenfalls könnte der Einsatz dieser „Reserve-Armee" aus unserer Gesellschaft ein gut Teil jener hektischen Überbelastung herausnehmen, durch die viele Menschen allzufrüh verbraucht und von weniger vordergründigen, aber wesentlichen Engagements abgehalten werden und leider nicht selten auch noch verhängnisvollen Süchtigkeiten verfallen. Es fehlt überall noch an Phantasie und Beweglichkeit, um für das soziale Potential, das die Menge unserer Alten darstellt, menschlich tragbare Formen der Kooperation zu finden. Es gibt allerdings bis hinein in die Wirtschaft auch Anzeichen für eine Rückbesinnung auf den sozialen Wert von Erfahrung, Weisheit und Ausgeglichenheit älterer Menschen. Es geht hier nicht um den unbestreitbaren positiven Wert solcher Aktivitäten für die alten Menschen selbst, sondern primär um ihren Wert für unsere im Leistungsdruck erstickende und funktionalistisch verflachende Gesellschaft. Man kann doch immer wieder die Kla-

---

[22] Vgl. H. Schipperges, Alter als Provokation 199; vgl. auch U. Lehr, Altern – ein Gewinn? in: H.J. Schultz (Hrsg.), Die neuen Alten 31–43, hier besonders 35–37 u. v. a. Schon F.J. Buß, Die öffentliche Armenpflege III, 430, sieht hier ein Argument dafür, daß man alte Leute, solange es möglich ist, nicht in „Versorgungsanstalten" unterbringt. „Greise und Preßhafte" können sich selbst und anderen noch allerhand Dienste leisten. „Sie können die kleinen Kinder, das Haus hüten, während die Erwachsenen bei der Arbeit sind. Selbst die Blinden können vielfach beschäftigt werden, die Anderen manche häusliche Dienste leisten, den Rath der Erfahrung mittheilen. – Wenn man sie aus dieser Lage reißt, um sie auf öffentliche Kosten zu unterhalten, so thut man für sie mehr, als ihr wirkliches Bedürfniß fordert. Man entzieht der Gesellschaft die Dienste, welche sie noch leisten konnten; man entzieht ihnen die Gelegenheit, durch Unterstützung Anderer sich selbst etwas zu helfen; den Vortheil, den Rest ihrer Kraft und Thätigkeit in einem freilich schwachen Grad zu üben, welchen man aber im Interesse ihrer Gesundheit, ihres Charakters, ihres Glücks um so mehr pflegen sollte".

ge hören, „der ganze (soziale) Apparat sei überfordert und (müsse) zusammenbrechen, wenn es nicht gelinge, die Institutionen zu entlasten und völlig neue Zuständigkeiten zu erfinden".[23]

(2) Das angestaute soziale Potential beginnt sich zu regen. An zahlreichen Orten der Gesellschaft schließen sich alte Menschen aus eigener Spontaneität zusammen, um etwas für sich selbst und zugleich für irgendeinen Bereich des Gemeinwohls Hilfreiches und Sinnvolles zu planen und durchzusetzen.[24] Es kommt nicht selten vor, daß Frauen und Männer nach den beiden ersten Dritteln ihres Lebens sich nicht hinreichend verbraucht, sich nicht einmal voll „ausgereizt" vorkommen. Gewachsenes Selbstbewußtsein und angestaute Lebenskraft drängen sie zu gemeinsamen Initiativen mit Gleichgesinnten. Solcher gemeinsamen Dienstbereitschaft alter Menschen sollte jede mögliche *gesellschaftliche und staatliche Förderung* zuteil werden.[25] Es gehört mit Sicher-

---

23 H. J. Schultz, Nicht das Getane tun, sondern das zu Tuende, in: Ders. (Hrsg.), Die neuen Alten 13.

24 Christine Brückner beschreibt in ihrem Roman „Die letzte Strophe", Frankfurt–Berlin (2. Aufl.) 1991, den sozialdynamischen Prozeß, der sich in einer kleinen Gruppe von Menschen vollzogen hat, die in einem liebevoll-mühsamen Miteinander sich daran machen, ihr letztes Lebensdrittel sinnvoll und bewußt miteinander zu vollbringen. Am Anfang stand freilich mit Frau Pertes, die mit einem zum Atomgegner gewordenen Atomphysiker verheiratet gewesen war, „eine schöne und reiche Witwe, die nichts mit ihrem Reichtum anzufangen wußte". Um diesen Mittelpunkt herum bildete sich „eine Lebensgemeinschaft von Frauen und Männern, die das letzte Stück ihres Weges gemeinsam gehen wollten". Die Schilderung ihres Zusammenwachsens, der gemeinsamen Auseinandersetzung mit den Bedürfnissen, den Wünschen, den Fixierungen und Erwartungen der einzelnen, liest man mit großem Vergnügen, doch kommt aus der positiven Grundstimmung, von der die Entwicklung getragen ist, auf den Leser unweigerlich eine Ermunterung zu, es doch – wenn die Lebensumstände es erlauben oder gar nahelegen – auch selbst mit einem solchen „Projekt" zu versuchen.

25 Der frühere Tübinger Psychiater W. Schulte, Präventive Gerontopsychiatrie, in: V. Böhlau (Hrsg.), Alter und Psychotherapie, Stuttgart,1971, 79–89, hat als eigentliches Ziel jeder Altenarbeit „Fördern durch Fordern" formu-

heit zu den erfreulichsten innovatorischen Aktivitäten in unserer Gesellschaft, daß alte Menschen sich zu Selbsthilfegruppen zusammentun, nicht nur um sich selbst gegenseitig zu helfen und zu animieren, sondern um auf der Straße liegende soziale Dienste aufzugreifen.[26] Es gibt bereits Hunderte von solchen Selbsthilfegruppen alter Menschen, die zum Teil durch Gewerkschaften, Kirchen oder auch durch den Staat unterstützt werden. Sie werden bald aus einer demokratischen Massengesellschaft nicht mehr wegzudenken sein. Da gibt es z. B. Stadtteilinitiativen zur Errichtung bzw. Verwaltung von Kommunikationszentren für Ausländer, Jugendliche oder Senioren. Da gibt es Gruppen, die in kritischer Zusammenarbeit mit der Stadtverwaltung sich für die Erhaltung und behutsame Modernisierung von Bausubstanzen oder für die Anreicherung kultureller, sozialer oder einfach kommunikativer Angebote verwenden. Da versammeln sich alte Leute, Bürgerinnen und Bürger, um ihren Abgeordneten, um ihn im Rahmen ihrer Erfahrung und Kompetenz bei der politischen Entscheidungsbildung im Landtag zu beraten. „Solche soziale Selbsthilfe hat für die älteren Menschen wie für den humanen Fortschritt unserer Gesellschaft gleichermaßen notwendige Bedeutung: Ein Großteil der älteren Menschen – insgesamt ein gewaltiges menschliches Potential des Dritten Lebensalters –würde hier zum ersten Mal wieder eingesetzt in den Status voll anerkannter, nicht ‚ökonomisch‘, sondern gesellschaftlich produktiver Tätigkeit – und unsere Gesell-

---

liert; vgl. auch U. Lehr, Altern als soziales und ökologisches Schicksal, in: Arzt und Christ 20 (1974) 129–145.

[26] Vgl. zum folgenden F. Vilmar, Lebensarbeit statt Arbeitsleben 117–124. Ganze Kataloge von Selbsthilfe- und speziell von Alteninitiativen sind veröffentlicht von M. Borchert – K. Derichs – Kunstmann – M. Hamann (Hrsg.), Unruhestand. Bewußt älter werden – Aktiv im Alter, Reinbek 1980, sowie von R. Gronemeyer – H.E. Bahr, Niemand ist zu alt. Selbsthilfe und Alten- Initiativen, Frankfurt 1979. Vom letztgenannten Buch meint F. Vilmar, a.a.O. 118, man müßte es für alle unzufriedenen Senioren zur Pflichtlektüre machen. Leider ist es vergriffen!

schaft wird sich bereits in nächster Zeit unfähig erweisen, ohne solches freiwilliges Bürgerengagement ein humanes Niveau sozialer Lebensqualität aufrechtzuerhalten".[27] Hier warten alte Menschen nicht auf staatliche Initiative, nehmen freilich staatliche und jegliche andere Förderung dankbar an. Hier endet die herkömmliche Domestizierung von Bürgern zu ohnmächtigen Empfängern sozialstaatlicher Leistungen. Hier scheitern gute Ideen nicht am Mangel finanzieller Mittel, hier werden durch Einfallsreichtum und zupackendes Engagement ungeahnte Möglichkeiten erschlossen. Voraussetzung ist freilich, daß Politik und Verwaltung umdenken, daß sie nicht erschrecken, wenn partizipatives Denken sich gegen patriarchalische Positionen durchzusetzen sucht und die Bürger selbst „zum erstenmal ein selbstbewußt-konstruktives Verhältnis zum Sozialstaat als ihrem Staatswesen" gewinnen.[28]

(3) Als besonderer Dienst an der Gesellschaft wird zu Recht *die Vermittlung authentischer Werte durch alte Menschen* hervorgehoben. Freilich wird diese Chance oft, schuldlos oder schuldhaft, vertan. Allzu viele alte Menschen vermögen sich mit dem Sinn ihrer letzten Lebensphase nicht zu identifizieren und präsentieren ihrer Umgebung Unwerte: Resignation, Verzweiflung, Bitterkeit, Neid, Zynismus. Man könnte endlose Listen zusammenschreiben; bei Simone de Beauvoir finden sich Hunderte von Belegen. Wo der alte Mensch ja sagt zu sich selbst und sich bewußt auf Reife zubewegt, tritt dem funktionalistisch verengten Bürger der Moderne genau das entgegen, wessen er am meisten bedarf: Standhaben in einem tragenden Sinn, Identität mit sich selbst, kultivierte Kommunikation mit anderen

---

[27] F. Vilmar, a.a.O. 120f.
[28] F. Vilmar, a.a.O. 122. Anschließend berichtet der Verfasser von etlichen Projekten aus der Bundesrepublik Deutschland (Tageskliniken, Seniorenwerkstätten). Vgl. auch A. Auer, Umweltethik. Ein theologischer Beitrag zur ökologischen Diskussion, Düsseldorf (3. Aufl.) 1989, 136 – 187.

und gelassene Souveränität gegenüber dem ständig wachsenden Angebot von Konsumgütern. Ohne die Malaisen der Alten zu leugnen, können sie, wenn sie nur wollen, sich einer Freiheit erfreuen, die ihnen früher nicht gewährt war, als sie sich ständig mit Problemen der Konkurrenz und der Karriere auseinanderzusetzen hatten. Nun können sie sich „eine Unbesorgtheit, eine Ehrgeizlosigkeit, eine Unbestechlichkeit, eine Wahrhaftigkeit, eine Selbstachtung, einen Humor erlauben, die sich in einer durch Streß strapazierten, verdorbenen und entfremdeten Gesellschaft als erfrischend und befreiend erweisen können. Autoritäres macht keinen Eindruck mehr. Liebedienerei erübrigt sich. Illusionen werden leichter durchschaut".[29] Solche Werte erhalten ihren vollen Glanz und ihre wahre Glaubwürdigkeit, wenn alte Menschen mit Reife, Erfahrung und Verläßlichkeit auch noch Dynamik, Offenheit und Eigenständigkeit durchgehalten haben. Dann repräsentiert sich der alte Mensch mit respektablen Haltungen und Einstellungen: Sachlichkeit, kaum zu erschütternde Geduld, Mut, Einstehen für das gelebte Leben, das geschaffene Werk, den angestrebten Lebensstil und vor allem die Kraft, Überlegenheiten der Jungen neidlos anzuerkennen, geschichtliche Entwicklungen auch nach vorwärts und nicht nur von rückwärts her zu deuten und sich jeglicher Schadenfreude am Mißlingen des Aktuellen zu enthalten. Dies kann nur gelingen, wenn der Mensch entschlossen nach dem strebt, was das Wort „Zeitsouveränität" zum Ausdruck bringt: Kultivierte Lebenszubringung gelingt oder mißlingt vor allem anderen in der Auseinandersetzung mit dem früher nie dagewesenen, uns Heutigen aber nicht nur angebotenen, sondern aufgedrängten Maß an frei verfügbarer Zeit. Ein beträchtlicher Teil davon ist das lange Sich-Hinstrecken des Alterns. Wenn es den Alten gelingt, „aus Freiheit Sinn zu gebären" (H. Lübbe), leisten sie, ähnlich den Söhnen des

---

[29] H.J. Schultz, Nicht das Getane tun, sondern das zu Tuende, in: Ders., Die neuen Alten 14.

hl. Benedikt in der Ursprungsphase des Abendlandes, einen echten Dienst an der menschlichen Lebenskultur. Man hört gelegentlich, daß unsere Gesellschaft sich solchem Kulturwillen widersetze und ihn zu verhindern suche, indem sie das Alter abdränge und ausgrenze oder aber den Ruhestand optimal ausstatte und so die Anpassung der Alten an den in der Gesellschaft favorisierten Leistungs- und Konsumstil fördere; sie hörten dann von selbst auf, den Jungen mit ihrem ewigen Gerede von unverzichtbaren Werten lästig zu werden. Ch. Schachtner spricht sogar von einem „Feldzug gegen das Alter", von „Barrieren", die von der Gesellschaft gegen die „subversive Kraft" errichtet werden, die im Alter steckt und sich den allgemeinen Trends widersetzen könnte. Was im Alter steckt und zum Vorschein kommen kann, „darf keine allgemeine Faszination ausüben, darf nicht erstrebenswerter sein als die Übereinstimmung mit vorgeschriebenen Normen". Die Gesellschaft wehrt sich gegen die „Enthüllungsgefahr", die von den Alten ausgeht: „Sie enthüllen, daß sich der Mensch nicht dauerhaft instrumentalisieren läßt". Damit etwas von der Faszination spürbar wird, die Ch. Schachtner zu wekken versteht, sei ein längerer Abschnitt zitiert: „Wogegen … wehren sich die Gesellschaft und ihre Mitglieder, wenn sie ihren Feldzug gegen das Alter starten? Die Abwehrmaßnahmen gelten einer unbeherrschbar sich gebärdenden Leiblichkeit, einer potentiell eigensinnig gelebten Sexualität, der unweigerlichen Endlichkeit menschlichen Lebens, sie richten sich gegen die Möglichkeit des Aus-der-Reihe-Tanzens, des Abstreifens der zugemuteten Altersrolle, gegen eine empfindungsreiche, nicht berechenbare Wahrnehmung von Welt sowie gegen Kommunikationsformen, die weniger zielorientiert als erlebnis- und lustbetont sind. Was sich in dem Bekämpften widerspiegelt, ist das Werden, Wachsen und Vergehen menschlichen Lebens, ist Offenheit, Auflösung, Verletzlichkeit, Vielfalt, Beweglichkeit, nicht planbare Veränderung. Das Alter kennzeichnet Vorgänge und Daseinsweisen, die sich einer linearen Ordnung entziehen, weil sie Überraschungen, Diskontinuität, nicht-mechanische Wiederholung mit sich bringen. Das alles gehört zum Leben, ist Kennzeichen lebendiger Prozesse. *Der alte Mensch stört durch seine Lebendigkeit.* Er stört die Macht einer Normalität, die darauf baut, daß Menschen von ihrer Subjektivität absehen und sich ein Maß vorgeben lassen, das das ihre nicht ist. Die Einwohnerschaft in dieser Normalität wird erkauft durch die Beschneidung von Lebensvielfalt".[30] Wer selbst im Alter schon beträchtlich vorangeschritten ist, wird, so er sich selbst nicht aus dem Blick verliert, manches mit Zurückhaltung zur Kenntnis nehmen und bedenken, daß hier nicht die Wirklichkeit, sondern die Möglichkeit, nicht das Tatsächliche, sondern das schwierige Gesollte, der dem Altern als ethisches Implikat innewohnende, aber oft verhüllte und der Schwerfälligkeit des Daseins nur in kargen Portionen abzuringende Sinn angesprochen wird. Aber dies ist gewiß: Wir sind hier auf den richtigen Weg gewiesen, auch wenn er uns ins Dunkel führt. Was hier gemeint ist, spricht Ch. Schachtner mit der Formel von der „unweigerlichen Endlichkeit des menschlichen Lebens" an. Es kann zwar trotz besten Willens ein Zustand eintreten, in dem die Freiheit zu einem äußerst unansehnlichen und kaum noch wahrnehmbaren Minimum zusammenschrumpft. Doch hat noch der scheinbar gnadenlos zerfallende und stumm dahinsiechende alte Mensch sei-

---

[30] Zum Ganzen vgl. Ch. Schachtner, Störfall Alter 218–222: Was mit den Alten ausgegrenzt wird. Die engagierte Anwältin der Alternden sieht in den Institutionen der Altenhilfe „die dialektische Alternative zu den Institutionen der Instrumentalisierung". In diesen Institutionen der Altenhilfe werde zwar „betreut, versorgt, bewacht, verwaltet, beschützt, geheilt, aber nicht gelebt" – wie es eine Altenheimleiterin einer Bewohnerin in einer von der Münchener Geschäftsführerin der Grauen Panther gern zitierten Formulierung erklärt haben soll: „Sie sind nicht hier zum Aufleben, sondern zum Ableben". – Ch. Schachtner übernimmt hier teilweise die Thesen des italienischen Psychiaterehepaars Gianna und Agostino Pirella, Ausschluß und Ausbeutung, in: A. Pirella (Hrsg.), Sozialisation der Ausgeschlossenen, Reinbek 1975, 99–123. Ihr Buch ist insgesamt voller interessanter Anregungen.

ner Zeitgenossenschaft, in der Jugendlichkeit, Gesundheit und Schönheit, Bewegtheit und Aktivität auf der Skala der Begehrlichkeiten ganz oben stehen, Wesentliches auszurichten: „Es hängt viel, auch in soziologischer und kultureller Beziehung davon ab, daß verstanden werde, was der alternde Mensch im Zusammenhang des Ganzen bedeutet. Daß der gefährliche Infantilismus überwunden werde, nach welchem nur junges Leben menschlich wertvoll ist. Daß unser Bild vom Dasein die Phase des Alters als Wertelement enthalte und daß damit der Bogen des Lebens voll werde, nicht aber sich in ein Fragment hinein beschränke und den Rest als Abfall ansehe",[31] den man am besten rasch und still „entsorgt".

IV. Herausforderung der Kirchen

Die gesellschaftliche Umwälzung, die durch die rapide zunehmende Anzahl alter Menschen heraufgeführt wurde, kann die Kirchen nicht gleichgültig lassen. Man rechnet, daß die Zahl der über 90jährigen sich innerhalb von 12 bis 15 Jahren verdoppelt. Zur Zeit versorgen sich 60 Prozent von ihnen noch selbständig; nur 20 Prozent sind in einem Heim. Vielleicht wird in der heraufkommenden Gesellschaft der Hochbetagten den Kirchen eine Aufgabe zuwachsen, die an Bedeutung alle bisherigen übersteigt: von jetzt an fortlaufend an entscheidender Stelle dazu beizutragen, daß ein Heer alter und sehr alter Menschen die letzte Lebensphase in äußerer und innerer Würde verbringen kann. Natürlich werden diese „neuen Alten" auch die Möglichkeit haben und wahrnehmen, auf die Gestaltung des politischen, sozialen und religiösen Lebens immer stärkeren Einfluß zu nehmen. Noch kann niemand sagen, wie sich dieses Potential an „Stimmen" auf den Weitergang der ge-

---

[31] R. Guardini, Die Lebensalter 99.

genwärtig stürmischen Entwicklung auf allen Gebieten des Lebens auswirken wird. Die Kirchen werden auf jeden Fall Räume öffnen müssen, in denen nicht nach Wohlstand und Leistung, sondern nach Ruhe und Besinnung, nach innerem Frieden und Bewältigung der Endlichkeit gefragt wird. Wie die Kirchen dieser Herausforderung gerecht werden sollen, ist wissenschaftlicher Gegenstand der sog. Praktischen Theologie, speziell der „Altenpastoral". Diese ist hier nicht im einzelnen vorzustellen; aber es soll doch kurz auf ihre wichtigsten Perspektiven hingewiesen werden, damit das Gesamtbild unserer Überlegungen wenigstens skizzenhaft abgerundet wird.[32]

---

[32] Es geht hier nicht um die Präsentation konkreter Mittel für die Bereiche der Altenseelsorge, der Altenbildung und der Altenhilfe. (Der zuletzt genannte Bereich wird, nebenbei bemerkt, in der kirchlichen Sprache in der Regel als Bereich des „diakonischen Dienstes" bezeichnet, obgleich dieser dadurch eine gewisse Eingrenzung erfährt.) Es geht vielmehr um Hinweise auf einige Positionen der Praktischen Theologie. Wir haben dazu heute noch hilfreiche ältere Darstellungen von L.M. Weber, Der alternde Mensch, in: Handbuch der Pastoraltheologie, hrsg. von F.X. Arnold, F. Klostermann, K. Rahner, V. Schurr, L.M. Weber, Bd. IV, Freiburg–Basel–Wien 1969, 285–297, und J. Schmauch (Hrsg.), Handbuch kirchlicher Altenarbeit, Mainz 1978. Einen leicht lesbaren knappen systematischen Überblick über Zielgruppen, Funktionen, Träger, Tätigkeitsorte und kirchliche Arbeitsebenen der Altenpastoral sowie über einige aktuelle Einzelprobleme bietet F.-J. Hungs, Das Alter – ein Weg zu Gott? Orientierungen für die Altenpastoral, Frankfurt 1988. Die entschiedenste wissenschaftliche Darstellung stellt die schon vielfach zitierte Dissertation von Martina Blasberg-Kuhnke, Gerontologie und Praktische Theologie, Düsseldorf 1985, dar. Neben dieser Dissertation soll die auf gründlicher, aber zurückhaltend vorgebrachter theologischer Reflexion beruhende „Altenpastoral", hrsg. vom Bischöflichen Generalvikariat Aachen, erarbeitet von A. Wittrahm (hier zitiert: A. Wittrahm, Altenpastoral), ausdrücklich vorgestellt werden, weil beide mit ihrem Ansatz und ihrem Anspruch in einer gewissen Spannung stehen. Die zuletzt genannte Arbeit bietet mit dem „Aachener Modell" für die Praxis in anderen Diözesen eine wertvolle Orientierung an. – Von den ganz auf Praxis ausgerichteten Veröffentlichungen sei nur zitiert: M. Cremer – W. Honold (Hrsg.), Neuer Mut und späte Freiheit. „Junge Senioren" in der Gemeinde. Berichte – Erfahrungen – Anregungen (Reihe: Zukunft Alter), Verlag Junge Gemeinde Stuttgart, Leinfelden-Echterdingen 1993; hier wird deutlich, daß die „Jun-

M. Blasberg-Kuhnke legt ihr Konzept ausführlich dar.[33] Ihr Ausgangspunkt ist die konkrete Situation der alten Menschen, wie sie von den zuständigen Wissenschaften der Biologie, der Psychologie und der Soziologie analysiert wird. In einem zweiten Schritt geht sie der Frage nach, wie die Altenpastoral auf diese Situation reagiert. Die Reaktion richtet sich naturgemäß nach dem gängigen Selbstverständnis von Kirche und Gemeinde. Kirche, im herkömmlichen Sinn als Betreuungskirche verstanden, wird in ihrer Altenpastoral vorwiegend hilfsbedürftigen alten Menschen nachgehen und sie individuell betreuen. Ziel ist, daß möglichst viele alte Menschen sich in die vorhandene Struktur der Ortsgemeinde integrieren, ihre Gottesdienste besuchen und ihrer Heilssorge teilhaftig werden. Seit den 70er Jahren hat sich das Bild verändert: Kirche versteht sich als Angebotskirche. In der Altenpastoral geht es nun darum, in Altenclubs, Seniorentreffs und ähnlichen Formen bunt gefächerte Angebote zu unterbreiten, die den vielfältigen Interessen der Adressaten, vom einfachen Beieinandersein über Spiel und Unterhaltung bis hin zur Bildung im allgemeinen und zur religiösen Bildung im besonderen, soweit als möglich entgegenkommen und diese in möglichst großer Zahl zusammenführen, was angesichts der mangelnden Homogenität der gewünschten Teilnehmer/innen gewiß schwierig genug ist; die einen werden aktive Mitgestalter der Veranstaltungen sein, andere konsumieren die Angebote vom Rande her. Hier kommen also schon verschiedene Begabungen und Charismen zum Tragen. Die Anstrengungen in den einzelnen Gemeinden sind im allgemeinen gebündelt in den diözesanen „Altenwerken", von denen möglichst viele erfolgversprechende Anregungen erarbeitet und vermittelt werden. Im dritten Schritt stellt M. Blasberg-Kuhnke die von ihr selbst favorisierte basisorientierte

---

gen Senioren" auch für die Kirche nicht länger bloße „Betreuungsobjekte" sein, sondern ihre „Zukunft" selbst in die Hand nehmen wollen.

[33] A.a.O. 316–378.

Altenpastoral vor. Sie gründet in einem basisgemeindlichen Selbstverständnis von Kirche. Die Basis wird hier nicht nur betreut und mit Angeboten versorgt; sie konstituiert sich selbst und macht auch sich selbst zum Thema. Zur Basisgemeinde gehören nicht nur die Alten, sondern Menschen jeder Altersstufe. Gemeinde wäre hier zu verstehen „als Gemeinwesen, als Stadtteil, Dorf, Wohnviertel"; sie gewänne ihr Programm aus „der sich in ihr und ihrem Umfeld ereignenden gesellschaftlich-geschichtlichen Wirklichkeit; die Probleme, die Menschen bewegen, hätten vorrangig die Tagesordnung der Gemeinde zu bestimmen. In der Annahme der Herausforderung, die die erfahrene Wirklichkeit darstellt, in Solidarität und in praktischem Engagement mit Gleichgesinnten, ereignet sich Nachfolge Christi".[34] – Dies ist ein eindrucksvolles Konzept, und es ist auch ein realistisches, wenn sich das soziale Umfeld der Alten so klar bestimmen läßt wie in der von M. Blasberg-Kuhnke vorgestellten Heilig-Kreuz-Gemeinde in Dortmund: Hier wohnen neben vielen Studenten überdurchschnittlich viele Rentner und Pensionäre, von denen die meisten hier, oft sogar im jetzigen Wohnhaus, geboren sind und hier auch Krieg und Wiederaufbau erlebt haben. Hier kann der Kampf um den Erhalt der alten Siedlung, der Heimat also, zur „politisch verstandenen Diakonie einer Gemeinde" werden. Hier kann die basisorientierte Gemeinde wirklich zu einer diakonischen Gemeinschaft werden, in der alte, gebrechliche, um ihre Zukunft bangende Menschen sich selbst zu einer Notgemeinschaft konstituieren. Hier wird das „Lernen zwischen den Generationen" nicht zuerst in irgendwelchen Bildungsveranstaltungen eingeübt, sondern im solidarischen Bemühen von Jungen und Alten für „alltags-und lebensfähige neue Wohn- und Lebensformen ... in der Form von christlichen Basisgemeinden

---

[34] A.a.O. 360.

den und -gemeinschaften".[35] Man wird einwenden, daß sich für eine Gemeinschaft alter Menschen selten ein so klar umreißbares und politisch faßbares Handlungsfeld anbietet wie in der Dortmunder Modell-Gemeinde. Aber man wird gewiß überall neue Handlungsfelder auffinden, etwa im diakonischen Bereich der gegenseitigen Hilfe der Alten bis hin zur Sterbehilfe. Vielleicht gerät in dem neuen Konzept mit seiner entschieden sozial-politischen Ausrichtung die individuelle Heilssorge mit der Aufarbeitung der persönlichen Lebens-und Glaubensgeschichte nicht nur optisch, sondern trotz guten Willens auch in der konkreten Praxis allzusehr in den Hintergrund. Man wird vor allem davon ausgehen müssen, daß Betreuung und Angebot auch künftighin unverzichtbar sind, weil nun einmal in unserem kirchlich-kulturellen Umfeld die Gemeinden großenteils sehr herkömmlich strukturiert sind und wenig basisgemeindliche Elemente aufweisen. Man weiß freilich nicht, was die fortschreitende Säkularisierungsbewegung noch bringen wird. Aber in dem Maße, wie das neue Modell Wirklichkeit wird, können sich die Alten selbst zusammenfinden und auch selbst bestimmen, was wirklich „altersgerecht" ist, und die Kooperation zwischen den Generationen muß dann nicht mehr mühsam „inszeniert" werden, sondern wird durch die Dringlichkeiten der konkreten Lebenswirklichkeit auferlegt. Die Altenpastoral ist also gut beraten, wenn sie sich mit dem basisgemeindlichen Entwurf auseinandersetzt.

Da *A. Wittrahm* in seinem Denken stärker durch die Praxis geprägt wird, ist er im Hinblick auf die Festschreibung von Strukturtheorien viel zurückhaltender.[36] Auch er hält an der Altenpastoral als eigenständigem kirchlichem Handlungsfeld fest. Nur so kann neben der gegenwärtigen sozia-

---

[35] M. Blasberg-Kuhnke, a.a.O. 366. Zum „Lernen zwischen den Generationen" vgl. K.E. Nipkow, Gemeinsam leben und glauben lernen (Grundfragen der Religionspädagogik, Bd. 3), Gütersloh 1982.
[36] Vgl. Altenpastoral 36–58.

len Umbruchssituation im Bereich der Alten und in der Gesamtgesellschaft auch die Situation der einzelnen mit ihrer
unverwechselbar persönlichen Lebensgeschichte hinreichend beachtet werden. Aber A. Wittrahm vermag gegenwärtig noch keine Theorie der kirchlichen Altenarbeit auszumachen. Er sieht sich auch außerstande, selbst eine solche Theorie zu entwickeln, und meint, wir müßten mit der
gegenwärtigen „Theorie-Armut" leben. Nach seiner Meinung gilt es „das Vorhandene wahrzunehmen und daran anschließend zur Ordnung und Bewertung, vielleicht auch
zur Modifikation der vorgefundenen Konzepte und Reali-
sierungen Orientierungsmaßstäbe anzubieten, die aus hu-
manwissenschaftlichem und theologisch-praktischem Wis-
sensstand gebildet werden".[37] Sein Vorgehen führt nicht
von einer Theorie zur Praxis, sondern von der Praxis zu
theoretischen Entwürfen. So behandelt er altenpastorale
Zielvorstellungen und Entwürfe, entwickelt dann einige
Prioritäten und Maßstäbe und schließt das Ganze mit dia-
gnostischen und prognostischen Überlegungen ab. Es versteht sich von selbst, daß bei der Altenpastoral das durch
das II. Vaticanum herausgestellte Verständnis von Kirche
und Gemeinde als Communio zugrunde gelegt wird. Doch
bedeutet dies keineswegs, daß die Gemeinde der einzige
Ort altenpastoraler Bemühungen ist: Es gibt auch Arbeits-
stellen oder Ferienzentren, wo alte Menschen Deutungen
ihres Lebens erfahren und im Umgang mit ihnen Erfahrungen machen können. Als Ziele der Altenpastoral benennt
A. Wittrahm: materiell und sozial angemessene Lebensverhältnisse herstellen helfen, Hilfen zu einem sinnerfüllten
Leben anbieten und dazu beitragen, daß das Alter als nach-
berufliche bzw. nachfamiliäre Lebensphase bewußt und
selbstbestimmt gelebt wird. Als Konzept von Altenpastoral erscheint zwar auch das basisgemeindliche Modell,
aber eben als eines neben anderen: neben der Altenarbeit in

---

[37] A.a.O. 36f.

der aktivierten Gemeinde, der Altenarbeit in diakonischer Tradition gemeinsamer Sorge um die äußerlich oder innerlich notleidenden Alten, der Arbeit in einer von der Versorgtheit zur Mitsorge aller entsprechend ihren Begabungen und Charismen voranschreitenden Gemeinde und schließlich der seelsorglichen Begleitung im Alter. Daraus ergibt sich eine Reihe von „Maßstäben", in deren Formulierung das dynamische Ethos pastoraler Arbeit klar und überzeugend zum Ausdruck kommt. Genannt werden die Trends „von der Versorgung zur Beteiligung", „von der Trennung in Zielgruppen zur Integration", „von der reinen Spiritualisierung zur Ernstnahme der gesamten Lebenslage", „von der Verallgemeinerung zur Ernstnahme der Individualität und subjektiven Lebensdeutung" und schließlich „von der Zeitlosigkeit zur Ernstnahme des zeitgeschichtlichen Kontextes".[38]

Betrachtet man die Modelle einer Altenpastoral von M. Blasberg-Kuhnke und A. Wittrahm, dann bemerkt man, daß sich beide – verglichen etwa mit dem Entwurf von F.-J. Hungs – entschiedener und darum auch ungeschützter auf die Probleme des epochalen gesellschaftlichen und kirchlichen Umbruchs einlassen. Sie haben es schwerer mit der Wirklichkeit, aber bringen dafür den Leser mit ihr auch unerbittlich zusammen. Beide differieren deutlich in ihrem wissenschaftlichen Ansatz und dessen konkreter Durchführung. Nun greift angestrebte systematische Konsequenz, wie jeder ehrliche Systematiker zugeben wird, irgendwo zu einem Mittel aus dem Arsenal der „sanften Gewalt"; aber sie richtet damit noch kein Unheil an, sondern trägt so lange zum Verstehen der Wirklichkeit bei, als sie ihrem „Interpretament" nicht das Pluviale des Totalitären

---

[38] A.a.O. 45–52. Vgl. nun auch M. Blasberg-Kuhnke, Die Alten in der Kirche. Zur Subjektoption im Alter, in: Concilium 27 (1991) 229–233, wo die Verfasserin ein wenig aus dem strengen Theoriegehäuse ihrer Dissertation heraustritt und die Schwerpunkte eher in einem lockeren Gefüge einander zuordnet.

und Unfehlbaren umhängt. Wer dem offenen Gefüge den Vorzug gibt, hält das Ganze von vornherein „in der Schwebe" und damit in jener Ordnung, der das „Interpretament" nun einmal zugehört. Sein Preis: Er versagt der Begierde nach bündiger rationaler Synthese die Befriedigung und hinterläßt auch seinerseits ein Gefühl des Nicht-ganz-Genügens. Dann und wann hört man Klagen über einen Theoriemangel in der Praktischen Theologie. Die beiden vorgestellten Modelle sind trotz sehr verschiedenartiger Selbstdarstellung als wichtige Schritte zum Aufbau einer Theorie der Altenpastoral zu bewerten.

12. KAPITEL

Schlußüberlegung: „Fülle des Alters"?

Das Sittliche artikuliert den Anspruch der Wirklichkeit an die menschliche Person. Was hat es auf sich mit der Wirklichkeit des Alterns? Welchen Anspruch erhebt sie an den Menschen? Wie kann der Mensch diesem Anspruch gerecht werden? Diesen drei Fragen nachzugehen hatte sich der Verfasser zum Ziel gesetzt. Sie haben sich durch die Entwicklung der letzten Jahrhunderte und mit zunehmender Schärfe der letzten Jahrzehnte ins öffentliche Gespräch gebracht. Durch diese Entwicklung wurde es in unserem Lebensraum möglich, daß die Menschen nach ihrer sog. Zur-Ruhe-Setzung im Durchschnitt noch zwanzig bis dreißig Jahre leben können. Das ist ein Zeitraum, der fast länger ist als Kindheit und Jugend zusammen. Da kann es nicht wundern, wenn „Altern" nicht weiterhin einfachhin Gegenstand der Betreuung blieb, sondern zum Gegenstand vielfältiger Forschung wurde.

Wir erinnern noch einmal an den Gang unserer Überlegungen. Im ersten Teil dieses Buches wird in kurzen Skizzen berichtet, was Biologie, Soziologie und Psychologie über die konkrete Situation und Entwicklung alternder Menschen erkannt haben. Der zweite Teil ist der Frage gewidmet, welche Bedeutung denn philosophisches und theologisches Nachdenken dem Altern im Ganzen der lebensgeschichtlichen Entwicklung des Menschen zuschreiben. Gelten die herkömmlichen Antworten noch? Wird man der heutigen „Wirklichkeit" des Alterns gerecht, wenn man seinen tragenden Sinngrund eben wie immer schon in der „prolixitas mortis", in der progressiven Anhäufung von Sterbenselementen sieht, oder treten aus seiner gewaltig gestreckten zeitlichen Dauer neue, bisher kaum wahrnehmbare Sinnelemente hervor, die dem Menschen als ethische Ansprüchlichkeit bewußt werden müssen? Unsere Überlegungen haben ergeben, daß Altern, auch wenn es sich lange hinstreckt, unaufhaltsam auf das Ende zugeht und daß ihm seine Qualität als „Sein zum Tode" unverlierbar innewohnt. Andererseits eröffnet die gesteigerte Lebenserwartung dem alternden Menschen einen so weiten Raum von Zukunft, daß darin die Vollendung seiner Freiheitsgeschichte als ausdrückliche altersspezifische Sinngestalt hervortritt und damit auch das Altern noch als authentische menschliche Lebensphase erscheint. L. Rosenmayr hat es im Titel eines Buches auf den Punkt gebracht: „Die späte Freiheit. Das Alter – ein Stück bewußt gelebten Lebens". Im dritten Teil dieses Buches schließlich geht es um die eigentlich ethische Frage, wie denn Mensch und Gesellschaft damit umgehen sollen, daß die Vollendung der persönlichen Freiheitsgeschichte in ihre Verantwortung gegeben ist. Dabei wird die Verantwortung des einzelnen bewußt in den Vordergrund gerückt und damit eine Einengung der Fragestellung in Kauf genommen. Die wesentlichen Ergebnisse sollen hier zusammengefaßt werden.

I. Alter als letzter Aufruf zur Freiheit

Im Alter geht es um die Vollendung der menschlichen Freiheitsgeschichte. Hier steht die unausweichliche Entscheidung an zwischen „Verweigerung" oder „Annahme". Freilich gibt es beide in sehr verschiedenen Formen und Stufen der Verwirklichung. Verweigerung kann die „milde" Form der Resignation annehmen. A. Schweitzer z. B. sah in ihr „die Halle, durch die man zur Ethik eingeht".[1] Aber in sol-

---

[1] Kultur und Ethik, München 1972, 133; vgl. L. Rosenmayr, Die späte Freiheit 293.

cher Ethik ginge es weniger um Freiheit des Gestaltens als um Freiheit der Genügsamkeit und der Hinnahme eines unerbittlichen Schicksals. Verweigerung ist mehr als Resignation, sie ist die bewußte Entscheidung, sich dem letzten Aufruf zur Freiheit zu widersetzen und entweder der Freiheit Abträgliches oder aber gar nichts zu tun, was freilich nur eine andere Weise des Abträglichen ist. Die angemessene ethische Antwort auf die immer noch angebotene, unverwechselbar persönliche Freiheitsgeschichte ist entschiedene Annahme. Sie umfaßt, erstens, das Ja zur Endlichkeit des menschlichen Daseins und die wache Bereitschaft, auf die Signale zu achten, in denen die Endlichkeit sich anmeldet; davon war ausführlich die Rede. Annahme umfaßt, zweitens, die allmählich erstarkende Entschlossenheit, sich zurückzunehmen und „überflüssig" zu werden. Man kann das mißverstehen und mit den Worten einer alten Dame ausdrücken: „Was ist daran gut für mich, wenn ich ein Museumsstück bin? Es bedeutet doch nur ganz einfach, daß ich mein Leben hinter mir habe. Ich bin wie eine Zeitung von gestern. Was ist daran Ermutigendes?"[2] Nun, sich „überflüssig machen" meint gewiß nicht, sich auslöschen oder sich von der Welt zurückziehen, sondern den anderen sich nicht aufdrängen, sich nicht überall einmischen, nicht um jeden Preis um alte Positionen kämpfen und sich mehr auf sich selbst besinnen. Zur Annahme gehört auch das Loslassen. Loslassen aber muß gelernt sein. Wer erst losläßt, wenn sein Körper ihn dazu zwingt, der hat zu der noch ausstehenden Lebenszeit die richtige innere Einstellung noch nicht ausgebildet und verfällt dann leicht über die Resignation hinaus in Depression und Verzweiflung. Nur wer das Loslassen gelernt, wer das Ja zur begrenzten Lebenszeit in kritischen Situationen zu sprechen eingeübt hat, kann – das ist das dritte Element in der Annahme – aus dieser gewonnenen Freiheit heraus auch ein beherztes Ja zur noch ver-

---

[2] Zitiert von H. Oppenheimer, Gedanken über die Erfahrung des Alterns, in: Concilium 27 (1991) 203–208, hier 205.

bleibenden und in immer kleiner werdenden Raten je neu gewährten Lebenszeit wagen. Dies ist, wie gesagt wurde, das „neue Engagament aus der Distanz". Hier kommt die Aktivität gewiß nicht mehr aus einer sich selbst vorantreibenden Hektik, sondern aus innerer Freiheit und Gelassenheit, in denen der Alternde die echten Dringlichkeiten in seiner Umgebung aufspürt und in aller Bescheidenheit seine Dienste anbietet. Aktivität ist also hier nicht mehr „Abfuhr von Spannungen", sie verdankt sich eher dem „Stimulans eines potentiell sinnvollen Zieles, einer Zielsetzung, die buchstäblich ‚der Mühe wert' ist ..." Mit einer solchen Einstellung folgt der alte Mensch einer innerlich gespürten „Höhendynamik".[3] Neues Engagament als dritte Stufe der Annahme setzt die beiden anderen voraus: die innere Zustimmung zur Endlichkeit des Daseins und den Abbau scheinbarer oder wirklicher eigener Wichtigkeit und Großmächtigkeit. Dafür ein eindrucksvolles Beispiel: Der Schweizer Maler Ferdinand Hodler hat inmitten seines Umgetriebenseins durch die tödliche Krankheit seiner Geliebten und späteren Lebensgefährtin Valentine Godé-Darel einen Werkzyklus geschaffen, der viel Beachtung gefunden hat. In über 40 Zeichnungen und 12 Ölbildern erscheinen heroische Unterwerfung und verzweifelter Widerstand als die beiden Bewegungen Hodlerscher Todeserfahrung. In Darstellungen der Genfer Seelandschaft wird auch die Natur in die Erfahrung des Todes einbezogen. Hodler spricht seine Erfahrung selbst mit folgenden Worten aus: „So kommt der Tod auf uns zu. Jede Sekunde unseres Lebens ist es eine schöne ruhige Bewegung und Gegenbewegung. Wenn du ihn aufnimmst in dein Wissen, in deinen Willen: das schafft die großen Werke! Und du hast nur dieses eine Leben, um etwas zu leisten. Das gliedert unser ganzes Leben; es gibt ihm einen vollkommen anderen Rhyth-

---

[3] P. Schotsmans, Das Leben als Vollendung. Der Beitrag der Senioren zu einer menschenwürdigen Gesellschaft, in: Concilium 27 (1991) 209–217, hier 210.

mus. Dies zu wissen, das verwandelt den Todesgedanken in eine gewaltige Kraft".[4]

II. Planung und Einübung des Alters

Altern ist der letzte, nicht der erste Aufruf zur Freiheit. Der letzte kann nicht gehört werden, wenn die Fähigkeit zu hören nicht zuvor eingeübt worden ist. Dem heutigen Menschen sind bei uns durchschnittlich sieben bis acht Jahrzehnte gewährt, um sich in freiheitliche Selbstbestimmung einzuüben. Die Umstände können ihn zwingen, scheinbar endgültige Lebensplanungen abzuändern. Auf jeden Fall muß er lernen, mit den wechselnden Ermöglichungen und Behinderungen seiner Handlungsfreiheit souverän umzugehen. Er muß von Anfang an um die Grundeinstellung der Zeitsouveränität bemüht sein. Dies ist die beste Zurüstung fürs Altern. Denn in der letzten Lebensphase wird dem Menschen in der Regel ein Höchstmaß an frei verfügbarer Zeit zugewiesen. Bis dorthin sollte die Kunst souveränen Umgangs mit der Zeit erlernt sein, damit die sich nunmehr öffnenden Zeiträume wirkliche Freiräume werden und nicht zu Leer- oder Hohlräumen verkommen. Dies ist kein Aufruf zu hektischem Leistungsstreben, sondern eine Aufmunterung, die ganze Zeit des Lebens so zu gestalten, daß lebensnotwendige Zwecke und das Leben tragende Sinnwerte in angemessener Gewichtung aufeinander abgestimmt werden. Dazu ist freilich unumgänglich, daß ein umfassendes Lebenskonzept entworfen und ständig fortgeschrieben wird. Lebensentwürfe variieren nach Veranlagung und Lebensgeschichte. Wer bewußt und richtig leben will, muß ernsthaft darüber nachdenken, welche vorder-

---

[4] Ausstellungskatalog „Ein Maler vor Liebe und Tod. Ferdinand Hodler und Valentine Godé-Darel. Ein Werkzyklus 1908–1915. Katalog und Ausstellung von Jura Brüschweiler", by Kunsthaus Zürich und Jura Brüschweiler, 1976, 33.

gründigen Zwecke er auf jeden Fall anstreben muß, in welchen Sinnhorizont er sein Leben einfügen und welchen Interessen er jeweils die Priorität einräumen will. Aus einem so gewonnenen Lebenskonzept wird manches herausfallen, wenn der alternde Mensch an seine biologischen, psychischen und sozialen Grenzen stößt. Der Kern freilich muß sich durchhalten, weil sonst das Ganze der Leere und Resignation anheimfällt. Der Kern jeden Lebenskonzepts liegt aber wohl darin, daß in allen menschlichen Beziehungen die Spannungen zwischen Augenblick und Dauer, Nähe und Distanz, Erfüllung und Versagung, Gleichheit und Andersheit, Kontinuität und Wandel, Stimulation und Stabilisierung (H. Stierlin) durchgehalten werden. Was im vorhergehenden Abschnitt am Beispiel des Schweizer Malers Ferdinand Hodler sichtbar wurde, formuliert der philosophisch engagierte Soziologe L. Rosenmayr aus seiner Sicht so: Im Altern sehen wir einen „erweiterten Handlungshorizont" vor uns; zugleich aber erfahren wir das Näherkommen der Lebensgrenze als „Erschütterung, die als Beengung oder als erhöhter Ernst und damit gesteigerte Anspannung" umgesetzt werden kann.[5] Wir spüren also beides zugleich, Einengung und Ausweitung, und müssen uns durch gelassene Ablösung und durch engagierte Zuwendung darauf einstellen. Distanz ermöglicht neue Identität und neues Engagement.

Der Entwurf eines Lebenskonzepts muß auch die Planung eines angemessenen äußeren Lebensrahmens umfassen. Spätestens auf der Höhe der Lebensentwicklung müssen die materielle Sicherheit und die soziale Geborgenheit für das Alter ins Werk gesetzt werden. Neben dem Versuch, die letzte Lebensphase solange als möglich allein und selbständig aus eigener Kraft zu bewältigen, gibt es die beiden alternativen Möglichkeiten, von der eigenen Familie versorgt zu werden oder in ein Heim umzusiedeln. Hier

---

[5] L. Rosenmayr, Die späte Freiheit 291.

sei noch auf einen anderen Weg hingewiesen, der heute mit guten Gründen von vielen ins Auge gefaßt wird. A. Imhof bezeichnet ihn mit der Formel „Alte helfen Alten". Damit ist gemeint, daß jüngere und rüstigere Alte den Betagten und Hochbetagten (ab 75–80 Jahren) ihre Dienste anbieten. Man verzichtet, soweit es geht, auf gelernte Altenpfleger/innen und diplomierte Krankenschwestern und hilft sich gegenseitig. Eine kleinere oder größere Zahl von Menschen, die zueinander passen, finden sich zu einer losen Gemeinschaft des Helfens zusammen; H. Schipperges brachte die Vorstellung von „Wahlverwandtschaft" ins Gespräch. Die jungen, noch rüstigen Alten stehen „gegen ein geringes Entgelt oder ganz umsonst jener wachsenden Zahl von Altersgenossen (bei), die eine nur geringe Hilfe benötigen, so etwa beim Einkaufen, beim wöchentlichen Gang zum Arzt oder zum Friseur, beim Saubermachen in der Wohnung oder beim Auswechseln einer Glühbirne".[6] Durch ein kleines organisatorisches Zentrum werden Angebot und Nachfrage vermittelt. Hier bietet sich nicht nur ein weites Feld für allerlei Aktivitäten von Senioren, ein solches Unternehmen ist eine gute Schule für sozialen Sinn, für mitmenschliche Sensibilität und für die Bildung eines Klimas der Selbstwertigkeit und der Lebensfreude; und nebenbei trägt jeder Dienst am Mitmenschen auch noch zur leichteren und besseren Bewältigung persönlicher Probleme bei.

III. „Fülle des Alterns"?

(1) Wer noch nicht zu den Alten gehört, proklamiert „die Fülle des Alters" als selbstverständliches Ziel der letzten Lebensphase. Die Alten selbst tun sich da schon schwerer, weil sie nicht mehr sicher sind, was darunter zu verstehen

---

6 A. Imhof, Reife des Lebens 62.

ist. Es gibt eine Reihe von *Interpretamenten*, in denen Deutungen versucht werden. Da ist, erstens, der gängige Versuch, die Fülle des Alters in der Weisheit zu sehen. A. Wittrahm erhebt das biblische Verständnis von Weisheit und sucht das Ergebnis zu aktualisieren.[7] Im allgemeinen – sagt er – sehe man im Weisen den Menschen, der die Dinge des Lebens und der Welt durchschaut, „weil er nicht mehr an ihnen teilhaben darf". Wenn der Mensch sich vom Blendwerk des Lebens „heiter-resigniert" distanziere, falle ihm die Weisheit „geradezu in den Schoß". Aber eine genauere Untersuchung des biblischen Befunds und der Diagnose der Gegenwartslage weist in eine andere Richtung. Nach A. Wittrahm bezeugen beide in gleicher Weise, daß das Alter keineswegs selbstverständlich zur Weisheit führt und daß Weisheit auch nicht einfachhin als Privileg der Alten gelten kann. Bei Salomo gilt als eigentliches Kennzeichen der Weisheit „das hörende Herz", bei Paulus die Bereitschaft, die eigenen Ansichten immer wieder unter den Anruf Gottes und der Mitmenschen zu stellen. Zusammenfassend gilt: „Weisheit erscheint in den biblischen Schriften als eine dynamische Kraft, als die Fähigkeit, sich auf anderes, auf außerhalb der eigenen Person Liegendes einzulassen und die eigenen Erfahrungen nicht absolut zu setzen". Ein wichtiges Element also, aber doch wohl nicht die „Fülle des Alters".

Ein zweites Interpretament findet sich bei L. Rosenmayr. Er sieht drei Stufen des Alterns, die man wohl als Steigerung auf die „Fülle" des Alterns hin verstehen darf: erstens das „resignative" Altern derer, die sich mit den Gegebenheiten „abfinden", zweitens das „abwägend-integrative" Altern derer, die im Sinne E. Eriksons Resignation und Verzweiflung überwinden, indem sie in der hilfreichen Begegnung mit anderen auch sich selbst zur Entfaltung verhelfen, und drittens die bereits von M. Scheler formulierte

---

[7] Vgl. zum folgenden A. Wittrahm, Ein Leben lang im Aufbruch. Biblische Einsichten über das Älterwerden 129–142.

höchste Stufe der „Kreativität aus dem Überschuß des Geistes über das Leben".[8] In dem Maße, als der Mensch sich als geistige Person verwirklicht, kann er sich „aus der Umklammerung durch die Lebenstriebe" lösen und sich in Richtung auf eine „vital freie und freiere Hingabe an den puren Gehalt der Sachen, Werte, Personen" ausstrecken. M. Scheler fragt: „Wie weit in der Wesensreihe das Fortleben der Person reichen kann? Ich sage: So weit dieser Überschuß reicht – der Überschuß des Geistes über das Leben. Mehr weiß ich nicht".[9] Was da gesagt wird, gilt für M. Scheler „auch in der Erkenntnis des sicheren und klaren Schicksals des alternden Leibes". Aber es ist für ihn nur denkbar, wenn der Mensch „angesichts des Todes" lebt und vom Fortleben der geistigen Person nach dem Tod überzeugt ist. Für Künstler, Heilige und andere mit einem ausgeprägten metaphysischen Sinn besonders ausgestattete Menschen wird es so sein, wie M. Scheler es darstellt; daß sie „sehen, fühlen und erleben", was er beschreibt. Sehr viele werden es nicht sein. Wir anderen, die wir den „Überschuß des Geistes über das Leben" nicht in dieser Unmittelbarkeit und Konsistenz erfahren, sondern allenfalls die Sehnsucht nach solchen Erfahrungen in uns spüren, verharren getrost auf der „niedrigeren" Stufe eines „abwägend-integrativen" Verständnisses des Alterns und versuchen von hier aus nach seiner „Fülle" auszulangen.

Was L. Rosenmayr mit E. Erikson als „Integrität" bezeichnet, nannten wir „Identität": das bleibende einmalige

---

8 Die späte Freiheit 393–396: vgl. dazu M. Scheler, Tod und Fortleben, im: Gesammelte Werke, Bd. 10, Bern (2. Aufl.) 1957, 9–64, hier vor allem 48f.
9 Nach M. Scheler, a.a.O. 47, kann es dieses „Überschußphänomen (nur geben), wenn und soweit der Mensch nicht nur weiß und urteilt, er werde sterben, sondern ‚angesichts' des Todes lebt. Indem – im selben Gesamtakte also – ich es sehe, fühle und erlebe, daß die Fülle der Differenz zwischen gelebtem und zu lebendem Leben zugunsten des gelebten Lebens wächst und wächst, sehe und erlebe ich auf dem Hintergrunde dieses Tatbestandes auch ein mit der Reifung der geistigen Person selbst wieder steigendes ‚Überschießen' der geistigen Akte über das immer sterbensbereitere Leben".

und unverwechselbare Selbstsein eines Menschen, der durch alle Veränderungen hindurch immer mehr zu seinem eigentlichen Selbst findet. Wir haben eine Reihe von Elementen altersspezifischer Identität benannt: Zeitsouveränität als ethische Dominante, ein ganzheitliches Lebenskonzept, eine förderliche gemeinschaftliche Einbindung und eine individuell angemessene Kultur der äußeren Selbstdarstellung.[10] Ein solch offenes Gefüge von Elementen vermag ein konkreteres und reicheres Bild von Identität vorzustellen und auch eine Annäherung an die „Fülle des Alters" deutlicher zu veranschaulichen, als wenn man sich auf Interpretamente wie „Weisheit" oder „Überschuß des Geistes über das Leben" festlegt, die dann doch, um einigermaßen praktikabel zu werden, zunächst wieder inhaltlich aufgefächert werden müssen. Dieses Gefüge von Elementen altersspezifischer Identität ist so ausführlich dargestellt worden, daß eine Erinnerung daran an dieser Stelle genügt. – Abschließend soll noch einmal ausdrücklich gefragt werden, wie eine christliche Deutung beim Bemühen um optimale Identitätsfindung, um allmähliche Annäherung an eine Vollgestalt („Fülle") des Alterns hilfreich sein kann.

(2) Das *christliche Angebot* läßt sich in wenigen Sätzen skizzieren. Es versucht Leben und Geschichte der Menschen aus dem Mysterium von Schöpfung und Heil zu verstehen. Was heißt das nun im Hinblick auf die menschliche Erfahrung von Altern? *Die theologische Rede von Schöpfung* meint, erstens, daß der Mensch nicht nur lebt, sondern daß er mit seinem Dasein in eine bestimmte Phase der Geschichte und an einen bestimmten Ort der Welt

---

[10] Zum Verständnis von Identität und Integration vgl. L. Rosenmayr, Die späte Freiheit 191: „Gegenüber einem Begriff einer das ganze Leben hinweg identischen Individualität, die verschiedene Phasen ‚durchläuft', aber eben immer mit sich eins ist und bleibt, könnte es sich empfehlen, die jeweilige Leistung der Integration verschiedener und auseinanderstrebender Tendenzen als Identitätssuche zu sehen".

gestellt ist, damit er das ihm zugewiesene Stück Welt in seine Verantwortung nehme. Dies gilt auch für den alten Menschen: Solange er lebt und weitere Gewähr von Leben zu erwarten hat, muß er das ihm Mögliche tun, die ihm noch verbliebene Welt ihrer optimalen Gestalt näher zu bringen. Schöpfung meint, zweitens, daß der Mensch in ein befristetes Dasein hineingestiftet ist; der alte Mensch erfährt diese Befristung als immer aufdringlichere Bedrohung seines Daseins, die er – genauso wie jede neue Gewähr von Leben – in seinem Geiste frei annehmen und als Geschehen mitvollziehen muß. Daß dem Geschenk des Lebens der Mangel seiner Befristung anhaftet, gehört unaufhebbar zum „Sachverhalt" Schöpfung. *Die theologische Rede von Heil* meint, daß der Schöpfer von Anfang an dem Menschen und der Welt über ihre innergeschichtlichen Ziele hinaus eine Vollendungsgestalt zubestimmt hat, die sie in der ewigen Gemeinschaft seiner Liebe finden sollen. Dieser Plan wurde geschichtlich ermöglicht, indem Gott selbst durch seinen Sohn in die Geschichte eingetreten ist und dessen menschlicher Lebensgestalt Mensch und Welt insgesamt einverleibte. Geschichtlich endgültig besiegelt wurde dieser Plan, indem der Gottmensch durch sein Sterben zum ewigen Leben auferweckt wurde und in sein Sterben und Auferstehen auch die ihm einverleibte Menschheit und Welt mithineinnahm. Freilich muß jeder einzelne in seinem Leben dieses Einbezogensein in Tod und Auferstehung Jesu persönlich einlösen. In der Annahme des Kreuzes steht der Mensch, zumal der alte Mensch, zu der aus der Schöpfung stammenden Bedrohtheit und zu aller selbstverschuldeten Verderbtheit seines Daseins. Jesus ist ihm „vorgestorben"; er starb, wie Menschen sterben; er starb, ohne sich das Privileg unmittelbarer Erfahrung göttlichen Trostes vorzubehalten, mit dem Schrei der Verzweiflung und Gottverlassenheit. Nun können wir sterben, wie er gestorben ist, und in dem Maße, als uns dies zuteil wird, erfahren wir, daß Jesus nicht einfach in den Tod hinein gestorben und darin verblieben ist: Er starb in seine

271

Auferstehung hinein. Im Kreuz vollendet sich die Bedrohung, und aus der Vollendung dieser Bedrohung ersteht
die Hoffnung auf ewiges Leben. Aber die Bedrohung wird
nicht erst im Tod erfahren, auch nicht erst in der Krankheit, die zum Tode führt, und auch nicht erst im Altern. Diese „letzten Dinge" des Menschen sind „nur" der reißende
Strom, in den alle schmerzlichen Rinnsale des ganzen
Lebens zusammenschießen. Gestorben wird das ganze Leben hindurch. Da sind die „Wege, die in Sackgassen enden, Enttäuschungen, Schizophrenie oder ein sich vor
Trauer grämendes Herz oder der tatsächliche Tod eines lieben Menschen, die Ungewißheiten der Jugend und das Zit-
tern des Alters – was auch immer es ist, das meinen Stolz
verletzt, meine Lebenskraft angreift, auf meine Sterblichkeit hindeutet, die Freude aus meinen Knochen zieht – ...
all die kurzen Momente dessen, was K. Rahner ,die kleinen Sterbestunden in Raten' nennt".[11] Für den christlich
Glaubenden und Hoffenden reicht eben alles Zukünftige
schon ins Leben herein, nicht nur das Sterben, sondern
auch das Auferstehen. In seinem Brief an die Gemeinde in
Philippi, den Paulus angesichts der Möglichkeit eines bal-
digen Todes aus der Gefangenschaft geschrieben hat, heißt
es: „Aber ich werde mich auch in Zukunft freuen ... Darauf warte und hoffe ich, daß ich in keiner Hinsicht
beschämt werde, daß vielmehr Christus in aller Öffentlichkeit – wie immer, so auch jetzt – durch meinen Leib ver-
herrlicht wird, ob ich lebe oder sterbe. Denn für mich ist
Christus das Leben, und Sterben Gewinn". Der Apostel ist
seiner Verbundenheit mit dem auferstandenen Herrn so
sicher, daß er sein Sterben genau so wie sein Leben in ihm
„aufgehoben" weiß und darum sogar von einem Verlangen
sprechen kann, „aufzubrechen und bei Christus zu sein –
um wieviel besser wäre das" (Phil 1,18–23). Sosehr irdische Zeit das ständige Ineinander von Gewähr und Entzug

---

[11] W.J. Burghardt, Altwerden, Leiden und Sterben in christlicher Sicht 227.

ist, so sicher kann sie im Glauben schon „erfüllte Zeit" sein.[12]

Wie kann dieses Angebot christlich gedeuteten Alterns hilfreich sein? Als Antwort auf diese Frage sei ein Hinweis auf die Übung der Meditation gegeben. Der Historiker A.E. Imhof schreibt gegen Ende seines Buches „Die Lebenszeit. Vom aufgeschobenen Tod und von der Kunst des Lebens", seine ganzen Ausführungen seien so angelegt, „daß daraus auch ersichtlich werden sollte, wie (er) sich die Planlegung eines erfüllten langen Lebens vorstelle, auf welche Weise die ‚Vita activa' (tätiges Leben) zur Vorbereitung für eine spätere ‚Vita contemplativa' (betrachtendes Leben) werden könnte". Nach seiner Meinung kommt jeder „handlungssüchtige Aktivismus" genauso wie die totale Betreuung spätestens an sein Ende, wenn wir ins „Vierte Alter" der Betagten und Hochbetagten kommen und die Fähigkeiten der Sinne, vor allem des Sehens und des Hörens, und die Körperkraft insgesamt uns im Stich lassen. Wer bis dorthin nicht gelernt hat, „durch das Nachdenken über sein Leben, durch Meditation und wertvolle Lektüre die so verbreitete Lethargie und die Depressionen des Altwerdens zu überwinden", der verfällt einer trostlosen Leere. „Im letzten Lebensabschnitt zählt nicht mehr das Tun, sondern vielmehr das Sein".[13]

Natürlich kann nun hier nicht ein Traktat über die Meditation folgen.[14] Abschließend soll aber wenigstens das

---

12 Vgl. P. Hünermann, Zeit und Zeiten des Menschen 162f. Vgl. dazu das erschütternde „Nachtlied" von Georg Trakl, Gedichte, Frankfurt (8. Aufl.) 1991, 83: „Triff mich Schmerz! Die Wunde glüht. / Dieser Qual hab ich nicht acht! / Sieh aus meinen Wunden blüht / rätselvoll ein Stern zur Nacht! / Triff mich Tod! Ich bin vollbracht".

13 A.a.O. 295–298.

14 W.J. Burghardt, Altwerden, Leiden und Sterben in christlicher Sicht, in: Concilium 27 (1991) 223–228, empfiehlt die Kontemplation – gemeint ist wohl eher, was wir „Meditation" nennen – als Gegenmittel gegen die schmerzlichen Auswirkungen des Alterns. Im Anschluß an das „Dunkelheits-Modell", das M. J. Collopy in seinem Beitrag „Theology and the Dark-

Grundanliegen einer christliche Meditation über das Altern deutlich gemacht werden. Es geht darum, daß die konkreten Erfahrungen mit dem Älterwerden – auch und vor allem die schmerzlichen – bewußt angenommen und mit der vom Glauben angebotenen Sinndeutung so zusammengebracht werden, daß die darin eingeschlossene Befreiung erfahren werden kann. Was hier angezielt wird, nennt R. Guardini „christliches Wirklichkeitsbewußtsein". Es beginnt mit der *Übung des Glaubens*. Damit ist nicht das Rezitieren von Glaubensformeln gemeint, auch nicht einfach die Betrachtung von Glaubenswahrheiten, sondern die Herstellung ihres Bezugs zur erfahrenen Wirklichkeit. Ich muß bestimmte Inhalte des Glaubens – daß ich von Gott aus dem Nichts ins Dasein gestellt bin, daß ich dieses Dasein vor ihm verantworten muß, daß er in Jesus die Begrenztheit meines Daseins geteilt hat, daß er mir jenseits der irdischen Befristung eine ewige Vollendungsgestalt zubestimmt hat – ich muß diese Inhalte des Glaubens mit den Zusammenhängen und Zuständen meines Alterns in Verbindung bringen, aus meinen konkreten Erfahrungen heraus mit diesen Vorstellungen immer wieder umgehen, diesen Umgang einüben und meine Lebenswirklichkeit unentwegt an sie herantragen. Nur aus der Beständigkeit solcher Übung wächst die *Erfahrung des Glaubens*. Gestalten und Ereignisse aus der Welt des Glaubens führen nicht mehr nur ein Schattendasein in der Begrifflichkeit meines Intellekts oder in der Vorstellung meiner Phantasie. Sie werden „wirklich", und

---

ness of Death", in: Theological Studies 39 (1978) vorgelegt hat, und an die Schriften des Karmeliters W. McNamara definiert er Kontemplation als „einen langen liebevollen Blick auf die Wirklichkeit" und erläutert diese Bestimmung, in dem er jedes einzelne Wort dieser Definition interpretiert. Über weitere Literatur gibt jedes theologische Lexikon Auskunft; vgl. etwa den Artikel Meditation (J.B. Lotz) im Handwörterbuch religiöser Gegenwartsfragen, hrsg. von U. Ruh, D. Seeber, R. Walter, Freiburg–Basel–Wien 1986, 266–270. Die folgenden Hinweise gehen vor allem auf Anregungen von R. Guardini zurück; vgl. besonders seine mehrfach aufgelegten Bücher: Vorschule des Betens; Vom Leben des Glaubens; Glaubenserkenntnis.

erst indem sie „wirklich werden", kann ich auf sie stoßen, an sie geraten, sie prüfen und erproben. Hier ereignet sich biblisch verstandenes „Erkennen": Einswerden mit der Wirklichkeit. R. Guardini bietet zum besseren Verständnis einige Bilder an: Was eine Wanderkarte ist, sehe ich erst richtig, wenn ich mich mit ihr auf den Weg mache und alle ihre Zeichen und Weisungen auf Sinn und Zuverlässigkeit erprobe. Was ein Schiff ist, wird mir deutlich, wenn ich damit ausfahre und merke, was es in der Gefahr leistet. Wer den Inhalt des Glaubens erkennen will, muß ihn erproben. Das Wort „Vorsehung" bleibt tot, solange ich es nicht erprobt habe, solange ich nicht entschlossen bin, was immer geschieht, Gutes wie Schlimmes, so aufzufassen, daß es von Gott herkommt. In dem Maße, als ich dies tue und gegen alle Anfechtung, Bedrängnis und Langeweile dabei verharre, entfaltet das von mir Geglaubte seine Wahrheit: Ich erfahre, daß es eine tragende und richtungweisende Kraft gibt. So vollzieht sich Erfahrung: „Die Gedanken des Glaubens sind in den Stoff des Daseins eingesenkt, das Leben ist auf sie hin gewagt worden, und dabei ist offenbar geworden, was in ihnen lag, und der Glaube hat Erkenntnis gewonnen".[15]

Erst wenn ich mich an den durch den Glauben vermittelten Ort meiner Existenz begebe, erfahre ich das *Wirklichwerden des Glaubens*. Es geht nicht nur um ein Wissen von Gottes Macht und Liebe, sondern ein Eintreten in diese Macht und Liebe. Hier ereignet sich, was Kardinal Newman „realisation" nennt: Die Wahrheiten des Glaubens gehen aus dem Zustand des Gedachtseins, des Gewolltseins, des Festgehaltenseins in den Zustand lebendiger Präsenz und Wirklichkeitsdichte über. „Das zuerst als Lehre, Bericht, Vorstellung Entgegengenommene wandelt seine Konsistenz, es bekommt andere Dichte und anderes Gewicht: Es bezeugt sich als Wirklichkeit".[16]

[15] R. Guardini, Vom Leben aus dem Glauben, Mainz o.J. 134f.
[16] A.a.O.138f. B. Kraus, Sag nicht, ich bin zu alt ... Entdeckungen beim Älterwerden, Freiburg–Basel–Wien 1990, bietet gute Texte, an denen sich

Paul Roth meint, man könnte das Meditieren vor allem an einem Bibelwort lernen:

> „Einmal am Tag
> da sollst du
> ein Wort in deine Hände nehmen,
> ein Wort der Schrift.
>
> Sei vorsichtig,
> es ist schnell erdrückt
> und umgeformt,
> damit es paßt.
>
> Versuch nicht hastig,
> es zu ‚melken‘,
> zu erpressen,
> damit es Frömmigkeit absondert.
>
> Sei einfach still.
> Das Schweigen, Hören, Staunen
> ist bereits Gebet
> und Anfang aller Wissenschaft
> und Liebe.
>
> Beachte das Wort von allen Seiten,
> dann halt es in die Sonne
> und leg es ans Ohr
> wie eine Muschel.
>
> Steck es für einen Tag
> wie einen Schlüssel
> in die Tasche,
> wie einen Schlüssel zu dir selbst.
>
> Fang heute an!
> Vielleicht damit:
> ‚Es geschehe dein Wille,

---

auch der einfachste Mensch in die Meditation einüben kann. Diesem Buch ist auch der im folgenden zitierte Text von Paul Roth entnommen.

wie im Himmel
so auch auf der Erde'".

Am besten ist es gewiß mit einem Schriftwort, aber man könnte es auch immer wieder neu versuchen mit der Formel, in der mitten in unseren Überlegungen ausgesprochen wurde, was zur „Fülle des Alterns" hinführen kann:
die Chancen nutzen,
die Zumutungen annehmen,
die Erfüllungen auskosten.
Wer sich weder durch Langeweile noch durch Zerstreuung davon abbringen läßt, seine Erfahrungen mit dem Altern aus dem ganzheitlichen Sinnverständnis seines Daseins beharrlich zu bedenken, wird in sich die wachsende Ermutigung spüren, die solcher Bemühung auf die Dauer gewiß nicht versagt bleibt. Gewiß wird auch er sich oft nicht glücklich fühlen, aber er darf darauf bauen, daß sein Altern glückt.

Wichtige Literatur

Altenpastoral, hrsg. von der Hauptabteilung Gemeindearbeit im Bischöflichen Generalvikariat Aachen, erarbeitet von A. Wittrahm, Düsseldorf 1991

Améry J., Über das Altern. Revolte und Resignation, Stuttgart (2. Aufl.) 1991

Beauvoir S. de, Das Alter. Ein Essay, Reinbek 1972

Bender H. (Hrsg.), Das Insel-Buch vom Alter, Frankfurt (15.–16. Tausend) 1984

Bianchi E., Eine Spiritualität des Alterns, in: Concilium 27 (1991) 218–223

Biser E., Theologie als Therapie: Zur Wiedergewinnung einer verlorenen Dimension, Heidelberg 1985

Bitter W. (Hrsg.), Alter und Tod – annehmen oder verdrängen? Ein Tagungsbericht, Stuttgart 1974

Blank J. – Welte B., Geschenkte Zeit, Freiburg–Basel–Wien 1975

Blasberg-Kuhnke M., Gerontologie und praktische Theologie. Studien zur Neuorientierung der Altenpastoral an der psychologischen und gesellschaftlichen Wirklichkeit des alten Menschen (Themen und Thesen der Theologie), Düsseldorf 1985

Blasberg-Kuhnke M., Die Alten in der Kirche. Zur Subjektoption im Alter, in: Concilium 27 (1991) 229–233

Blüm N., Für eine neue Altenkultur, in: Die Welt für morgen (Festschrift F. Böckle, hrsg. von G.W. Hunold und W. Korff), München 1986, 241–249

Böckle F., Theologisch-ethische Aspekte des Alterns, in: Arzt und Christ 20 (1974) 175–185

Boeckler R. – Dirschauer K. (Hrsg.), Emanzipiertes Alter, Bd.1: Sachbuch, Göttingen 1990

Brauchbar M. – Heer H., Zukunft Alter. Herausforderung und Wagnis, München 1993

Brocher T., Stufen des Lebens, Stuttgart–Berlin 1977

Bürger M. – Katzschmann R., Biomorphose. Methoden, Ergebnisse, Probleme, in: Altern, Probleme und Tatsachen, hrsg. von H. Thomae und U. Lehr (Akademische Reihe – Psychologie), Frankfurt 1968, 109–123

Burghard W.J., Altwerden, Leiden und Sterben in christlicher Sicht, in: Concilium 27 (1991) 223–228

Buß F.J., Die öffentliche Armenpflege, 3. Theile, Stuttgart 1842–1846

Dirschauer K. (Hrsg.), Emanzipiertes Alter, Bd. 2: Ein Werkbuch, Göttingen 1990

Feld H. – Stappert B., Ethos im Alltag. Lebensalter und Verhaltensweisen, Werkstattbuch einer Sendereihe am SRF, Düsseldorf 1977

Fleischer L., Art. Identität, in: Wörterbuch Christlicher Ethik, hrsg. von B. Stoeckle, Freiburg 1975, 148–150

Franke H. – Schramm A., Auf den Spuren der Langlebigkeit, in: Therapiewoche 32 (1982) 3993–3998

Fries H., Alter und Altern. Theologische Überlegungen, in: J. Schmauch (Hrsg.), Handbuch der kirchlichen Altenarbeit (Grünewald Praxis), Mainz 1978, 59–76

Fritsch-Oppermann S., Partnerschaft, Freundschaft, Sexualität, in: Emanzipiertes Alter, Bd. 1: Sachbuch, hrsg. von R. Boeckler und K. Dirschauer, Göttingen 1990, 88–104

Füglister N., Furcht und Ehrfurcht vor dem Alter. Die Bibel vor dem Problem des Alterns, in: W. Zauner – H. Erharter (Hrsg.), Alter – Altern – Altenpastoral, Wien 1973, 64–81

Füglister N., Das „Altersmaß der Fülle Christi" (Eph 4,13) – ein Sonderziel für alte Menschen? in: J. Schmauch (Hrsg.), Handbuch kirchlicher Altenpastoral (Grünewald Praxis), Mainz 1978, 38–58

Guardini R., Die Lebensalter. Ihre ethische und pädagogische Bedeutung (Topos-Taschenbücher 160), Mainz (10. Aufl.) 1986

Hartfield G., Der alte Mensch als Provokation der Gesellschaft, in: Arzt und Christ 20 (I/1974) 165–174

Hauser, Th., Du hast mich geführt. Sich betend erinnern, Freiburg – Basel – Wien 1991

Hünermann P., Zeit und Zeiten des Menschen. Eine philosophisch-theologische Besinnung auf die Zeiterfahrung des alternden Menschen, in: Arzt und Christ 20 (I/1974) 149–164

Hungs F.-J., Das Alter – ein Weg zu Gott? Orientierungen für die Altenpastoral, Frankfurt 1988

Imhof A.E., Die gewonnenen Jahre. Von der Zunahme unserer Lebensspanne seit 300 Jahren, München 1981

Imhof A.E., Unsere Lebensuhr. Phasenverschiebungen im Verlaufe der Neuzeit, in: P. Borscheid – J. Teuteberg (Hrsg.), Ehe, Liebe, Tod. Zum Wandel der Familie, der Geschlechts- und Generationsbeziehungen in der Neuzeit, Münster 1983, 170–198

Imhof A.E., Reife des Lebens. Gedanken eines Historikers zum längeren Dasein, München 1988

Imhof A.E., Die Lebenszeit. Vom aufgeschobenen Tod und von der Kunst des Lebens, München 1988

Jores A., Psychosomatische Probleme des Alters, in: W. Bitter (Hrsg.), Alter und Tod – annehmen oder verdrängen? Ein Tagungsbericht, Stuttgart 1974, 20–36

Jüngel E., Tod (Themen der Theologie 8), Stuttgart (3.Aufl.) 1973

Kaufmann F.X., Art. Ehe und Familie, in: Staatslexikon, Bd. II (1986), 96–118

Köhler L., Der hebräische Mensch, Darmstadt 1980

Lamp, I, So alt ihr auch werdet. Biblische Perspektiven fürs Älterwerden, Kevelaer 1994

Lang B., Ist der Mensch hilflos? Zum Buch Kohelet (Theologische Meditationen, hrsg. von H. Küng, Bd. 53), Zürich–Einsiedeln–Köln 1979

Lehr U., Die Stellung des älteren Menschen in der Familie, in: H. Thomae – U. Lehr, Altern. Probleme und Tatsachen, Frankfurt 1968, 381–409

Lehr U., Altern als soziales und ökologisches Schicksal, in: Arzt und Christ 20 (1974) 129–145

Lehr U., Psychologie des Alterns (Uni-Taschenbücher 55), Heidelberg (7. Aufl.) 1991

Linke D.B., In Würde altern und sterben. Zur Ethik der Medizin, Gütersloh 1991

Lochet L., Vom Sinn des Alterns, in: Geist und Leben 41 (1968) 382–390

Lübbe H., Der Lebenssinn der Industriegesellschaft. Über die moralische Verfassung der wissenschaftlich-technischen Zivilisation (Edition SEL-Stiftung, hrsg. von E. Zeidler), Berlin–Heidelberg (2. Aufl.) 1994

Lübbe H., Im Zug der Zeit. Verkürzter Aufenthalt in der Gegenwart, Berlin–Heidelberg 1992

Lüth P., Sexualität im Ruhestand, in: H. J. Schultz (Hrsg.), Die neuen Alten, Stuttgart (4. Aufl.) 1988, 185–198

Mackenzie R. A., Die Zeitfalle. Sinnvolle Zeiteinteilung und Zeitnutzung (Heidelberger Fachbücher für Praxis und Studium), Heidelberg (7. Aufl.) 1985

Mader W., Frühe Weichenstellungen? Altern und Lebensgeschichte, in: R. Boeckler – K. Dirschauer (Hrsg.), Emanzipiertes Alter, Bd. 1: Sachbuch, Göttingen 1990, 116–135

Martin-Achard R., Biblische Ansichten über das Alter, in: Concilium 27 (1991) 198–203

Meesters M., Zur Bedeutung des Faktors Zeit im Rahmen einer theologischen Ethik, Frankfurt 1981

Mieth D., Das gläserne Glück der Liebe (Herder/Spektrum 4064), Freiburg – Basel – Wien 1992

Munnichs J.M.A., Die Einstellung zur Endlichkeit und zum Tod, in: Altern. Probleme und Tatsachen, hrsg. von H. Thomae und U. Lehr, Frankfurt 1968, 579–612

Nassehi A. – Weber G., Tod, Modernität und Gesellschaft. Entwurf einer Theorie der Todesverdrängung, Opladen 1989

Oppenheimer H., Gedanken über die Erfahrung des Alterns, in: Concilium 27 (1991) 203–208

Preute, M., Wenn du alt wirst in Deutschland. Der Ratgeber für Wohnen und Leben im Alter, München – Zürich 1994

Rahner K., Das christliche Sterben, in: Schriften zur Theologie, Bd. 13 (1978), 269–304

Rahner K., Zum theologischen und anthropologischen Grundverständnis des Alters, in: Schriften zur Theologie, Bd. 15 (1983), 315–325

Ringel E., Das Alter wagen. Wege zu einem erfüllten Lebensabend, Wien 1993

Rommerskirch E., Das letzte Kloster. Von der Berufung des Alters, in: Geist und Leben 58 (1985) 125–134

Rosenmayr L., Die späte Freiheit. Das Alter – ein Stück gelebten Lebens, Berlin 1983

Rosenmayr L., Die Kräfte des Alterns, Wien 1990

Ruppert L., Der alte Mensch aus der Sicht des Alten Testaments, in: Trierer theologische Zeitschrift 85 (I/1976) 270–281

Schachtner Ch., Störfall Alter. Für ein Recht auf Eigen-Sinn, Frankfurt 1988

Schipperges H., Alter als Provokation – das befristete Leben als Problem, in: Arzt und Christ 20 (1974) 186–204

Schmauch J. (Hrsg.), Handbuch kirchlicher Altenarbeit (Grünewald Praxis), Mainz 1978

Schneider H.D., Sexualität im Alter, in: D. Patt (Hrsg.), Handbuch der Gerontologie, Bd. 5, Stuttgart–New York 1989, 444–452

Schotmans P., Das Leben als Vollendung. Der Beitrag der Senioren zu einer menschenwürdigen Gesellschaft, in: Concilium 27 (1991) 209–217

Schultz H.J. (Hrsg.), Die neuen Alten. Erfahrungen um den Unruhestand, Stuttgart (4. Aufl.) 1988

Schwab D., Art. Familie, in: Geschichtliche Grundbegriffe. Historisches Lexikon zur politisch-sozialen Sprache in Deutschland, hrsg. von O. Brunner, W. Kunze, R. Koselleck, Bd. II, Stuttgart 1975, 253–301

Semmelroth O., Die letzte Lebensspanne und die letzten Dinge, in: W. Zauner – H. Erharter (Hrsg.), Alter – Altern – Altenpastoral, Wien 1973, 82–102

Splett J., Zum Sinn des Alters. Eine christlich-philosophische Meditation, in: Geist und Leben 52 (1979) 353–364

Steinmetz F.-J., Zeiten des Übergangs. Zur Theorie der Lebens-Krisen, in: Geist und Leben 64 (1991) 401–406

Tartler R., Das Alter in der modernen Gesellschaft, Stuttgart 1961

Thilo H.-J., Auf unsere alten Tage, Göttingen 1987

Thomae H. – Lehr U. (Hrsg.), Altern. Probleme und Tatsachen (Akademische Reihe – Psychologie), Frankfurt 1968

Vilmar P., Lebensarbeit statt Arbeitsleben, in: H.J. Schultz (Hrsg.), Die neuen Alten, Stuttgart (4. Aufl.) 1988, 109–124

Wittrahm A., Ein Leben lang im Aufbruch. Biblische Einsichten über das Älterwerden, Freiburg–Basel–Wien 1991

Wittrahm A., „...auch dort läßt Du mich nicht los...“ – Glaubensentwicklung und Glaubensgespräche im dritten Lebensabschnitt, in: Altenpastoral, hrsg. von A. Wittrahm, Düsseldorf 1991, 133–146

Wolff H.W., Anthropologie des Alten Testaments, München (2. Aufl.) 1973
Wulf F., Gedanken zu einer Theologie des Alters, in: Geist und Leben 34 (1961) 337–347